新・MINERVA
福祉ライブラリー
32

20のテーマでわかる
これからの福祉と介護

自立した生活を支えるための知のレシピ

小笠原 浩一 著

ミネルヴァ書房

　　　　　　　　は　じ　め　に

　大学で社会福祉を志すみなさんを教えていると，国家試験講座のテキストや福祉サービス臨床の知識に関する出版物の多さに比し，根拠や因果といったものの考え方を論理的に習得するための書籍がほとんど足りないことがわかる。受講生からの質問も，「なぜ」「どうして」に関する内容が多い。研究書や専門翻訳書を読んでもそれは書いてない。たとえば，福祉サービスの目的は「その人らしい自立した生活」の支援にあると教えられても，「その人らしい」とか「自立」とは何か，「自立」と「自律」の関係はどうなっているのか，しっくり理解できないのである。社会福祉の初期の目的は貧困救済にあり，貧困救済に関する世界初の立法がイギリスの救貧法であると教えられても，イギリス国教会の17世紀初頭における救貧の考え方と戦後の日本における「健康で文化的な最低限度の生活」を充足するための救貧とを「社会福祉の歴史」として直線的に結び付けることに素朴な違和感を覚える受講生は多い。

　本書は，そうした疑問の多い，とくに20のテーマを取り上げ，研究書の知見と講座テキストの知識との橋渡しの役割を担う内容として執筆されている。さらに本書は，読みものとして編まれている点に特徴がある。すでに社会知のレベルや通説になっている考え方によって構成しているため，研究書のような厳密なエビデンスの記述は省き，付注無しで記述している。テーマごとに完結する解説であるため，複数のテーマに重複する記述も登場するが，それぞれの文脈において読み込んでいただきたい。

　本書は，大学で担当する「社会福祉原論」の講義ノートを基に，実質2か月足らずの間に身を削るようにして執筆したものである。思いがけずミネルヴァ書房の「新・MINERVA福祉ライブラリー」の1冊に加えていただいたのは，同社の杉田啓三社長のご配慮である。編集を担当してくださった梶谷修さん，

柿山真紀さんには細部にわたりご助言いただいた。

　社会福祉の知恵の大海の中では「ごまめの歯ぎしり」のような内容の本書であるが，社会福祉，介護福祉を志すみなさんに何がしか役立てていただけることを願っている。

　2018年11月25日

仙台・秋保の佐勘にて

小笠原　浩一

20のテーマでわかる　これからの福祉と介護
──自立した生活を支えるための知のレシピ──

目　次

はじめに

Theme 1
福祉問題の解決アプローチ……………1
 1 貧困問題と社会政策……………1
 2 政策と事業……………7
 3 社会福祉の政策と臨床実践：日本的公私関係とその変容……………9

Theme 2
社会と人間……………17
 1 「社会の福祉」と「社会福祉」……………17
 2 生活環境としての社会の三重構造……………19
 3 社会と人間のインターフェイス……………22
 4 インターフェイスのメカニズム……………24

Theme 3
人間生活と社会環境との調整……………27
 1 ケースからのアプローチ……………27
 2 エコロジーからのアプローチ……………31
 3 生活の捉え方……………33

Theme 4
「福祉」と「社会福祉」……………37
 1 「福祉」とは……………37
 2 「社会福祉」とは……………39
 3 公的責任の行動体系としての社会福祉……………41
 4 社会福祉の普遍化・一般化……………43

目　次

Theme 5

福祉がなぜ「問題」となるのか……………………*45*
1　福祉がなぜ問題となるのか…………………………*45*
2　誰にとっての福祉の問題なのか……………………*48*
3　日常生活を支える6つのドメインと自立生活の支援……*51*
4　経済社会の構造問題としての福祉の問題…………*54*
5　人の生の本質としての福祉の問題…………………*55*

Theme 6

共生社会とは何か：社会システムと社会的スティグマ…*59*
1　共生社会とは…………………………………………*59*
2　社会的スティグマと主体的スティグマ……………*64*
3　共生の構造……………………………………………*68*

Theme 7

人間の自律と自立と自由……………………………*71*
1　自律と自立……………………………………………*71*
2　自律・自立の二相性…………………………………*75*

Theme 8

「その人らしさ」への支援…………………………*79*
1　マズローの欲求の捉え方……………………………*79*
2　ニーズと支援の修正モデル…………………………*81*
3　ニーズとは……………………………………………*85*
4　日常生活の継続支援…………………………………*87*

v

Theme 9
社会福祉における人間の理解 …… 89
1　3つの人間像：要援護者，自助的人間，関係依存的人間 …… 89
2　自律・自立の二相性と人間像 …… 94
3　ライフサイクル・モデルと高齢者像の転換 …… 97

Theme 10
自己決定と行動変容 …… 101
1　自己決定 …… 101
2　自己決定と内発的動機付け …… 103
3　人の学習と成長，その文化性 …… 105
4　行動の変容 …… 108

Theme 11
生活困窮を捉える方法 …… 111
1　貧困観の展開 …… 111
2　所得格差の指標 …… 115
3　絶対的貧困と相対的貧困 …… 118
4　社会的剥奪 …… 120
5　社会的排除 …… 122
6　生活困窮の認識構造 …… 125

Theme 12
「人間に値する生活」と幸福追求 …… 129
1　日本国憲法第25条の解釈 …… 129
2　憲法上の「生存権」 …… 130
3　社会保障制度審議会勧告と社会保障の制度構造 …… 134

4　現代の規範水準に照らしてみた場合……………………………138

Theme 13
社会福祉の制度と社会福祉改革……………………141
　　　1　社会福祉制度の展開………………………………………141
　　　2　社会福祉改革の根拠………………………………………143
　　　3　社会福祉改革の展開………………………………………144
　　　4　社会福祉基礎構造改革……………………………………147
　　　5　社会福祉の領域の拡大……………………………………150
　　　6　地域包括ケアと社会福祉改革の今後の方向性……………153

Theme 14
社会福祉行財政と福祉計画……………………157
　　　1　社会福祉行財政の機能……………………………………157
　　　2　社会保障の費用と効果……………………………………158
　　　3　新しい公共マネジメント…………………………………161
　　　4　福祉計画の法定化…………………………………………163
　　　5　福祉計画の目的……………………………………………164
　　　6　福祉計画の策定・実施・評価……………………………166

Theme 15
介護の制度と地域包括ケア……………………169
　　　1　高齢者介護制度の歴史的展開……………………………169
　　　2　介護保険制度の成立………………………………………172
　　　3　地域包括ケアの構想………………………………………175
　　　4　地域包括ケアシステム構想の展開………………………177

Theme 16

認知症への新しいアプローチ……………………………*179*
　1　社会福祉における認知症……………………………*179*
　2　認知症である人の増加………………………………*182*
　3　アプローチ……………………………………………*183*
　4　認知症スティグマ研究………………………………*186*
　5　共活動体験の重要性…………………………………*190*

Theme 17

健康と予防…………………………………………………*193*
　1　WHOの健康の定義…………………………………*193*
　2　健康の社会的決定要因………………………………*194*
　3　ヘルスプロモーション………………………………*201*
　4　予　防…………………………………………………*202*
　5　リハビリテーションの福祉サービス化……………*204*

Theme 18

幸　福………………………………………………………*207*
　1　社会福祉における幸福………………………………*207*
　2　SDSN「世界幸福報告書」……………………………*209*
　3　OECD「より良い暮らし指標」………………………*210*
　4　UNICEF「先進国における子どもの幸福度：日本との比較 特別編集版」…*212*
　5　「幸福」の問い直し……………………………………*213*

Theme 19

福祉サービス提供の組織とプロセス……………………*217*
　1　サービスとは…………………………………………*217*

	2	実践の理論化 …………………………………………………… *219*
	3	サービスプロセス ……………………………………………… *220*
	4	リスク …………………………………………………………… *222*
	5	サービスの包括性・継続性 ……………………………………… *223*
	6	サービスと資源…………………………………………………… *227*

Theme 20

生産性と福祉事業経営 ……………………………………… *229*

	1	生産性の考え方…………………………………………………… *229*
	2	「絞り出す生産性」の戦略 ……………………………………… *231*
	3	「膨らます生産性」の戦略 ……………………………………… *233*
	4	「絞り出す生産性」のメカニズム ……………………………… *235*
	5	「膨らます生産性」のメカニズム ……………………………… *237*
	6	働き方の改革とチェックポイント ……………………………… *239*

基本図書一覧……*243*

索　　引……*247*

Theme 1 福祉問題の解決アプローチ

Keywords ▶ 貧困観の旋回，救貧と慈善組織，社会事業，福祉問題の多様化・複雑化

1　貧困問題と社会政策

1　貧困と慈善活動

　経済的な貧困や生活困窮はおよそ人類史に一貫した現象である。社会的交流や人間関係の構築に困難を抱える人々が孤立や縁辺化といった状態に陥ることも，人間社会に普遍的な現象であろう。生活困窮や孤立に陥ることを防いだり，陥った仲間を救済するための相互扶助の仕組みが，村落共同体において古くから展開してきた。同じ職業の人々が職業集団を形成し，集団互酬的な扶助により，所属メンバーが困窮状態に陥るのを防ぎ，病気や突発的な出来事により貧困状態に陥った場合に救済の手を差し伸べるということは，歴史や地域を超えて普遍的に行われてきた。

　お互いに顔も名前も見知った範囲に形成される小さな社会では，社会そのものの安定的持続のために，生活資源の過不足を調整し，メンバー間の紐帯を人為的に維持しようとする自己保全機能を備えている。たとえば，資材や労働を出し合って生産や収穫を協働で行い，平等な成果分配を行ったり，生産手段を共同所有し，投資のリスクを分かち合う仕組みである「もやい」や，労役の手間を互いに融通して交換し合い，繁忙を乗り切ったり，手間の不足を解消する仕組みである「ゆい」などの相互扶助の仕組みが村落には存在してきた。また，地縁によって形成される「組」と並んで，同業者や同じ信仰を持つ人々の

相互扶助として「講」も発展してきた。

　こうした人間社会に埋め込まれた相互扶助や自己保全の仕組みは、ヒューマニズムや社会改良主義と結びついた慈善事業や博愛の活動へと展開する。19世紀の半ばになると、産業革命後の工場制資本主義の本格的な展開の中で拡がる生活困窮問題に、篤志家や宗教指導者、知識人などにより慈善活動が組織的な活動へと展開する。

　慈善組織の活動は、初期の段階では、生活困窮を個人の道徳的退廃や生活習慣の堕落から生じる私的問題とみなしていた。それだけに、慈善救済の対象は、生活自立の見込みがあり、道徳的矯正により労働への復帰が望めると判断される人々に限定されていた。慈善事業は組織的な社会事業として社会的な認知を獲得していくものの、私的問題への支援である以上、救済は民間の善意であるという基本性格は変わらなかった。

2　貧困観の旋回：社会貧

　他方、慈善組織が拡がりをみせていた1860年代の同時期に、貧困は、個人の怠惰や無計画性といった私的原因から生じるのではなく、社会の仕組みが引き起こす構造的な問題であるという見方が登場する。フランスのコント主義者やその影響を受けたイギリスのポジティビスト（実証主義者）は、貧困問題を資本主義の経済を支える労働の問題に起因するものと捉えた。そこで、労働環境の改善を通じた労働福利の向上と労働者階級の市民化を通じた生活運営の質的向上を図ることで、労働能力を有する人々の生活困窮を防ぐことができると主張していた。その際、注目したのが、労働組合の力であった。低賃金・長時間労働という賃労働の構造が生み出す労働者の生活の質の悪化や道徳的退廃を、労働組合は、集団的な労働条件改善機能や組合員への教育機能を通して市民としての生活行動に導く社会的装置になるとみなされていた。

　ポジティビストの主張は、労働者団結を禁止する法律を撤廃して団結を自由放任しようとした点では政府の政策の関与を求めるものであって、この点で、政府からの自由放任を求めた慈善組織との相違がみられた。しかし自由放任さ

れた労働組合の活動に対する政府の規制を排除するという点では、社会の中にある自律的な問題解決力を政治的には自由放任すべきという慈善組織と共通の原理に立っていた。

　1873～1896年の世界的な大不況を背景に、とくに大不況が深化する1880年代後半になると、社会調査の手法を用いて生活実態調査を実施し、貧困は私的問題ではなく社会的な問題（社会貧）であることが解明されるようになる。その中から、貧困に関する科学的な定義や評価方法が生み出されることになる。これを基に、貧困問題の認識に関する方法的旋回や問題解決のための政府の政策が展開されていくことになる。

　実業家・社会改良家で、英国王立統計学会会長にもなったチャールズ・ブース（Charles Booth）は、1886～1902年にかけて、工業化に伴う人口の拡大により過密な住環境に貧困層や移民が多く集まることとなったロンドン・イーストエンド地区を対象に3次に及ぶ生活実態調査を実施し、『ロンドンの民衆の生活と労働』（Life and Labour of the People in London）全17巻（1902～1904年）にまとめている。イーストエンドはブースが営む造船業の地元であった。

　ブースは、生活上のトラブルがあっても他人を頼らずに乗り切ることのできる程度の収入を貧困の基準とし、科学的統計解析を通しておよそ3割の民衆が貧困基準を下回る生活状態にあることを発見した。そして、貧困線（poverty line）以下の生活に陥る原因は飲酒や浪費などの個人の生活習慣や道徳的堕落の問題にあるのではなく、賃金や労働条件の劣悪さなど工業化の原動力である労働の構造や過密居住など、生活環境の劣悪さに起因することを発見した。ブースの仕事は、次に述べるロウントリーの貧困概念の精緻化につながるとともに、慈善事業の科学化にも影響を与えることとなった。そればかりか、1908年老齢年金法の制定による老齢無拠出年金の導入という貧困緩和に向けた政府の社会政策へとつながった。また、日本では、高野岩三郎らがブースの貧困調査に倣って『東京のイーストロンドン（East London in Tokyo）』（1894年）をこの分野の先駆的業績として公にし、横山源之助『日本の下層社会』（1898年）にも影響を与えた。

実業家で社会改革家のシーボウム・ロウントリー（Benjamin Seebohm Rowntree）は，ブースのロンドン調査の影響を受けて，1899年にヨーク市の労働者階級の全戸調査（その後，1935年，1951年にも実施）から得られた4万6000人を超えるサンプルデータを基に，『貧困：都市生活に関する一研究』（*Poverty, A Study of Town Life*）（1901年）をまとめている。貧困が蔓延していること，そして貧困は社会構造に起因するものであるというブースと同様の事実を発見している。

　ロウントリーは，「貧困線」の概念を用いて分析した結果，貧困には，総収入が個体の身体的・生理的維持すら不可能にする水準である第1次貧困（primary poverty）と，総収入が飲酒や賭け事など生活維持以外に支出されなければ身体的・生理的維持は可能な第2次貧困（secondary poverty）があることを解明した。今日の絶対的貧困，相対的貧困の概念に近い貧困の階層性の存在を発見した。1936年の第2次ヨーク貧困調査では，栄養学的なエネルギー消費量の概念を用いて健康と労働能力を維持するために必要な最低消費エネルギー量を割り出し，これを摂取するために必要な食糧の市場価格を計算して最低生活水準を維持するための最低生活費を計測するというマーケット・バスケット方式を開発した。これは後に，後述するベバリッジの生計費計算に応用されることになる。

　漸進的社会改良主義者の集まりで，後のイギリス労働党の母体ともなったフェビアン社会主義協会の中心的創設メンバーであるシドニー・ウェッブ（Sidney James Webb）は，ブースの貧困調査に従事した妻のベアトリス・ウェッブ（Beatrice Webb）とともに，『産業民主制』（*Industrial Democracy*）（1897年）を著した。失業や貧困の原因となる低賃金労働に寄生する産業に対し，社会政策を通じて標準賃金や標準労働時間といったルールを課すことで効率的な産業の発展を促すことができると主張するこの書物は，社会政策を通して普遍的に守られるべき生活の最低限の水準を「ナショナル・ミニマム」として構想した。「ナショナル・ミニマム」の構想は，ウェッブ夫妻が創設したロンドン・スクール・オブ・エコノミクス（London School of Economics and Political Science, LSE）

の教授であったウィリアム・ベバリッジ（William Henry Beveridge）を通じてベバリッジ報告『社会保険及び関連サービス』に組み込まれ、イギリスにおける普遍的最低生活保障の政策基準となっていく。

1890年代に大不況の深化を背景に展開した貧困に関する社会的アプローチと実証的で科学的な対策の構想は、いずれも、中央政府の社会政策を通じた社会改良を求める点で、民間の慈善による救済とは異なっている。慈善事業において私的問題とみなされていた貧困問題は、資本主義経済の仕組みが生み出す構造問題として扱われ、社会政策の手段を通じて対応すべき社会問題とみなされるようになる。私的生活困窮から社会貧への貧困観の旋回である。社会の慈善に依拠してローカルな救済活動として対応すべき課題の貧困から、普遍的な「ナショナル・ミニマム」の基準を用いて国家の行財政を動員して解決すべき問題の貧困へ、と社会問題としての普遍性が承認されることになった。

ちなみに、イギリスでは、国教会の教区（救貧区）ごとに富者から救貧税を徴収し労働能力のない貧民に給付し（parish relief）、労働能力を有する貧民には労働手段と原材料を与えて勤労させるための救貧法（the English poor laws, 通称エリザベス救貧法）と、民間の善意を貧民救済や教育など公益のために用いる団体（charitable organization）の設立を認める「慈善用益に関する法（the Statute of Charitable Uses）」が、同じ1601年に国王裁可を得て制定される。救貧法は、1834年に救済対象の厳格化と劣等処遇原則の強化を旨とした新救貧法に改訂され、1905〜1909年の「救貧法に関する王立委員会（The Royal Commission on the Poor Laws）」で現代的社会政策への改革の議論を経て、最終的にはベバリッジ・プランの法制化の一環として制定された1948年の国民生活扶助法により廃止される。

3　社会政策の成立

慈善用益法は、各地の孤児院（Foundling Hospital）や、ピーボディ基金（Peabody Donation Trust）やギネス友愛協会（The Guinness Partnership）のような社会救済基金、それにロンドン慈善組織協会（Charity Organization Society,

COS：1869年) やオックスファム (Oxfam：1947年) のような民間慈善組織の協会組織にとって，今日でもその法的根拠になっている現行法である。

つまり，イギリスにおける生活困窮者の救護や自立支援は，歴史を一貫して，政府の徴収する税と民間の善意による慈善事業を両輪に，法律上の根拠を与えられながら進められてきた。その意味で，法律の規制から全く自由放任された民間の慈善活動というものは，COSなど当事者の主張としてはあったものの，法制上の実態としては存在しなかった。しかし，そのことをもって救貧法や慈善用益法が社会政策の歴史的淵源であると主張するのは早計である。救貧法については，1834年の新救貧法で中央救貧行政局が設けられたとはいえ，教区救済の基本原則は連合教区に単位が拡大されて継承されたし，慈善用益法も，一般には厳しく制限されていた社会組織の活動について法律上の登録要件を満たした慈善活動組織の活動には自由を保障するためのものであった。救貧法や慈善用益法には，資本主義経済が構造的に生み出す社会問題として低賃金や貧困を把握する視点はなかったし，社会問題の解決には中央政府の普遍的な政策制度的介入が不可欠であるという社会政策の原理は組み込まれていなかった。

その意味で，19世紀末から20世紀初頭にかけての貧困観の旋回と「ナショナル・ミニマム」を基準とする普遍的で画一的な社会政策の登場は，社会福祉が国家的な仕組みへと展開する歴史的な画期となった。

ブースは，ロンドンの民衆の貧困調査を基に，労働稼得能力を失った貧困な老人に対し，普遍主義的な無拠出の年金制度を政府の責任で創設することを主張した。この構想を基に制定された1908年の老齢年金法は，年金法の名称ではあるが実質は老齢貧困者を対象とする公的扶助の仕組みであった。社会政策による制度的な社会福祉の第一歩とみなして良い。

日本では，明治維新・王政復古に伴い，1874年に太政官達として「恤救規則」が定められる。極貧の老人や児童，廃疾・老衰など障害の状態にある者で，かつ，家族・親族による扶助や地域の相互扶助(「人民相互ノ情誼」)を期待できない「無告の窮民」に対して，その救済に必要な米穀代を国庫から支出することを認める法令であった。社会問題への政策対応というよりも，最下層生活者

の済貧を通じて社会の秩序の安定を確保する措置という性格のものであった。

1929年の救護法は，恤救規則を廃止し，新たに，救護機関（市町村長）や救護補助機関（方面委員）を定め，救護の方法については在宅での救護を基本としつつ，養老院，孤児院，病院という救護施設の設置を定め，救護の費用に関して，市町村，道府県，国の負担割合を明確にするなど，社会政策による普遍的な救護制度となっている。日本では1900年の治安警察法で労働運動・労働組合が厳しい取り締まり下に置かれたのを受け，1922年の同法の改正強化，さらには，社会主義運動など反体制運動を取り締まるための1925年の治安維持法への展開にみられるように，貧困問題の社会的行動を通じての解決に対する不寛容と一体となって，治安維持の色彩が強い貧者救済政策として救護法が推進されたことに注意を要する。等しく貧困救済ではあっても，社会問題への対応を労働運動・労働組合の政策的推奨と一体で推進しようとしたイギリスの社会政策との政策原理における相違である。とはいえ，救護法に救護の対象を65歳以上の老衰者，13歳以下の幼児，不具廃疾，傷痍，妊産婦など貧困のために生活自立が困難なものに拡大し，貧困を社会に蔓延する構造問題として取り扱おうとした最初の社会立法であったと言ってよい。

2　政策と事業

社会福祉が政府の政策に基づく制度として整備されるようになると，制度の実施に関する行財政の体系が事業として整備されるようになる。

社会事業は，歴史的には王族や貴族の善意に基づき貧民救済のために設置された入居施設や救護事業に始まる。現在でもイギリスのバークシャー・ワーキンガムに本部を置く慈善救貧院協会（the almshouse association）の発祥は，ウォスター（Worcester）に990年頃設立された聖オズワルド救貧院（the Hospital of St Oswald, 現存）とされているし，日本ではさらに古く，聖徳太子が四天王寺（593年建立）に設置した四箇院（敬田院，施薬院，療病院，悲田院）や光明皇后が723年に興福寺に設けた施薬院と悲田院が始まりと言われている。慈善や篤

志に基づく「施し」の事業としての社会事業の登場である。中世には，宗教的慈善事業としての修道院や救貧院，儒教精神に基づく仁愛事業としての養老院，資産家や地域有力者の喜捨行為としての養老院や施薬施設などが国を問わず拡がることになる。

　近代社会になると，農村の疲弊や工業化・都市化の進展による社会階層の拡大などを背景に発生する社会問題に対応するための民間社会事業が拡がりをみせる。日本では，民間社会事業による救護施設・感化事業施設の創生期のものとして次のものがある。1887（明治20）年に石井十次が孤児救済を目的に開設した岡山孤児院，1895年にエリザベス・ソーントン（Elizabeth Thornton）が女性老人を対象に東京・芝に設立した日本初の養老院である聖ヒルダ養老院，1899年に寺島信恵が設立した神戸友愛養老院，1899年に留岡幸助が少年感化施設（児童自立支援施設）として巣鴨に開設した東京家庭学校などがある。特徴としては，いずれもキリスト教主義に基づく民間慈善事業として出発している。仏教者による初期の社会事業施設として1879年に東京・茅場町に設立された福田会育児院などがある。

　1929年制定（1932年施行）の救護法は，居宅救護を原則としながらも，困難な場合には養老院，孤児院，病院などに収容し，あるいは私人の家庭などへ救護委託することを通じて，生活扶助，医療，助産，生業扶助，埋葬費を支給することとし，国庫から2分の1以上を拠出する仕組みを導入した。1929年からの世界恐慌の影響などもあって民間独自の慈善寄附金が減退したと言われているが，代わって，中央政府の財政出動を通じて民間社会事業に公的支援と行政的規制が行われるという日本的な公私関係が登場する。

　この関係は，救護法を廃止した1946年の生活保護法に引き継がれ，さらに1951年社会福祉事業法において民間事業者である社会福祉法人への公的措置委託や施設整備費補助金の仕組みとして日本の社会福祉事業の実施における基礎構造となっていく。日本国憲法は第89条において，教育，宗教，慈善博愛事業への公費支出を含む公的支援を禁止している。戦前の救護法を引き継いだ民間社会事業者への公的措置委託の仕組みをこの禁止規定との関係でどのように理

解するかが、その後、学術的にも問題となっていく。民間事業者としての社会福祉法人は、事業活動の自発性や経営の自主性を確保することが求められている。民間事業者として、公益性や社会的信頼性に基づき、地域社会における福祉的問題の解決に積極的に取り組む組織であることが期待される。他方で、公の責任で実施すべきとされた社会福祉事業を受託し、公的責任を背負った行政に準ずる準公的な事業者としての性格も担うことになる。

　社会福祉の政策・制度の実施事業主体に位置付けられた社会福祉法人は、民間社会事業者としての本来の趣旨と、措置委託を受けて行政機構に組み込まれた公的責任の実施事業者としての立場の間で、徐々に福祉行政の下請け機関としての性格を強めていくことになる。そのことが、2016年の社会福祉法人改革へとつながっていくことになる。憲法第25条に公的責任であることが明記されている社会福祉を、特別法人である民間社会事業者の社会福祉法人にこれを委託して実施させるという、戦後日本に特殊な政策と事業との関係を、「日本的公私関係」とよぶことになる。

3　社会福祉の政策と臨床実践：日本的公私関係とその変容

1　政策と実践の乖離

　民間社会事業として展開してきた養老・孤児の貧困救済事業や感化救済事業が社会政策に制度的に取り込まれ、法定の事業へと制度化されていくにしたがって、社会福祉政策と社会福祉臨床との相対的な分離も拡がることになる。

　本来、政策は社会福祉の規範と基準を公の秩序（公序）として定め、行財政の執行に関する制度を整えるためのものである。その規範や基準や制度を人々の福祉的問題の解決に柔軟に活かしながら具体的に取り組むのがソーシャルワークやケアワークとよばれる福祉サービスの実践である。福祉サービスの実践は、政策・制度資源をヒューマン・サービスに変換する臨床機能を有する。加えて、福祉サービスの実践において政策や制度に不足や間隙があれば、これをアドボカシー（政策提言）機能や運動論的な提言活動を通じて政策の改善に結

びつける規範形成機能役割もサービス実践は有している。

　ところが，社会福祉が法定事業として展開すると，民間社会事業者は法定社会福祉事業の実施主体として法律上決められている社会福祉法人の資格を得て，措置委託費の対象となる政策・制度に定められた事業（制度事業）に取り組むことになる。1951年に社会福祉事業法によって社会福祉法人の仕組みが定められ，福祉施設の運営を行うことのできる第1種社会福祉事業の実施主体と位置付けられたことで，救護法の下で公的支援を受けてきた民間社会事業者の多くは法律上の社会福祉法人となった。社会福祉事業法制定以降，新規に社会福祉事業に参入した事業者の多くは，民間社会事業者としての実績を有さないまま，法定社会福祉事業のうち施設事業を行うことのできる社会福祉法人格の取得を当初からの目的とするものであった。民間社会事業と行政との完全な分離という憲法上の原則は，この戦後特殊な日本的公私関係とよばれる社会福祉法人制度によって，当初から空洞化するのである。その中で，社会福祉事業者の役割であると理解し，地域に多様な形で発生する福祉的問題のうち制度の隙間にある問題や制度が対象としない類型の問題には制度の外にある事柄として取り組みが鈍る傾向が生じることになる。

　制度事業に組み込まれた民間社会事業のあり方が問題になる背景として，法律上の保護と免税などの便益が付与された特別法人としての社会福祉法人の事業経営が制度事業への依存度を高めるにしたがって，社会の変化に対応して多様化・複雑化する福祉問題の実勢に地域の中で適切に対応する力を失ってしまったり，事業経営を常に改革していくエネルギーが失われたりするようになった。これに加えて，特定非営利活動法人制度の創設によりNPOの多彩で工夫された活動が福祉分野にも拡がり，介護保険制度の下で民間企業がサービス供給事業者として飛躍する中，免税措置など法制上特別な扱いを受けている社会福祉法人が，他の民間事業者では取り組むことのできない高度専門的で公益貢献的な活動に積極的に取り組まない限り，その存在意義が問われかねないといった社会的な批判が強まることになった。制度上の福祉サービスに関しては，同じサービスを提供するのであれば，競争条件も同じであるべきだというイコ

ールフッティング論も強まることになった。

2　福祉問題の変化と事業

　厚生労働省の「新たな福祉サービスのシステム等のあり方検討プロジェクトチーム」が2015年に公表した「誰もが支え合う地域の構築に向けた福祉サービスの実現――新たな時代に対応した福祉の提供ビジョン」は，社会福祉問題の今日的な変化に対し，全世代対応型で地域密着を重視した地域包括ケアのシステムづくりに関し，基本的な方向性を示している。

　それによれば，家族・地域社会の変化に伴い多様化・複雑化するニーズへの対応，人口減少社会における福祉人材の確保や質の高い福祉サービスの提供が求められている。誰もが支え合う社会の形成を基調に，ニーズの将来変化も見据え，地域の実情に即した多様で効率的な福祉サービスの提供体制が求められているのである。全世代・全対象型の新しい地域包括支援体制が，目指すべき方向性として示されていると言えよう。社会的排除という福祉的問題認識の新たな枠組みは，すでに1980年代からフランスを中心に広がりを見せていたが，日本では，とくに1997年の新しいイギリス労働党政権が掲げた社会的排除や社会的格差への対応や就労自立支援型福祉サービスという新たな政策アプローチの影響などから，現代の福祉問題の多様な様相や複雑な構造を把握するための視点として，排除，格差，孤立などが用いられるようになった。NEET，ワーキングプア，非正規不安定就労など経済のグローバル化に伴い雇用機会や労働条件の劣化や高齢者・障害者・若年求職者の雇用からの排除など雇用を通じた社会の統合力が衰退してきていることなど，正規就労，長期継続雇用の上に立った社会的安定の崩壊を認識する枠組みが拡がった。

　他方で，少子高齢化や過疎化の一層の進展に伴う高齢者世帯や高齢者独居，高齢者と障害者の単親世帯，孤独死など地域の中における生活孤立，低資産・低所得生活者の生活の劣化や生活保護受給世帯の増加，貧困の世代間継承，孤立した子育て環境や家庭内での虐待，飲酒癖や薬物などの生活荒廃など，2000年代に入り，図1-1のように，これまで制度的対応の隙間に発生する福祉問

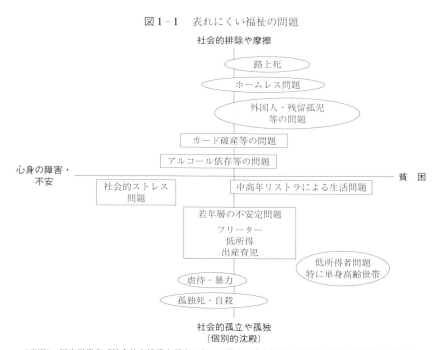

図1-1　表れにくい福祉の問題

（出所）　厚生労働省「社会的な援護を要する人々に対する社会福祉のあり方に関する検討会」報告書，平成12年（2000年）12月8日，別紙。

題の前面に出てきにくかった問題状況が深刻に取り上げられるようになった。

　これらは，社会福祉法人をはじめとする制度事業に取り組んできた事業者が十分に対応できてこなかった問題領域であるとともに，いずれも身近な地域の中で，世代を超えて，生活の時間経過に沿って継続的にモニタリングしながら，地域の人々のつながりによる互助の力や地域ごとの特徴を持った取り組みが求められる問題としての特徴を有している。

　また，少子高齢化や過疎化に伴い，農山村漁村部における若年・就労人口の減少や基盤産業の停滞，孤立生活世帯や低資産・低所得高齢者の増加など地域の生活前線の全般的な後退が進むとともに，経済のグローバル化の進展に伴う雇用・労働市場の流動化や不安定就労層の増大，労働時間の増大による私生活の圧迫，実質賃金の伸び悩みなど就労に関わる格差や低所得・低処遇の問題の

深刻化も進んだ。大都市圏への経済・人口集中と地方社会の空洞化という長期にわたる社会の動態変化が，少子高齢化，グローバル化，情報化の進展に伴う産業構造の変容など1990年代以降の顕著なインパクトにより一層進み，地域格差を固定化するとともに，個人の生活においても，低所得・低資産が社会からの排除や生活孤立と複合化して，複雑な構造を持つ福祉問題を生み出すこととなった。

3 福祉問題への新たなアプローチと事業

図1-2は，ルース・リスター（Margot Ruth Aline Lister）の「貧困という車輪の軸と外輪」モデル（岩田正美「貧困のとらえ方と政策対応」〔特集 雇用と社会保障の交錯；労働・社会法グループ主催シンポジウム〕『企業と法創造』6(1)，通号18，2009.10，11-18頁，早稲田大学21世紀COE《企業法制と法創造》総合研究所）を仮説モデルに用いて実施した，農山村漁村地域の低所得・低資産の高齢者世帯や独居高齢者の生活状況調査から得られた福祉問題の複合的様相を著したものである。リスターが子どもや女性のシチズンシップの劣化として捉えた問題構図が，ほぼ同様に高齢者の生活の質の劣化としても現れていることが確認されている。

こうした福祉問題の多様化・複雑化とそれを政策的・実践的に評価する枠組みの変化と並んで，特定非営利活動促進法（1998年）をきっかけとして，福祉・生活支援分野やコミュニティ形成の推進においてNPO法人の活動が展開する。災害被災者支援などにおいても公的セクターでは担うことのできない機動性のある支援対応力を発揮してきた。サードセクターとよばれる民間非営利の組織的活動や社会的企業などによる地域生活問題への取り組みも活発になっている。企業の社会貢献活動（フィランソロフィー）や，民間の資金・ノウハウを活用し，効率的かつ効果的な公共サービスの提供を図るPFI（Private Finance Initiative）や公民が連携して公共サービスの提供を行うPPP（Public Private Partnership）の手法がイギリスなどから導入されることにより，健康・社会サービス分野にも公私連携が拡がりをみせている。

こうした新しい公共マネジメント（New Public Management，NPM）の手法は，

図1-2　低所得・低資産と生活の質の全般的劣化

① 衛生状態の悪化，貧栄養，低栄養バランス，医療機会の停滞　⇒健康リスクの増大，疾病状態の放置など
② 元気に活発に生きる心理状態の停滞，将来への希望の停滞
③ 経済的支出を伴う社会関係の敬遠，家族・近隣との疎遠化
④ 無力感，人生への愁鬱，失敗感など自信・勇気の喪失

生活の質の全般的劣化

（出所）　平成27年度宮城県高齢者生活支援等推進事業『社会的な支援の必要な高齢者の地域生活継続支援モデル事業』報告書，宮城県老人福祉施設協議会，平成28年（2016年）3月。

　民間組織による子ども食堂や地域サロンの運営や，住民主体で民間の経営手法を導入してコミュニティ福祉事業の運営に取り組むなど，社会福祉が措置制度で運営されていた時代には希にしか見ることのなかった民間力の活躍の範囲を拡大してきている。また，住民，民間組織が行政と協議会方式で地域包括ケアの仕組みづくりに取り組むなど，住民の自助的な生活運営を，その基盤条件の向上や直接的なサービスの提供で支えていく互助や共助の仕組みとして展開させている。
　介護サービスについては，施設介護以外の領域で民間株式会社やNPO法人の展開が目覚ましく，すでに事業者数で社会福祉法人の数を上回っている。また，民間の経営手法を活かして制度事業と制度外の地域生活支援サービスを組み合わせて，使い勝手の良い複合型の生活支援サービスを展開させるようになっている。

従来型の制度事業とは異なる民間力を活かした社会的実践が福祉的共生コミュニティの形成や福祉的な生活支援の領域に拡がりをみせている中で，法制上，「社会福祉事業の主たる担い手」（社会福祉法第24条）とされている社会福祉法人（社会福祉協議会や福祉事業団も含む）には，社会福祉法人としての本旨に照らして，保有する専門資源を地域の多様な福祉ニーズに近接して創造的に活かしていく地域貢献が求められるようになってきた。

　すでに2000年の「社会的な援護を要する人々に対する社会福祉のあり方に関する検討会」報告書において，社会福祉の対象となる問題とその構造の整理，新しい福祉を構築する手法の構築，社会福祉法人などが自主的・自発的に福祉問題を発見・対応する取り組みの強化などが提言された。2004年の「社会保障審議会福祉部会意見書——社会福祉法人制度の見直しについて」においては，積極的な公益事業の実施が提言されるなど社会福祉法人の運営・活動に関する改革が促された。2016年の社会福祉法改正により，社会福祉法人の経営の自主性や透明性の推進，社会的信頼性の増進などを目的に経営のガバナンスの強化が図られ，併せて，日常生活，社会生活上の支援を必要とする人々に対する無料ないし低廉な利用者負担による地域公益活動の推進が促されるようになった（社会福祉法第24条第2項）。

　また，2017年の「地域包括ケアシステムの強化のための介護保険法等の一部を改正する法律」（地域包括ケア強化法）では，社会福祉法，児童福祉法，障害者総合支援法，介護保険法が改正され，地域共生社会の推進に向けた取り組みとして，地域住民と行政等との協働による包括的支援体制作り，福祉分野の共通事項を記載した地域福祉計画の策定努力義務が市町村に課されるとともに，高齢者と障害児者が同一事業所でサービスを受けやすくするため，介護保険と障害福祉制度に共生型サービスを新設することとなった。

　福祉問題の多様化，複雑化は，福祉問題の解決におけるアプローチを変化させてきた。生活に身近な市町村，生活圏域における包括的なサービス提供が求められることとなった。1990年の老人福祉法等八法改正の課題は，市町村中心主義による在宅サービスの強化であった。2000年基礎構造改革の課題は，社会

福祉実施における行政処分方式（措置制度）を原則的に廃止し，福祉サービスを契約利用型サービスに転換することであった。
　これに伴い，民事契約を通じた福祉サービスの円滑な提供や質の確保を図るために，適切なサービス情報の提供や苦情処理，権利擁護やサービス事業の質の確保などが行政に求められる新たな公的責任となった。2005年の介護保険法改正において地域包括ケアの考え方が登場し，2013年の社会保障制度改革プログラム法では医療・介護の連携を含む地域包括ケアのシステム化の構想が登場した。2017年の地域包括ケア強化法においては，地域包括ケアシステムの推進と並んで，地域共生型事業が登場する。全体として，社会保障における公私協働，複合的課題に包括的に対応する地域包括ケアや地域共生型サービスのシステム化，全世代対応型サービスや生涯伴走型サービスといった福祉サービスの包括化への流れが進んできた。
　こうした臨床実践の変化に対応して，福祉サービスの担い手が保有すべき専門性と職務能力についても見直しが必要になっている。介護福祉士の養成課程教育の見直し，ならびにソーシャルワーク専門職である社会福祉士の役割等の見直しについては，社会保障審議会福祉部会福祉人材確保専門委員会の検討の取りまとめが2018年2月，3月に公表されている。国家資格のための養成カリキュラムの見直しとともに，臨床実践を支える専門人材に期待される役割や保有すべき職務能力の内容は，人材確保・育成訓練も含めて，福祉サービス事業者のサービス・マーケティング戦略や生産性戦略，これに基づくサービス組織や働き方のマネジメントと密接に関連しており，福祉サービス事業者の事業戦略や組織戦略の観点から検討が必要になっている。これについては，*Theme 20* において，詳しく解説する。

CHECK
1　「貧困」の捉え方は，歴史的にどのように変化してきましたか。
2　福祉問題が多様化，複雑化しています。解決アプローチとして，社会福祉政策と社会福祉事業が一体性を持たなければならないのは，なぜですか。

社会と人間

Keywords▶社会福祉の定義，エコロジーとしての社会の三重構造，人間と社会のインターフェイス，社会環境のダイバーシティ

1　「社会の福祉」と「社会福祉」

1　「社会の福祉」

　広い意味での「社会の福祉（social welfare）」の目標は，すべての人々が，一人ひとりその人らしい幸福な生活を送ることができるようにすることにある。授かった命を，1回しかない一生を通じてその人にとって幸福なものにすることを，社会全体として承認し，相互に支え合うことが「社会の福祉」の規範的かつ倫理的な要請である。

　そのために，一人ひとりが，社会の中で，個人として尊重されるよう社会環境の質を不断に向上させることが社会には求められる。政府には，個人の幸福追求や生活構成の自由に制約を課すことのないよう，個人の自律的な生活構成の自由を最大限尊重することが要請される。

　他方で，政府には，自律的な幸福追求ができる「健康で文化的な最低限度の生活」に必要な資源へのアクセスの機会を，公共的制度を通じて公正に保障することが求められる。そのために，社会を構成するすべての人々には，幸福追求にとっての共通のリスクに対し，その能力に応じた貢献が求められるし，共通のリスク以外の個別的なリスクの解消に向けた連帯や互助が求められることになる。

　「社会」について詳しくは *Theme 6* で述べることになるが，社会には共生

という自己保全の力が組み込まれている。社会関係資本（ソーシャルキャピタル）や互酬など様々な人的ネットワークの形で展開される連帯や互助の自発的行動に対し，政府が，政策的な規制や干渉を加えることは，社会の自己保全の力を人為的に歪めることに通じる。他方で，社会的に合意の得られる規範や基準を政策として設定し，たとえば障害者総合支援や生活困窮者自立支援，虐待防止などの個別的政策として，連帯や互助の公共空間を誰にでもみえるように描き，誘導する機能が政府にはある。

2 社会保障制度と「社会福祉」

社会保障制度（social security system）はそうした政策により設定された規範や基準である。社会保障制度には，社会保険，公的扶助，公衆衛生，社会福祉の大きく4つの領域がある。

社会保険は，老齢，疾病，失業，労働災害など，誰でもそうなる可能性のあるリスクに対し，社会保険料や税を財源とする特別な基金を準備するものである。そしてリスクが現実のものとなった被保険者は誰でも連帯や共助の支援を受けられるようにする仕組みである。誰でも，社会保険への加入という匿名の連帯を通じて，一定の保険事故の発生に対して制度的支援を受けることができるという眼に見える期待を持つことができるようにするための仕組みである。

公的扶助は，資産を失い生活困窮となった者に対し，世帯単位で生活原資を支援する仕組みである。わが国の生活保護法では，公的扶助に加えて，就労を通じた早期の自立を促す支援も組み合わされている。

公衆衛生は，予防保健や伝染病対策などを通じて，疾病や障害の予防や健康寿命の延伸を目指す仕組みである。

これらはすべて，人々に対し，社会的に合意された規範と基準を政策として制度化し，公共的な連帯や互助をみえやすくすることで，社会的統合性を誘導する機能を果たすことが期待されている。

「社会の福祉」に対し，立法政策によって制度化された「社会福祉（institutionalized social welfare）」がある。社会福祉は社会保障制度の1つの分野を構

成する。社会福祉は、ひとの幸福な日常生活に貢献可能な社会的諸力のうち、主として非貨幣的な福祉資源（福祉サービス）の提供の仕組みである。貨幣的資源（貨幣やバウチャーなど）の供給の仕組みである社会保険や公的扶助とは異なる。非貨幣的資源（知識、情報、環境、人のつながり、文化など）の供給という面では公衆衛生と同じであるが、公衆衛生は、健康増進に関する課題を対象とし、特定の個人に限定したサービスではなく社会集団を対象とする。これに対し、社会福祉は、日常生活の継続に関する課題を対象とし、個別の生活主体や世帯（すなわち、ケース）を対象に支援するという特徴を有する。いわゆる「法定社会福祉」とよばれるものであり、現行法では社会福祉法第2条に規定される一連の社会福祉事業を指す。

2　生活環境としての社会の三重構造

図2-1は、生活主体と環境との重層的な相互作用の関係を示している。

人は、市民社会を構成する一員として自律的な生活運営への自由と生活への自己責任を有している。人は、環境との間に相互作用の関係を維持しながら、環境に適応し、自分の生活の目標を実現し、経験から学び、判断・認識のパターンを獲得し、成長する。人は、環境との間で情報獲得、適応制御、認知行動、学習といった複雑な相互作用を繰り返して生活を構成している。

生活主体からみた社会は、三重の構造を有している。生活主体の近接には、家族や友人、仲間といった親密で、人格間の相互承認の関係性を有する環境が存在する。生活主体との相互の情報授受や認知行動面での相互影響（interaction）の強い近接社会環境であって、生活の認知行動の面では、個々の主体の生活自己責任という意味での自助のあり方を左右する互助的な作用を有する。経済的自立を重視して家族を自助の範囲に含める考え方もあるが、生活自己責任という個体の精神的自立の観点からは、個人主体とは分離した環境と捉える必要がある。たとえば、認知症の早期発見や認知症である人の自律的生活の継続という課題にとって家族は正の役割を果たすこともあれば、負の役割を持つ

図 2-1　社会の三重構造

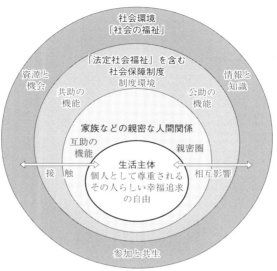

（出所）　筆者作成。

場合もある。家族の役割が常に本人の自律的生活の利益に合致するとは限らないことから，自助の主体は厳密に個人に限るべきである。

　親密圏の外側には，立法政策により創出された社会保障という制度環境が存在する。生活自助原則やそれを支える互助環境としての親密圏の機能を，専門的な生活資源供給を通じて補強する機能を有する。法定社会福祉も入る。「共助」や「公助」とよばれる制度上の資源の提供に係る社会制度環境である。

　共助は，疾病，老齢，介護，失業，労働災害など普遍的な共通リスクに対する能力に応じた社会保険料の支払いという貢献と保険事故が発生した場合には匿名の連帯の原理に基づく保険給付で支援するという伝統的な社会保険制度の仕組みの他に，社会福祉法人による地域貢献事業や地域共生社会事業，災害救助法に基づく災害救助のように国が，地方公共団体や社会組織，住民などと協力して取り組む被災者保護や社会秩序維持の活動なども含まれる。今日では，民間市場において提供される特定疾患医療保障や生命保険，損害補償保険，災

害保険のような法定の共助を補完する市場の共助機能も重要になっている。

　公助は，一般財源である社会保障関係費や民生費を用いて提供される公的扶助や生活困窮者自立支援事業，生活保護受給者の就労自立支援事業，子ども・子育て支援，発達障害者相談支援，権利擁護や虐待防止などであり，社会福祉法第2条に規定される法定社会福祉事業は公助に入る。

　社会保障制度という法制度は，誰でも人生のどこかの段階で社会保障のサービスを利用することが必要になると言う意味で，個人の生活の継続にとっては不可欠な機能環境となっている。法制度も，社会の変化に伴って生活ニーズのあり方が変化すれば，これに対応して絶えず改革が求められる。いわゆる社会保障制度改革や社会福祉改革といわれるものである。変遷しながらひとの生活を支えるという意味では，制度環境と人間生活は相互作用の関係にある。

　親密圏は，互いが固有名詞で認識し合っている身近な範囲のネットワークで，社会関係資本（ソーシャルキャピタル）とも隣人関係（ネイバーフッド）ともよばれる。この関係をコミュニティという概念で表現することもある。

　最も外側に拡がりを持つ「社会」という生活環境が存在する。小学校区や中学校区など日常生活圏とよばれる地域社会には，「同じ地域に住んでいる」といった空間的な共属の関係だけでなく，生活ルールや地域文化をともにしているという感情的な共属性も成り立っている。地域社会の住民が，地域内の資源や社会知を用いて，地域内のリーダーシップのもとに，住民の日常生活に関連する生活機能を向上させる努力が行われる。子育て，教育，保健，買い物，移動，生活支援サービス，高齢者支援など日常生活空間は生活資源や生活機能の提供環境として成り立っており，地域社会と住民それぞれの生活とは相互影響の関係にある。

　地域包括ケアシステムとよばれる政策で想定されている「地域」はこの日常生活圏に相当する。また，これまで「地域福祉」論が前提としていたのも，「小地域活動」では連合町内会や小学校区などの単位が，民生児童委員活動や青少年健全育成などとの関連では小・中学校区の範囲が，市町村地域福祉計画などでは市町村の空間や指定市などでは行政区の範囲が，想定されている。い

わば，日常生活圏は，住民の日常生活を成り立たせる福祉機能の提供空間として自己完結性を有している。

これに対して，阪神淡路大震災や東日本大震災など大規模災害の被災者支援や復興支援過程では，日常生活圏や市町村の範囲に自己完結しない開放的支援空間が形成されてきた。支援空間には匿名の支援空間もあれば，広域ネットワークを活かした支援空間も存在する。いずれも，被災現地に生じている課題を共有し，その解決に向けた行動で結束しながら，地域の外から提供される資源を，地域内の受援リーダーシップと地域外の支援リーダーシップの柔軟な調整の中で支受援がマネジメントされているという意味では，従来型の地域内完結型とは異なっている。

したがって，親密圏の外側に拡がる「地域」は，生活主体の抱える必要性の性質とその充足のための最適な資源・機能空間という可変の環境構造を伴っていると考えることができる。

3　社会と人間のインターフェイス

「社会」とは，個人や人々の組織が多項的で複雑な役割関係を取り結んで作り出す，生き物のように絶えず変化する生態空間である。人の生活には時間の制約があり，終わりがあるが，人がつくり出した関係性は引き継がれ，社会文化的な資産（アセット）として社会関係に構造化されていく。そこには，社会を構成する人間の関係がつくり出す感情的な共属世界が展開する。

人は，親密圏やその外側に拡がる関係性のネットワークである社会環境との間で，適用行動，経験学習，知的統合，進化と調整の相互影響の循環過程を生きている。その過程で，知覚，認識，認知の能力を結晶化していく。日常生活の運営は，情報判断と行為決定の連続として行われるが，判断能力（知識）や行為決定（意志）そのものが，生活過程の中で環境との相互影響の循環過程を通してパターン化されてきたものである。その意味で，環境は人の日常生活に働きかけ，行為をよび込み，人は，自発や自助という表現を用いながら実は環

境からの働きかけに適応している。社会環境を生活者にとってのエコロジーと解釈し，相互影響の循環過程に生じる，人の日常生活の継続を困難にするような状態の発生を防止しあるいは調整的に正常化する専門機能が，ジャーメイン（Carel Bailey Germain）らの提唱したエコロジカル・ソーシャルワークである。個別的な人間からではなく，人間生活の一般モデルから社会システムを解釈したソーシャルワーク理論である。

人と社会環境の関係をこのように考えると，社会は，人にとって，その日常生活を成り立たせる情報，知識，技能，感情といった非数量的な資源ならびに物財のような数量的資源の獲得の場であるということができる。社会の提供する資源を自己の必要性に応じて活用することのできる可能性を機会という。機会には，人の社会的な属性や立場，所有する物財の豊かさ，社会とのつながりの幅や深さ，人的な支援環境などにより個人差が生じる。

また，同じ資源活用機会に恵まれていても，資源を活用する能力や生活の目標・価値の置き方には個人差がある。資源を自己の生活目標の達成に向け効果的に活用することのできる能力のことを資源転換能力とよぶ。どれだけ効率的に資源を活用できたかを示す概念が資源転換効率である。それらには個人差があり，その個人差から，資源を自らの生活構成に有用な機能に転換する仕方や帰結に違いが出る。アマルティア・セン（Amartya Sen）が定義するケイパビリティ（才能，能力）における差である。

家族や友人，サークルの仲間など親密圏の環境は，感情や心理的支援など心の世界において個人を支える力を内包する。また，市場経済を媒介としない物財の提供という形で個人の生活を支える力を内包する。親密圏とその外側にある制度環境のさらに外側に拡がる社会環境は，人の豊かな成長や生活運営に不可欠な知識・技能獲得の機会や知的・感情的情報の供給において資源プールの機能を有しているし，豊富な専門的人材の不断の開発・供給を通じて個人の生活を支える機能を発揮する。

制度環境は資源の調達・配置・運用が公的な規制を伴って行われるフォーマルなセクターであるが，その外側の社会環境の福祉機能は，市場機構を通じて

の福祉事業者による資源開拓・供給やインフォーマルセクターによる非市場的な福祉資源の取引など，人の生活を支える豊かな機能を潜在させている。

こうした社会環境の提供する機能を，人の必要性に即して実際に活用できる機会として開発し，支援サービスに転換するためには，日常生活圏の中に包括的な資源提供システムとして組織化する仕組みが必要である。また，資源システムを個別のニーズに即した支援サービスとして提供するのは福祉や介護の専門事業者であるし，サービスへのマネジメントを実施するケアマネジャーやソーシャルワーカーの役割がそれを媒介する。市町村が策定する地域福祉計画や介護保険事業計画は，理論的には，こうした資源組織化の仕組みである。地域ケア会議は，個別ケースへの資源システムの運用の仕組みであるし，運用を通じて個別ケースが表現する地域資源整備の必要性や組織化の方法開発の必要性をシステムへと展開させる原動力でもある。

4　インターフェイスのメカニズム

人が日常を生きるということは，社会環境と日常的に接触（インターフェイス）し，環境に組み込まれた機能を引き出し，自立した生活に活かしていくことを意味する。機能をもたらす条件は，仲間や家族といった親密的関係にある人格主体の場合もあるし，社会保障や教育や雇用といった制度上の機会資源の場合もあるし，広く社会に流通する情報や知識といった非貨幣的資源の場合もある。つまり，人と社会環境との関係は，図2-2に表されるような接触と相互影響の連続的な運動プロセスとして成り立っている。

人間は，日常生活の中で五感の感覚作用を通じて環境から情報を取得している。取得された情報は，大脳辺縁系の偏桃体において快不快，喜怒哀楽など情動判断が加えられ，海馬で短期記憶として一時的に整理された上で，大脳皮質のハードディスクに送られる。記憶された情報は価値付けされ，意思決定を可能にし，行為の方法に関する情報を加えて身体の働きに変換され，外の環境世界への働きかけとなって現される。知覚と認識の脳内機能によって，人は環境

図2-2　人間と社会環境との接触と相互影響

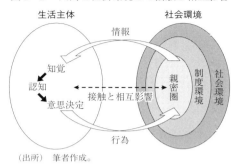

(出所)　筆者作成。

に最適に適応しようとする。ジョン・アンダーソン（John R. Anderson）の提唱した ACT-R とよばれる認知アーキテクチャーの働きである。

　脳内の情報処理の機能には個人差はないが，いわゆる心の働きにはその人に特有の潜在パターンや慣用性が存在する。人間を生命的存在として統合的に構成する色，受，想，行，識の五蘊とよばれる要素の中でも心の感受作用（受），思い描く概念作用（想），意思作用（行），判断や認識の作用（識）には，心の形成の経験や経路といった環境的要因の作用による個体差が存在する。つまり，人間は環境情報をそれぞれの心の作用に応じて処理し，環境との間にその人特有の接触と相互影響の連続的な関係を作り上げている。

　この循環の過程に，何らかの不具合が生じることで，人は環境への不適応を起こす。社会からの孤立や排除が原因となって環境から適切な情報を受け取ることができない場合や，もしくは，情報は受け取ることができても認知機能の障害や認知環境の制約によって意思決定が遅延したり，不可能であったりする場合，意思決定はできても人間関係への配慮や身体的障害などにより行動に現すことが難しい場合などである。そこには，その個人の社会関係性に関わる制約条件が働いている。他者との関係のあり方，情報の壁や情報の非対称とよばれる情報流通技術上の不具合，心理的抑制や心身機能の障害など，環境情報への接触と環境と個人との相互影響の循環過程に生じる不整合や断絶である。そうした制約条件は，個人を，教育・学習などの知識や技能の習得機会から遠ざ

け，適正な雇用の機会から逸脱させ，親密な人間関係の中で家族を築き子育てを進める機会を奪い，活用することのできる制度資源や社会的支援から遠ざける作用を持つ。その結果，社会からの個人の排除や孤立，個人の環境への不適応といった福祉の問題が生み出されることになる。

　他方，高齢社会の進展に伴い，生活運営に関わる知恵や役割を遂行するための方法的能力など物事を円滑に運営する能力は社会的に豊富になっている。レイモンド・キャッテル（Raymond Bernard Cattell）が文化的知識としての知能を表現するのに用いた結晶性知能（crystallized intelligence）である。結晶性知能は経験に基づく知能のことで，暗記力，計算力，推論力など成人の比較的早い段階でピークを迎える流動性知能（fluid intelligence）とは異なり，年齢による減退はわずかである。年齢に関わりなく，人が持てる能力資源を多様な方法で社会的に活用し，世代を超えて共通に直面する課題や世代順送りで繰り返される課題の解決に役立つ社会知の集積へとつなげることができる。高齢世代の社会的役割を増大させることは，健康の社会的決定要因の考え方に立てば，健康で自立した寿命の延伸につなげることができる。

　しかし，社会の側は，65歳以上を高齢者とよび，75歳以上を後期高齢者と定義し，疾病や要介護の発生率を加齢に結び付けて捉えている。認知症の原因疾患や認知症状を加齢に伴うものとして理解する古い思考方法からなかなか脱却できない現実がある。こうした古いライフサイクルモデルや社会的通念が，人の生涯のラストスパート期における社会的活動性を制約してしまっている。そのことは，社会環境そのものの多様性（ダイバーシティ）や寛容性を狭めることにもつながる。

(CHECK)
1　社会は個人の福祉にとって不可欠な環境を構成しています。個人を真ん中において見た場合，社会は三重構造を有する環境であることを説明してみましょう。
2　個人と社会とのインターフェイス（接触）に相互影響（interaction）のメカニズムがあることを説明してみましょう。

Theme 3 人間生活と社会環境との調整

Keywords ▶ ソーシャル・ケースワーク，ケースマネジメント　生活者モデル，生活分析の着眼点

1　ケースからのアプローチ

　人と社会環境との相互影響のメカニズムは多様である。人間は生まれた自然状態では平等だといわれるものの，現実には，親や家族のあり方，障害の有無や形態，住まいの地理的・地域的条件など生まれながらにして「生誕のくじ引き」を伴っている。成育のための環境や成長の経路にも，個別的事情や偶然が作用する。

　また，人は，見えない将来に向かって目標を定め，自分の意思で前に進む。現在の選択がどのような帰結をもたらすかは将来にならなければ分からない。「無知のヴェール」に包まれた人生を生きている。そこには，思わぬ不運の作用がある。子ども時代の生活困窮はその子の責任ではないが，子どもの時に困窮した生活を経験した人々は，成人しても貧困状態に陥ったり，幸福だと感じる確率が低かったり，健康を害する割合が高いといわれる。

　人の生活のあり方には，社会環境の構造要因がインパクトを与える。社会環境の構造要因がそれぞれの生活に作用を及ぼす個別的な経路や条件には当然にも個人差が存在する。社会環境の構造要因は，雇用や失業など就業に関する経済機会の障壁，居住や移動，健康や安全といった社会的活動性に関する障壁，性別，社会的地位，出自，国籍などに関する社会文化的不寛容や差別の障壁など多方面にわたる。すべて，社会からの排除と認識される状態である。社会か

らの排除には，事故や災害のように突然の人生の途絶や日常の生活環境の喪失といった突発的なインシデントがきっかけとなる場合もあれば，高等教育や雇用能力の獲得機会に恵まれなかったために，不安定就労と失業を繰り返す中で，長期にわたり社会から縁辺化され，社会に対し失望し，経済的困窮と心理社会的孤立の隘路に入り込んでしまうような時間経過を伴う場合もある。

　こうした社会環境と個人との個別的な相互影響関係に着目して，個人の生活能力の活性化や人格的自立を促すための介入手法として開発されたのが，ケースワークである。アメリカにおける慈善組織活動に先鞭をつけたメアリー・リッチモンド（Mary Richmond）が1910年代から20年代にかけて開発したケースワークは，セツルメント運動と同じく，当時の慈善活動の課題であった貧困の克服を目的にしたものであった。その後，ケースワーカーのヘレン・ハリス・パールマン（Helen Harris Perlman）が1957年に『ソーシャル・ケースワーク問題解決の過程』を著し，経済的困窮者の他にも心身障害を持って生きる人々のような社会的不利を抱えた人々も対象に含めた，個別的・対人的な救済の方法へと展開することになる。

　パールマンは自らの方法論を「ソーシャル・ケースワーク」とよんでいるように，個人が抱える福祉的問題状況を，その人の成育過程や心理世界の分析を通して診断し，専門的な治療を施していくという，それまで有力であった精神分析的なケースワークの方法に対して，社会環境要因と個人の問題状況との相関性に配慮した問題解決のプロセスを重視した。援助を必要とする人（person）の理解，調整されるべき関係性と解決を待つ問題（problem），生活場面の実態に即した援助を実施するための場所（place）の選定，解決までの資源選択や行動組織化の過程（process）といった４つのＰから成る個別的で包括的なケースマネジメントの方法論を提案した。後に，そうした問題解決過程を組み立て，解決行動を適切に導く専門職（professional person）と，環境資源としての制度（provisions）のあり方を加えて，６つのＰへと展開した。人と環境との相互作用の中で，援助を必要とする当事者との協働を通じて，経時の変化を調整しながら，最適な問題解決へと導く行動体系として，「ソーシャル・ケースワ

Theme 3　人間生活と社会環境との調整

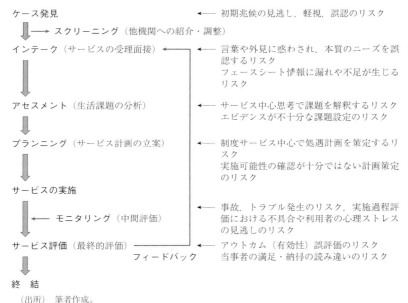

図 3-1　ケースマネジメント

（出所）筆者作成。

ーク」の構想ができ上がっていた。

　4 つの P あるいは 6 つの P は，ケースワークの実践においては，図 3-1 のような流れとして構成される。ケースワーク（casework）を，医療の診断治療の類推を用いて，心身の病理状態や社会関係上の障害を抱える当事者に対する正常化のための個別的働きかけとみなすのであれば，専門家の介入により当事者に能力・権限を回復させ（エンパワメント），生活の主導権を再獲得できるよう指導する行為体系を解釈することになるが，実際には，当事者の希望や納得，自分自身での動機付けが伴わなければ効果的な問題解決には至らない。したがって，ケースワークは，実際には，4 つの P あるいは 6 つの P を当事者の抱える複雑な生活・環境条件に対して最適に組織化し，問題解消の効果を最大化させるケースマネジメントの流れとして構成されることになる。

　ケース発見段階では，早期発見，集中初動が原則であるが，ケースには常に

見落としのリスクが伴うことから，専門職には，ケースを掘り出すマーケティング能力や家族や地域を見渡す様々な観察眼を育て，見逃しを防ぐ社会資源との連携力が重要になる。発見されたケースの初動対応としてのスクリーニング（選別）は，ケースの特徴と最適に対応可能な専門性との見計らいを行い，必要な場合には，他の機関や専門職につなぐ機能を持つ。ケースワーカーが担当することになると，ケースのインテーク（受理面接）が行われる。当事者の生活経路，生活環境や人間関係，心理的・行動学的な病理状態など，フェースシート（利用者基本データ）情報が収集・整理されることになる。この段階では，当事者ニーズの掘り起こしやニーズの解釈に不十分さが残るというリスクがある。

　アセスメントは，フェースシート情報を基に，当事者の抱える解決されるべき課題の本質と構造を分析し，整理する。課題の設定は，エビデンスに基づいて行われるが，エビデンスには客観的な事実の他に，当事者の心理的表出や心情の吐露など主観情報も含まれる。プランニングはサービス計画の立案である。課題の解決を目標として，そこに至る工程，動員される資源，人材とそれぞれの果たすべき役割の明確化，サービス組織としてのチームの編成，家族や支援者との連携，リスク対応などが入る。制度サービスをケースに当てはめるというサービス中心の思考はリスクを伴う。課題の最適な解決にとって必要な手立てであれば，制度の外側にある互助やインフォーマルなサービス資源を積極的に統合して，最も効果的なサービスパッケージを編成することが求められる。

　サービスの実施プロセスにおける事故や状況の変化，あるいは，アセスメント段階でのニーズの誤評価が不適切なサービス給付となって顕在化することなどを見逃さないように，モニタリングとよばれる経過観察や中間評価が重要になる。サービス計画において見込まれたサービス実施期間が経過したところで，サービスの成果に関する評価が実施される。評価は，どのような役割に基づきどのようなサービス行為が実施されたのかという実行された産出に関する評価だけでなく，当事者の納得や満足，充足感に関する評価や関わった専門職の達成感といった効果（アウトカム）の測定が決定的に重要である。十分な効果が

生まれていない場合には，再アセスメントや再プランニングの段階に戻り，次段階のサービス実施へと展開させることになる。いわゆる PDCA サイクルの方式で，課題解決に至るまで継続的な関わりが続くことになる。

　最終的な効果の評価で，ニーズ充足が認められ，当事者の満足や専門職の満足が認められると，ケースは終結する。誤判断のリスク，波及的問題の発生の見落としのリスクも PDCA サイクルのプロセスを構成する。対象者の生活経路や生活環境，経済的状況や社会関係上の配慮，身体機能の能力，自律能力，心理世界など個別的要因に加えて，サービスを構成する資源，人材，役割の選択も臨床目標やサービス実施の流れの評価などで柔軟に変化する。したがって，古典的な表現でケースワークとよばれる行動体系は，実際には，個々人のケースについて最適な選択を行いながらプロセスの円滑な流れを管理していくマネジメントの実践として構成される。「ケースマネジメント」という表現が一般的に用いられている。

　ケースマネジメントとは，社会福祉的な対人的・制度的・経済的な援助を必要としている生活困難者や困窮者に対し，本人の自己決定や希望や納得に沿って進め，活用可能な資源を最大限効果的に組織して，生活主導権の再獲得を支援する活動の総称である。

2　エコロジーからのアプローチ

　ニーズの充足に向け活用可能な資源を最大限効果的に組織化するには，生活の環境（エコロジー）の分析・評価が一体で行われなければならない。環境には，**Theme 2** において述べたように，本人と親密な人間関係を有する人々の範囲（親密圏），社会保障制度のような社会制度や法律制度（制度環境），本人の課題解決に有効なより広い社会の人的・物的な資源や機会（社会環境）がある。環境評価は，本人の課題を解決するという視点を中心に据えた，それぞれの環境の保有する機能の活用可能性や活用できた場合に見込まれる効果の予測，本人が抱える課題の原因となっている環境上の阻害要因の特定とその解消に向け

て想定される取り組みの設計として実施される。環境と本人との相互の影響関係は，本人の保有する環境活用能力や環境からのインパクトを受容する力，環境からの情報を取り込む処理能力によって異なることから，環境そのものの評価と共に，環境と本人とのインターフェイスの特徴に関する評価も併せて求められる。

　法律制度に基づく福祉サービスの給付は，利用要件や給付要件が同じであれば誰にとっても等しく利用できるよう設計されている。制度をケースに適用するのではなく，ケースの必要性に応じて制度を資源の1つとして活用するという視点が重要である。

　社会環境は，それぞれの人に対して個別的である。社会への参加ということも，一人ひとりにとって持つ意味が異なる。個人は，自分がメンバーとして所属する範囲ネットワークの空間を多様に有している。私生活では，居住地域の町内会，子どもの学校の親たちの活動サークル，趣味の地域サークル，友だち仲間など，仕事の上では，所属する企業やその部署，職場のサークルや委員会，業界団体，取引先，労働組合など，その他にも同窓会仲間や親類縁者の集まりなど，一人の人間は，多様な所属空間を有している。孤立生活を送っている人であっても，SNS上のつながりや隣近所との小さな社会的付き合いの窓口など，一定の社会空間を保有している。つまり，社会には，自分が関係者である空間領域と，部外者とみなされる空間領域が存在しているのである。社会は，個人にとっては，小さな範囲ネットワーク空間が網の目のように張りめぐらされた状態で存在する。関係性障害や不適応障害など社会関係への参加に困難を抱え，孤立する状態は，こうした個々人に異なる範囲社会空間の中で引き起こされることになる。

　最も大きな範囲空間の区分は，健常者と障害者の境界区分，年齢で形式的に隔てられる高齢者や子どもといった境界区分，性別による区分，学歴や来歴などによる区分，平均意識や正常意識が生む「マイノリティ」といった区分など，ある一定の外形的異なりを根拠とする境界区分などである。この区分の間では，異なる境界内に所属する人々から他の境界内に属する人々に対し，偏見や先入

観，差別や阻隔(そかく)といった心理的隔絶を生みやすい。社会的排除や差別は，この社会の境界性の機能が引き起こすものである。

また，同一の範囲空間の内部にも，メンバーに対する期待役割や円滑なメンバー間の関係の運営のための序列化など，排除・分断の力学は常に働いている。

したがって，社会環境の評価および社会環境と生活主体とのインターフェイスの特徴と相互影響性の評価という場合，どの境界空間の機能であるか，どのような力学の機能であるか，どのような相互影響性の特徴であるか，分析的な評価が必要である。同時に，社会資源の活用という場合にも，ソーシャルワーカーにとっての活用可能性ではなく，ニーズを抱える主体にとって意味のある有効な機能を期待できる資源であるかどうか，個別的な評価が必要である。その意味で，主体に対しても，環境に対しても，それぞれが保有する能力や機能に関する診断・分析的なアプローチが重要である。

3　生活の捉え方

主体を理解するには，生活のリアリティを見つめる「生活者」の視点が重要になる。岡村重夫の「生活の全体性」のように，個別生活主体のそれぞれに異なる「生活の全体性」の把握を強調する立場もあれば，ジャーメイン（Cavel Bailey Germain）の「生活者モデル」のように人間生活の一般モデルから個別を解釈する立場もある。

「生活」「生活者」のリアリティに迫る方法的視座を持つことは一般的な生活分析の方法としては重要である。これを，個別的福祉問題の解決を目的とするソーシャルワークに直律的に当てはめることは，意識，能力，行動，関係の総体から成る当事者に特有な生活の構造をそれとして分析することの妨げとなることもある。人間の個別性を構成するのは，その人の性格や思考様式などの存在性とその人が社会関係において自分を現わす行動性であるので，生活分析の着眼点は，次の6点になる。

- 人生の経路…生まれの環境，児童期の成育過程における経済的環境ならびに家族の地域や親族との交流状況，家庭内のとくに親子の関係を中心とする人間関係，不運や災難など宿命的インシデントの経験の影響，感動や大切なものの喪失の体験の影響，そうした要素に対する当事者の受け止め方。
- 社会的経験…仕事や社会的活動の経験，その中で担ってきた役割，役割に対する達成感や自負。
- プライド…生きる術として大切にしているもの，生きる目標に影響している価値観や理念といった自己規範，自覚された生活への姿勢，そうしたものの堅固さや希薄さ。
- 表現の慣用性…喜怒哀楽の表現の中でも，とくに苦悩の表現におけるその人なりの慣用性。
- 認知能力…とくに，仕事や社会参加の経験から獲得された知識を活用する能力であり，その人の有能感や自己肯定感に関係する能力である結晶性知能の豊かさ。
- 心…心は外部からの情報を受容し，認識解釈し，意志決定を通して行動へと変換する脳の一連の機能から構成される心的世界であり，感情と言い換えることもできるが，中でも，知覚情報に突発的に反応する情動（emotion）は，その人の喜怒哀楽や快不快の表現パターンを知るうえで重要である。

　これらの6つの着眼点は，その人が生い立ちから現在に至る人生経路において周囲の環境をどのように解読し，受容してきたか，あるいは受容・納得できずに現在に至っているかを評価するためのものであり，生活の困難や福祉的支援を要する問題が内包するその人特有の環境・関係・経路の文脈を解明する上で，基本的なものである。「生活」や「生活者」のリアリティに迫るということは，生活分析パターンをケース分析に応用することではなく，生活の構成要素としての着眼点に即して，当事者の生活のリアルな姿を描き出すことなので

ある。

(CHECK)
1 パールマンの「ソーシャル・ケースワーク」は，個別ケースの問題解決にあたり，4つのP・6つのPという社会的環境条件に配慮した解決プロセスを編成することの重要性を意味する概念です。図3‐1を参照しながら，4P・6Pの重要性を説明してみましょう。
2 ソーシャルワーク理論に登場する「生活の全体性」「生活者モデル」の「生活」とはどのような要素から構成されていますか。

Theme 4 「福祉」と「社会福祉」

Keywords ▶ 福祉と社会福祉の違い,社会事業,公的責任の体系としての社会福祉,社会福祉の普遍化・一般化

1 「福祉」とは

「福祉(welfare)」とは,生活を「うまくやっていく」ということを示す言葉で,幸福や繁栄と同義に,生活の安寧を表現する概念である。生活状態を価値的に判定・評価する概念である。人の生活が安寧な状態を侃つためには,それを条件付ける貨幣的資源(貨幣やバウチャーなど)と非貨幣的資源(知識,情報,環境,人のつながり,文化など)が必要であり,さらに,資源を自己の生活目的を実現するために必要な機能に転換するための機会が不可欠である。たとえば,生活を充実させるための知識や技能を獲得するには教育や職業訓練の機会を必要とする。

そうした機会が人の生活の安寧につながるには,個人の努力を支える人と人との尊重,承認,支援といった社会的関係性が常に働いている。生活のあらゆる場面に,人と人との相互依存や支援の働きがあるのである。そうした人の安寧な生活にとって不可欠な資源や機会に欠乏や不足があれば,福祉を脅かすリスクが発生する。

ところで,人の生活に不可欠な資源・機会の配分には,家族,共同体,市場,政府の4つの仕組みが働いている。

・家　族…愛情や思いやりという感情の媒体で結ばれた親密な人間関係を特

徴とする。個々の家族構成員の努力や家族全員の協力といった資源が内在する。
・共同体…地縁や選択縁（自ら選択して特定の組織の一員となること）という縁の媒体で結ばれていて，共同性を特徴とする。地域社会や会社・学校・協同組合などの人々の集合で，互助や互酬を資源とする。
・市　　場…物象性（とくに貨幣）を媒体としていて，誰でも媒体を保有すれば市場交換に参加できるという取引空間の開放性を特徴とする。人々がそれぞれに必要とする物財，サービス，情報を資源とし，その資源を供給，分配する交換の仕組みも資源となる。
・政　　府…立法を行い，それを執行する政治権力を媒体としていて，統治の正統性という公共原理を特徴とする。人々の私有財産に対して，税や社会保障の制度をつくり，課税や社会保険料徴収の方法で公の目的への貢献を強制し，貢献の成果を公正基準に基づき所得の平準化に振り向けるという再分配の仕組みを資源としている。

　人々は，自らの福祉を実現するために必要となる生活資源や社会的機会の性質に応じて，家族内で自力で調達したり，市場から交換を通じて獲得する。また，地域の互助や縁の共助（組合や会社の相互扶助など）を頼ったり，政府が提供する公的な共助（社会保険の給付や雇用保険の基金事業による職業訓練など）や公助（生活保護の扶助や生活困窮者自立支援の事業など）を利用したりする。人は，生活の安寧に必要な資源と機会を，このいずれかの資源配分の仕組みを通じて充足している。
　資源や機会を提供する主体に着目すれば，家族や親族などの拡大家族であったり，町内会・自治会，NPO，生活協同組合や農業協同組合，共済組合などであったり，営利企業や社会的企業であったり，地方自治体や政府管掌の社会保険機構であったりする。いずれの主体が提供する資源であっても，その資源を手にする機会がそこに介在し，その機会を自己目的に合わせて活用する際には申請手続きや専門職による相談・支援サービスなどの適切なサービス行為が

介在する。

　つまり,「福祉」は, 人の安寧な生活状態の獲得とその継続を支える資源と機会の体系として成り立っている。「福祉」を充実するということは, 社会総体として, 人の生活の安寧を支える資源を拡充し, その活用機会を普遍的にかつ公正な仕組みとして体系化することを意味する。

2　「社会福祉」とは

　「福祉」という概念はおよそすべての人間社会を貫く普遍的な目標を示すのに対し,「社会福祉」という言葉は, 日本の特有な歴史的文脈を背負っている。「社会福祉」は日本国憲法の制定にあたり人為的に登場させられた概念である。

　日本では, 明治期に入り, 工業化とともに社会事業が成立する。社会事業は, 寄る辺なき人々を対象として慈善家が行ってきた育児院, 養老院などの民間社会事業に対し, 政府が奨励的な助成を行いつつ統制することを目的にするもので, 社会事業法（1938年）により法制化された。

　世界史的にみれば, 組織的な社会事業は, 1869年にイギリス・ロンドンで設立された慈善組織協会（COS）に結集した民間の組織的・計画的な救貧活動が端緒となり, 1877年にはアメリカの慈善組織協会の誕生につながり, 日本においても1908年に中央慈善協会（1921年中央社会事業協会と改称, 1951年の社会福祉事業法の施行により恩賜財団同胞援護会などの行政が関与する民間社会事業関連組織と合併して現在の全国社会福祉協議会に改組された）が設立された。COSが政府からの自由放任を運動原理としていたのに対し, 日本の中央慈善協会は, 設立当初より国や地方政府の関与の下にあった。社会事業が担った救済事業の実践活動は臨床方法論として独自に展開し, ソーシャルワーク（相談援助技術）へと理論体系化されることとなる。

　社会事業法における社会事業は「保護ヲ要スル者」を対象とするものであった。通常の市民生活から脱落し, 生活困窮に陥った人々やそのおそれのある人々を保護, 救済, 予防しながら, 社会的生活機能を回復させる慈善的な活動

であり，生産的労働に参加できずに生活環境が劣悪化した孤児，障害，疾病，孤立などの状態にある人々を対象としていた。生活困窮の原因は貧困にあるため，社会事業も，恤救規則（1874〜1931年），救護法（1929〜1946年），生活保護法（1946年）と続く公的な救貧事業の民間版という性格を有していた。

　ところが，「社会福祉」はこうした「社会事業」とは全く文脈の異なる概念として登場する。「社会福祉」は「ソーシャル・ウェルフェアー（social welfare）」の訳語であり，日本の歴史の文脈には存在しなかった概念である。日本の社会福祉の歴史でこの言葉が最初に公式に使われたのは，1946年2月12日に連合国軍最高司令官総司令部（GHQ）から発出された「日本国憲法」案（マッカーサー草案）においてであった。

　日本国憲法第25条の基となる条文は，「第24条　あらゆる生活部面において，ソーシャル・ウェルフェアーならびに自由・正義・民主主義の促進と拡充に寄与するよう法律が立案されるものとする」(In all spheres of life, laws shall be designed for the promotion and extension of social welfare, and of freedom, justice and democracy.) となっていた。これに続けて，「ソーシャル・ウェルフェアー（social welfare）」ならびに「自由・正義・民主主義」の促進・拡充に資する具体的な取り組みとして，「無償で，全員を対象とした義務教育の樹立」「児童労働の禁止」「公衆衛生の促進」「ソーシャル・セキュリティー（social security）の実施」「労働条件・賃金・労働時間の基準の法定」の5項目が列挙されていた。「ソーシャル・ウェルフェアー」は，「自由，正義および民主主義（freedom, justice and democracy)」といった普遍的な価値と並ぶ包括的な概念として用いられていた。

　日本政府は，この初物の概念を「社会の福祉」と翻訳した。これが今日のように社会保障制度の構成領域としての「社会福祉」という制度の名称へ変換されていくことについては，***Theme 12*** において述べる。ちなみに，草案の「ソーシャル・セキュリティー」は，英米で一般的な生活困窮への経済的保障（制度的には公的扶助）の意味で使われている。

　「社会福祉」は，政策・制度の範域や施策の体系を表す概念としてではなく，

日本社会の目指すべき理念を示すものとして登場したのであった。しかし，貧困を原因とする生活困窮状態に対し，物財の給付や救護の活動を主な手段として救貧や防貧の手立てを施すといった救護法や社会事業法の考え方が浸透していた戦後直後の日本にあっては，「社会福祉」はこれと同系列の要援護者への社会的施策として解釈されていくことになる。

3　公的責任の行動体系としての社会福祉

　「社会福祉」の法的な定義と社会福祉事業の実施体制をはじめて定めたのは社会福祉事業法（1951年）である。この実施体制は，後に「社会福祉基礎構造」とよばれるようになる。同法の根拠となったのが1950年10月の社会保障制度審議会「社会保障制度に関する勧告」である。社会保障制度審議会は，憲法第25条の本旨に鑑み緊急に社会保障制度を整備確立する必要性に応えて，戦後日本における社会保障の制度の構成について審議するために，1948年の社会保障制度審議会設置法に基づき内閣総理大臣の直属の機関として設置されたもので，内閣総理大臣に対する勧告権を付与されていた。

　勧告された社会保障制度の構成は次の図4-1のようになっている。イギリスのベバリッジ報告書に類似の社会保険中心の制度が構想されていることが分かる。「社会福祉」は，社会保険，国家扶助，公衆衛生及び医療とならんで，社会保障サービスの1つの分野として位置付けられた。

　すなわち，「社会福祉とは，国家扶助の適用をうけている者，身体障害者，児童，その他援護育成を要する者が，自立してその能力を発揮できるよう，必要な生活指導，更生補導，その他援護育成を行うことをいう」と定義されている。国家扶助（生活困窮者を対象とする金銭給付）以外の，生活指導，更生補導，援護育成に関する機能を有する専門的な活動の体系のことを示す制度名称としての「社会福祉」の登場である。

　社会福祉事業法には，第1種・第2種社会福祉事業の定義，社会福祉における公私の関係，社会福祉法人の創設と経営原則，措置制度による社会福祉の実

図 4 - 1　社会保障制度審議会「社会保障制度に関する勧告」（1950年10月16日）の構成

```
社会保険
    ・医療，出産及び葬祭に関する保険
        被用者の保険，一般国民の保険，医療の範囲，医療機関及び医療報酬
    ・老齢，遺族及び廃疾に関する保険
        被用者の保険，一般国民の保険
    ・失業に関する保険
    ・労働災害に関する保険
国家扶助
    扶助の適用範囲及び原則，扶助の種類及び方法，扶助の機関及び費用の負担
公衆衛生及び医療
    公衆衛生，医療，結核，費用の負担
社会福祉
    社会福祉機関，福祉の措置，費用の負担
運営機構及び財政
    ・運営機構
        中央及び地方行政機関，権利の保護の機関，付属機関
    ・財　政
```

（出所）　筆者作成。

施，社会福祉の実施単位と機関，社会福祉施設の基準など，児童，障害者，老人，被扶助者の各分野の社会福祉に共通する実施体制が定められていた。この実施体制は，**Theme 13** で述べる通り，2000年の社会福祉基礎構造改革まで維持されることになるし，社会福祉事業法を改正して成立した社会福祉法（2000年）にも，実施体制の基本的な仕組みは引き継がれている。このように，わが国の「社会福祉」は，憲法制定過程に登場した，社会の基本理念を示す「社会の福祉」からその意味を転じて，要援護者を対象とする法定の社会福祉事業の実施体制を表す概念として定着するのである。

「福祉」との関連では，人の生活の安寧を脅かすリスクや問題状況の緩和・解消にあたり，必要な資源と機会を自らの力で獲得することが困難な人々について，社会が法定の基準と手続きに基づき，公の費用と責任においてそれを行うのが「社会福祉」ということになる。

公的責任，行政処分としての措置制度，社会的弱者を対象とする生活指導・更生補導・援護育成といった，こうした創生期の「社会福祉」の定義は，その

後大きく変化する。普遍的・一般的な利用サービスへと変貌を遂げ，今日では，地域包括ケアシステムおよび地域共生への流れが政策的にも社会福祉臨床としても加速している。

4　社会福祉の普遍化・一般化

　転換の画期となったのが，1995年の社会保障制度審議会勧告「社会保障制度の再構築――安心して暮らせる21世紀の社会をめざして」である。この勧告は，社会保障制度について，すべての国民が担い，利用できる制度という普遍主義を打ち出している。普遍的な利用制度として社会保障制度を再構築するということは，市民社会の生活自己責任原則である自助，社会保険の仕組みを用いた共助，公的扶助や公的な生活自立支援事業による公助に加えて，社会的ネットワークや共同体機能を活用して，地域の日常の中で相互に支え合うという互助という考え方を導き出すことになった。

　社会が内包する福祉推進力を一人ひとりの自助への支援力として，また，共助，公助の働きでは空白が生じてしまうニーズ領域への対応力として位置付ける政策が強化されている。社会福祉法第4条は，「地域住民，社会福祉を目的とする事業を経営する者及び社会福祉に関する活動を行う者は，相互に協力し，福祉サービスを必要とする地域住民が地域社会を構成する一員として日常生活を営み，社会，経済，文化その他あらゆる分野の活動に参加する機会が与えられるように，地域福祉の推進に努めなければならない」と規定し，地域住民に対し，地域福祉の推進に努力する義務まで課している。「社会福祉を目的とする事業を経営する者」である社会福祉法人に，地域貢献の公益事業を社会福祉法が求めている（社会福祉法第24条第2項）のも，地域における互助の強化策とみなすことができよう。

　社会の内包する福祉推進力を資源として発掘し，その活用を公的なプログラムと連携させながら行うことで，社会全体としての福祉の向上を図り，福祉資源のアドミニストレーションの機能を向上させようという政策動向は，新しい

公共経営（New Public Management, NPM）における公私パートナーシップ（Public Private Partnership, PPP）や社会資源統合型の社会的企業（social entrepreneur），「大きな社会（Big Society）」構想など，国際的な流れと軌を一にしている。

　今日の地域包括ケアシステムづくり，共生社会づくりは，村落共同体や都市コミュニティの自然発生的な相互扶助の取り組みや住民主体型の地域福祉の取り組みとは異なり，社会福祉改革の政策誘導とこれを担保する法制度が原動力になっているという特徴を持っている。その意味で，創成期に行政措置で牽引されることとなった「社会福祉」の法律主義（institutionalism）という方法論は，措置制度による社会福祉の実施体制が原則的に廃止され，利用者の選択に基づく契約による福祉サービスの利用制度へと転換したとされる今日でも，貫かれているということができよう。

(CHECK)
1　「社会福祉」とは歴史的に限定された意味を持っています。「福祉」と「社会福祉」の違いを説明してみましょう。
2　社会福祉の普遍化・一般化とは，社会福祉におけるどのような変化を指しているのでしょうか。

Theme 5 福祉がなぜ「問題」となるのか

Keywords ▶ 福祉の問題化，日常生活の健全性，福祉の問題構造，日常生活の継続の支援

1 福祉がなぜ問題となるのか

　社会は，人々が個人として尊重され，その人らしい幸福な生活を実現していくための資源とその活用機会の空間として成り立っていることはすでに述べた。資源には，生活に必要な物財や情報や労力を，市場を通じて獲得するための交換手段としての貨幣的資源（貨幣，バウチャーなど）と，物財や情報や労力を，それを活用する人の必要とする機能に転換させるためのサービス行為からなっている。生活資源とその給付行為である。

　福祉の問題とは，生活に不可欠な物財を得ることが困難になり，あるいは，物財を有効に機能させるためのサービス機会が失わることで，生活の質の低下が進行する生活困窮や社会的剥奪とよばれる状態が出現することを言う。物質的な困窮状態が長引けば，自己肯定感や能力感といった生きるために必須の心理的動因まで停滞させてしまう。生活不安や失望が襲い，将来への希望を失うような行動心理が現れる。社会と交わり難くなり，家族と上手くいかなくなるなど，他者とつながり，ともに生きている実感を失っていく。災害や事故の被災や病気など突然の人生の途絶がもたらす心理的トラウマなどもそうした福祉の問題の原因になる。総じて，「生きづらさ」と定義することができるような状態の出現である。

　自律的な生活構成は，人が個人として尊重されることを前提とする。幸福追

求の自由が憲法で保障されても，現実の社会関係において個人として尊重されることがなければその人なりの自律的な生活の構成は困難である。

個人として尊重されることを主体内在的に解釈すれば，その人の存在そのものが尊重に値する実存性（その個人があるがままに存在しているという事実）を有しているということであり，個人として尊重されるからこそ，自己肯定感や自尊心を持って生きることができる。個人の尊重を主体外在的に解釈すれば，一人ひとりが尊重に値する存在として社会の中で承認され，あるがままの存在として大切に扱われることを意味する。実存性の喪失は，心理的停滞を伴う社会への不適応や孤立を生む。社会の中での承認は，その社会におけるメンバーシップや期待役割と結び付き，その喪失は，社会的排除や社会的剥奪といった市民権の危機につながる。

福祉の問題が生じる構図には，資源の配分・流通に関わる市場機構の限界，市民権の危機を発生させる社会心理の構造，それに問題を解決するための人的な能力の配置における制約という3つの構造要因が作用している。

1つめは，資源や機会の量的・質的制約という経済社会の構造である。生活の基本資源である貨幣資源，とくに所得については，第1次分配において格差が生じる。働いているかどうか，従事する産業や企業の規模，仕事の内容，雇用形態，労働能力の違い，地域的な賃金水準など様々な市場要因が格差を生み出している。保有する資産の量も主要な格差要因である。ちなみに，厚生労働省『賃金構造基本統計調査』(2017年)によれば，県別の平均年収には東京都の約615.6万円から青森県の約359.5万円まで大きな差がある。総務省統計局の「統計でみる都道府県のすがた」(2018年)によれば，1人当たり県民所得について，東京都の451万2000円から沖縄県の212万9000円まで倍以上の差がある。

社会保障制度は，税や社会保険料の徴収と社会保障給付を通じた再分配により，第1次分配の格差を是正する機能を持っている。しかし，そもそも社会保険制度が雇用者，自営業者，被雇用者で区分され，加入資格や加入期間といった要件による制度の適用・非適用や給付水準の格差が生じている。雇用者についても職域や企業規模による制度と給付内容の違いがあり，再分配を経た第2

次分配についても広い格差が生じている。職域保険主義を採らない国々においても給付水準や給付格差は解消できず，普遍的な最低所得保障制度を導入する国々が多い。つまり，社会保障制度の所得再分解機能は格差の幅を縮小することはできても，格差の底辺を構成する人々の生活困窮問題の解消には無力であるし，格差そのものの解消には機能の限界がある。

都道府県別の統計で確認される格差は，構造的・累積的なものであるだけに，市町村別格差，世帯別，1人当たりにおける格差へと波及していく。

所得格差や低所得は市場や制度の構造問題であることから，分配の累積としての資産格差を拡大させることになる。また，資産格差は，どのような場所で生活が営まれてきたか，不動産所有や家族構成の違いなど，どのような生活形態であったか，という時間経過の要因を含むものであるだけに，地域や階層による格差の偏在も伴っている。

2つめは，基本資源の分配における格差や偏在が引き起こす際の問題である。このような福祉の問題を解決するための支援機構となるのが専門的福祉サービスである。社会福祉や介護のサービスはクライアントと専門職との対人性にその特徴がある。サービスの提供には場所と時間の制約があり，専門職が移動できる範囲の制約がある。専門性は資格や経験と結びついているので，専門職の数と質にも制約がある。専門資格や専門能力を保有する人材は，労働市場を通じて行政や事業者に雇用されて働く仕組みであるから，専門職とよばれる人材の供給量や保有する能力には市場の調整に伴う地域的偏在が生じる。専門人材資源の流通は，社会全体としての専門職養成力や地域ごとの専門人材吸収力の限界を超えることができない。専門人材の調達可能性や人材の提供する支援サービスの利用機会における不足や格差といった構造的制約は，福祉問題解決機能における地域格差の問題を深刻化させる。

人の生活を支える基本的な貨幣資源の配分においても，生活を支援する人的サービスの供給においても市場の限界があるとすれば，この限界は，福祉的資源や支援サービスの調達機構を，市場機構の働きだけに委ねるのではなく，その制約を補完するための市場機構外の地域共生型資源・サービス調達機構の必

然性を示している。

　3つめは，意識や認識の社会的構造である。これについては，次の**Theme 6**で詳しく取り上げるが，個人や家族の暮らし方や心身・病理状態などに対する否定的先入観や偏見といった社会的スティグマの作用の問題である。社会的スティグマは，スティグマの対象となる個人や社会集団の自己認識に作用し，社会への遠慮や孤立，生活の活動性や希望の喪失，無力感や失望感などの心理的停滞といった否定的な生活状態を生み出す。こうした社会的排除や孤立は，心理的なトラップ（罠）に嵌まった状態であって，自力での脱出は困難である。相談援助やケアという人的な関係における支援サービスを社会的な装置として整備せざるを得ない。

　福祉が問題化していても，社会的スティグマや当事者の心理的孤立により必要な資源の投入やサービスの機会につながり難いというもう1つの問題がある。状態の見過ごしや放置である。本人や周囲の人々には，事態を深刻視しない現状維持のバイアスがかかりがちである。専門的な支援や対応方法について知見が乏しく，自己責任で対処しようとする傾向もある。そのため，早期発見で効果的な予防・改善を図れたところ，状態の深刻化につながったり，手遅れになったりする。

　福祉の問題化には，支援を必要とする状態が客観的に捉えられているか，当事者がそれに気付いて不安になっているかという認識形成の側面と，状態に対する早期段階での適切な支援が繰り出されないという認識の行動への転換の側面とがある。認識においては問題状態の出現に対する感度が問われる。その感度を作り出すのは，問題の兆候の意味を深刻に捉えることのできる知識と経験情報である。感度を行動へと展開させるのは，問題を他人ごととして放置しない他者受容力である。

2　誰にとっての福祉の問題なのか

　法律に定められる「社会福祉」（法定社会福祉事業）は，社会的支援の対象と

なるべき一定の状態やその状態にある人々の範囲を限定し，判定基準を設定し，公的な財源を用いて，貨幣的資源の給付や非貨幣的なサービス行為の提供を行う仕組みである。児童養護や老人養護，保育や障害，生活困窮など政策の対象となる状態や人々のカテゴリーを設定し，個々のカテゴリーに対し，分野別の法制度が準備されている。

　社会福祉制度のカテゴリーの対象となるためには，市町村や社会福祉事務所による認定と証明が必要になる。たとえば障害分野であれば，身体障害，知的障害，精神障害のそれぞれについて，身体障害者手帳，精神障害者保健福祉手帳，知的障害者療育手帳といった障害者であることの認証が自治体から発行され，税や各種料金の減免，生活保護加算，就労支援サービスなどが受けられる仕組みになっている。障害者総合支援法（2013年）のもとでは難病の方々に対して特定医療費（指定難病）受給者証が発行され，各種支援サービスが受けられることになっている。認可保育所の利用に当たっては市町村による入園審査を経て入園内定通知を受けた後，健康診断や面接を経て正式な決定通知という証明が必要になる。介護サービスの利用についても要介護認定の区分通知書という証明が必要である。

　ノーマライゼーションや共生社会の理念の浸透や障害に関する臨床知見の進歩にしたがって，こうした認定や証明という要件主義のあり方は変化する。たとえば障害福祉分野では，「障害者」「障害児」の範囲も拡大されるとともに，国際連合「障害者の権利に関する条約」（2008年発効）を国内法とし，障害者基本法に規定される「差別の禁止」を具体化するための法律として障害者差別解消法（2013年）が制定されている。また，障害者の権利に関する条約の批准を受けて，障害者基本法が改定され（2011年），障害を有する人々への「合理的配慮」が義務付けられることになった。これらは障害のカテゴリーに着目する法制度ではなく，障害を有する人々の社会参加や主体的な主張に対する社会の側の配慮義務を公の秩序として定めたものである。

　このように，社会福祉は，人の心身機能，生活行為，社会的関係性における一定の状態に着目して，守られるべき規範や基準を法令によって設定し，それ

を公の秩序（公序）とするとともに，そのような状態にある人々を社会的生活場面において支援するために，給付や加算，サービス行為の提供，負担や義務の減免，配慮を受ける権利の保障を行うための社会的行動体系として成り立っている。

　社会福祉がニーズのカテゴリー（類型）に基づき成り立っているということは，社会福祉が限られた人々を対象にしているという意味ではない。現代の社会では，誰もが，人生のどこかの段階で，社会福祉を必要とする状態に陥る可能性を持っている。学校や組織でのいじめ，親の貧困，家庭の崩壊，災害，病気，事故や失業などをきっかけとして生活困窮や孤立状態に陥る可能性は誰もが有している。人は生誕や生育の条件を選択することはできないし，自分では制御不能な不運によって不利な境遇に落ちるリスクは誰もが抱えている。未知の将来に向け自律選択しなければならない予見性のない人生のリスクも誰にでも普遍的なものである。その意味で，障害，老齢，生活困窮といった社会福祉のニーズのカテゴリーは普遍的なものである。

　また，人間は，社会との関係で，自律的で主体的な生活主体である自分と社会の一員として役割を期待される客観化された自分との間で，常に，心理的ストレスを抱えている。主観的に必要だと認識する行為が，客観的に期待される行為ではないことがある。自分で自覚した役割が社会的に期待される役割と一致しないこともある。もともと，個人を成り立たせている生活環境や心身機能や心理的病理について，可視的・客観的に測定可能な外形上の状態と，その人自身が自分について抱いている自己認識や主観的定義や経験的な判断との間に乖離がある。生活の経路・文脈において，その乖離ゆえに生じる社会と自身との関係に関する心理的ストレスから，個人が困窮や孤立といった病理的状態に陥るリスクも普遍的なものである。

　生活困窮や孤立，社会的排除などは外見で観察できる状況の定義であるが，その背後には，個人として尊重され，自ら幸福追求する自由への社会環境からの圧迫や心理的侵襲といった人間の尊厳にかかわる問題状態が存在する。人が生きるということに付随する「生きづらさ」へのリスクである。この普遍的な

「生きづらさ」のそれぞれの現れ方に形態別に対応する政策が社会福祉の分野別の制度ということになる。

社会福祉は社会的な基準に基づき公的な制度として実施されるため，そこには，規格の決まった制度と社会における福祉問題の実勢との間に，「制度の隙間」や「グレーゾーン」とよばれる制度での対応が困難な領域が必ず発生する。とくに現代社会における福祉問題は複雑化・複合化しており，分野別法の制度では対応できない問題の様相や複雑な現れ方を呈することがある。伝統的な福祉問題である貧困も，**Theme 1**で述べたように，車の車軸と車輪の関係に表すことのできる複雑で，複合的な問題構造を呈するのである。

そこで，こうした法定の社会福祉の外側に発生する福祉問題に社会として応答するには，社会福祉法人のみならず，民間の介護事業者やNPO／ボランタリーセクターの活動主体，地域において福祉的活動に関わる民生委員や住民などを含めた取り組みが期待されることになる。社会の持つ協働する力やソーシャル・ネットワークの支援力である。社会福祉は政府の政策であるが，福祉の相互支援は社会の互助的な行動体系である。政治的代表性に基づく「公共」に対する福祉社会の「新たな公共」の原理ないし共生社会の原理の働きは，現代の福祉問題にあっては，単に制度的社会福祉を補完するものとしてではなく，問題を発見し，制度的社会福祉につないだり，制度的社会福祉では十分な解決機能を果たすことのできない問題に対して柔軟で効果のある解決行動を生み出す独自の公共的な福祉資源としての役割を有する。

3　日常生活を支える6つのドメインと自立生活の支援

人の生活は，心身の機能，衣食住の環境，社会との関係の3つの領域から構成されている。3つの領域は相互に関連性を有している。衣食住は，生活環境の清潔・衛生，食栄養，居住および住まい方の条件に関わる。環境の悪化は，メンタルレベルや身体的活動性，社会との交流などの低下につながりやすい。社会との関係は，社会に参加し一員として役割を担うこと，支えあい受け入れ

図5-1 生活の構成ドメイン

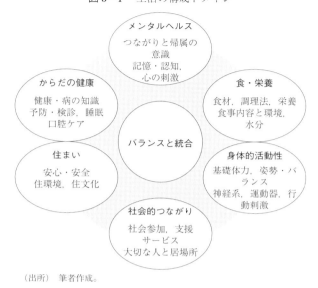

(出所) 筆者作成。

あうというつながりの実感や自尊感情に関わっているし，情報・知識への機会や社会的なサービスへのアクセスなど学習や成長のあり方とも関わっている。その停滞は心身の活動性の低下や住まい方の劣化につながりやすく，孤立へのリスクを高める。心身機能のうち身体的機能は，身体の活動性を高め，社会的交流の活発化や疾病の予防，生活事故の防止などに関係する。

この3領域は，さらに相互に関連しあう6つのドメインへと展開して，図5-1のように表すことができる。

心身の機能は，メンタルヘルス，身体的活動性，からだの健康からなる。からだの健康は，病気や予防の知識，健康チェック，口腔ケア，睡眠，安全衛生などから成る。身体的活動性は体の姿勢やバランス，運動器や神経系の働き，基礎体力や基礎的な体負荷，行動刺激などの要素を含む。メンタルヘルスはつながりや帰属の意識，安心，記憶や認知，心の刺激などの要素を含む。

衣食住は住環境と食からなる。住環境は，住まいや家財といった有形資産と，

清潔や身だしなみ，安全，居住空間性などの住まい方の文化性に関わる条件からなる。食は，食糧・食材，栄養バランス，料理技術，水分，食事環境などである。

社会との関係は，社会参加や社会サービスの他に，社会の中におけるその人の居場所，大切な人々の存在などとくに生活圏の地域社会とのつながり方や帰属集団との関係性など社会的紐帯のあり方が重要になる。

これら6つのドメインは相互に統合性とバランスを内包しており，1つのドメインの劣化が生活の統合性を低下させることにつながる。たとえば，災害により大切な人を失い，地域との紐帯が寸断されることが，住まい方を大きく変え，メンタルレベルの低下や生活活動性の喪失，衛生の劣化や貧栄養など生活の統合性を維持する各要素の全般にわたるバランスの失調へとつながる。

自分の能力と判断で日常生活を継続していくということは，生の健全性を構成する6つのドメインがバランスよく保たれていることと，自己の存在性や行動性が環境との間にストレスの自律調整を超えるほどの病理的心理を抱え込まないことが基本になる。病理的心理の制御は6つのドメインの中のメンタルヘルスや社会参加に含まれることから，6つのドメインの全体バランスとレベルの高位安定が，日常生活の継続支援の目標となる。

ところが，6つのドメイン全体を1つの専門知識で包含することは不可能である。メンタルヘルスは臨床心理や精神医学の専門知識が，身体的バランスは運動学やリハビリテーション科学の専門知識が，食・栄養は栄養学や食物学や口腔衛生学の専門知識が，住まいは建築学や住環境科学の専門知識が，健康は保健学や薬理学の専門知識が，そして社会参加はソーシャルワークの専門知識が，といった具合に，現代の専門性は，細分化され，人間の生活の全体を俯瞰できるような専門知識の養成にはなっていない。むしろ，「年寄りの知恵」のような民族セクターとよばれる民間の生活の知恵の方が，人間生活の自然のリズムや健康の秘訣に関する知恵を育ててきている。しかし，雇用就労が一般化し，都市化や核家族化の拡大の中で，そうした民族セクターの知恵の伝承，共有が難しくなって久しい。

そこで，異なる専門性の知恵をチームで統合し，共有された目的に沿って専門知識を最適に活用する仕組みとしてのジェネラリスト・ケアマネジメントが必要になる。各専門領域には，制度によって決められたサービス行為の枠が存在する。通常は，保険点数が付され，医療や介護の報酬算定の対象となるサービス行為である。そうした制度サービスをマネジメントするのが従来のケアマネジメントであり，診療計画である。ところが，制度サービス行為による支援だけでは，実際の人間生活の継続を支える上で，隙間や不足が生じる。生活支援にとっての必要性の判断から出発して，制度の外側のサービス資源や人的な支援力と制度サービスとを最適に組み合わせて，専門資格を有する多職種の連携だけでなく，民間セクターに存在する専門資格と結びついていない専門主義（non-institutional professionalism）の知恵を活かしたケアマネジメントが重要になる。ケアマネジメントのあり方自体が，生活支援マネジメントへとその性格を変えていくことになるし，ケアマネジャーとよばれる専門職の役割も，制度サービス計画の立案から生活支援のコーディネートへと，その機能を一般化させていくことになる。

4　経済社会の構造問題としての福祉の問題

人の福祉の水準は，社会の経済的な豊かさに左右される。社会の経済的な豊かさは，その社会の過去における物財の蓄積量とともに，新しい生産活動・市場取引を通じて，どのくらいの付加価値を生み出すことができるかという付加価値生産性に依存している。物財の量的な豊富さという経済的厚生の指標の他にも，*Theme 18* で取り上げるように人間生活の豊かさを測る指標は存在する。

マクロな経済的豊かさは，国内の付加価値生産力の外にも，グローバルな市場・貿易動向や技術イノベーションとその実用化の進展，政治的な安定性など様々な要因の複合した働きにより左右される。経済活動に参加する経済主体は，経営努力によりそうした不安定な要因の変化に対応するが，それは，企業・組織の収益や雇用を維持するためである。そのため，経済的豊かさの追求は，投

機的市場の拡大，労働市場の階層化や雇用形態の多様化，労働分配率や実質賃金の低下，雇用の不安定化や仕事の質の劣化，調整的失業や労働災害の増大，キャリア競争に伴う離転職の増大など，個人や世帯の生活設計や安定した家計運営にとってリスクとなる要因を増幅する。

経済的豊かさの追求のマイナスのインパクトとして，経済的困窮や低所得・低資産の問題，労働市場内での縁辺化や雇用機会の劣化などの稼得や家計に関わる問題が深刻化するが，一般的所得補償制度の存在しない日本においては，その劣化は勢い相対的貧困率やジニ係数（**Theme 11** 第2節参照）の増大，子ども，高齢者，女性の貧困化や貧困の世代間継承の問題に反映することになる。これらは，外形上は経済問題であるが，縁辺化や劣悪化の当事者である人々は，繰り返される雇用調整・失業の中で社会生活に失望し，家庭運営や社会との関わりに自信を無くし，経済問題が自己肯定感や能力感の喪失へと増幅される中で，社会からの排除や孤立といった自律的には抜け出し難い生きづらさの罠に陥ってしまうことになる。

経済的問題への社会福祉の対応が，貨幣的資源の給付に留まることなく，生活の主導権の再獲得や生活の自立への支援とパッケージで行われる必然性がそこにある。法定社会福祉の専門的支援に加えて，社会的資源や人のつながりの積極的活用による公私協働の共生型の生活支援が有効であるとされる理由でもある。

5　人の生の本質としての福祉の問題

社会経済の構造問題として福祉の問題を捉えると，経済活動の中で特定の個人が置かれた組織的境遇やそれを左右する仕事の能力や雇用機会など，問題が顕在化する特定の文脈を持った要因がそこには存在する。これに対し，福祉の問題を，人の生の本質という普遍的な視野で捉えることもできる。

人は，生老病死の四苦の世界を生きる。生には「終わる」があり，生活は「終わる」への一刻一瞬から成り立っている。その中に，大切な人との別離，

怨憎との遭遇，求めるものが叶わない悲しみ，心と身体が思うようにならないことという4つの苦が，人生の突然の途絶や転換の契機として組み込まれている。誰も生まれる環境や条件を自分で選ぶことはできないことから，運命的な所与性の中に人生は始まることになる。

　生活は，目の前にある可能性を取捨選択する連続の流れで構成される。無知の未来に向かう選択には，選択の結果が予見できないという不安定さが伴っているし，選択が自律的になされたとしても，その後の運，不運の作用によって，自分の能力や努力では操作不能の帰結となることもある。

　現代の正義論は，意思や自律の外側にある不運の働きにより不遇な生活や不利な境遇にある人々に対し，市民的権利の平等性という前提に立って，そうした状態の改善に貢献可能な資源の公正な分配のメカニズムを構築することを目指してきた。また，当事者の自律的な生活構成の可能性の幅を増幅させるような資源分配の方法を開発することを目指してきた。それは，人が生きるということの中に，当事者の自己責任に帰すべからざるリスクが普遍的に存在しているという事実があるからである。

　これに対し，福祉の問題へのリスクを病理学的モデルから解釈するもう1つの方法がある。人は，図5－2に示されるように，心身の機能，生活環境，病理の面で，他者からみえるリスク状態や不利条件（可視化されたリスク）を抱えている。他方，他者からは認識できないが本人の経験や自覚として抱えている自分に対するラベリングやリスク（可視化されないリスク）を持っている。可視化されないリスクは本人の心の中にある主観的障害であるので，本人から他者に説明され難いし，他者はその本人にとってのリスクの深刻さに気づき難い。そうした主・客のリスク認識におけるズレを抱えて，人は，社会生活を営むことになる。

　社会的活動の場面において，人が行為を通じて自分を表現する経路や文脈にもその人なりの特性がある。本人がその行為を必要だと考える自分なりの文脈がある。その人にその行為を必要と認識させる社会関係上の文脈もある。行為の形態や方法に関する意思決定や選択にも，その人なりの心理的な状態が投影

図5-2 「ひと」の行動病理モデル

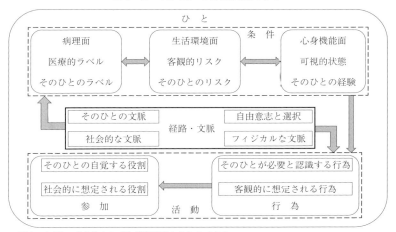

(注) ただし，「条件」に「生活環境面」を加えてある。
(出所) "Propose model of illness", Gillian Bendelow, *Health, Emotion and the Body*, Polity, 2009, p. 59.

される。身体的な機能や表現様式にもその人なりの特徴が現れる。つまり，社会関係の中に自己を表現する文脈，方法選択，機能的様式，込められた意思の内容において，その人なりの固有性というものが存在する。

そのため，その人が自分にとって必要と認識する行為と，関係性の中で客観的に想定され，期待される行為の方法や様式との間に齟齬が生じやすい。社会性を持つ行為は社会への参加と結びついている。つまり，行為は社会関係におけるその人の役割を表現している。行為に主観と客観の齟齬が生じるように，本人が担おうと自覚した役割と，組織や家族など関係性の中で期待される役割との間に齟齬が生じる。つまり，人が社会関係の中で行う活動は，その人の個体的条件，行為の経路・文脈，役割と参加という一連の行為過程において，主観と客観との齟齬という心理的ストレス要因を内包している。

こうした主観と客観の心理的ストレスは，一過性のものではなく，経路性や文脈性を持っており，日常生活を成り立たせている生活環境や人間関係の継続的関係の中に生じる。それゆえに，増幅しやすく，長引きやすいことから，自

己保全のための社会関係からの逃避や人間関係への不適応につながることになる。

　このモデルは、福祉が問題化するリスクは、誰にとっても日常生活の中にその発生の必然性があることを示している。

CHECK
1　この社会において、福祉がなぜ問題化するのでしょうか。福祉問題の必然性について、説明してみましょう。
2　生活の健全性を維持・向上させるには、生活を構成する6つのドメイン全体の調和が必要であると言われます。その理由を説明してみましょう。

Theme 6 共生社会とは何か：社会システムと社会的スティグマ

Keywords▶共生社会，共生社会推進の壁，スティグマ，体験とラーニング

1 共生社会とは

　文部科学省は，障害を有する人々が一般教育システムから排除されないようにするための「インクルーシブ教育システム（inclusive education system）」を構想する中で，「共生社会」を「誰もが相互に人格と個性を尊重し支え合い，人々の多様な在り方を相互に認め合える全員参加型の社会」と定義している。人格と個性の相互承認（多様性）と全員参加がキーワードとなっている。社会福祉では，障害者が排除されることなく健常者と共に生活できる社会を推進する運動理念をノーマライゼーション（等生化）と呼んできた。

　ノーマライゼーションは，デンマークのニルス・エリク・バンク＝ミケルセン（N. E. Bank-Mikkelsen）により提唱された思想であり，社会実践の理念でもある。第二次世界大戦中，対ナチス抵抗運動に加わったバンク＝ミケルセンは戦後，社会省に入省し，社会行政官として知的障害者の処遇問題に取り組むが，隔離的で環境の劣悪な施設収容処遇が行われていた知的障害児者の処遇の改善を求めた親の会が1951年に打ち出したノーマライゼーションの理念に共感し，この理念を法定化した1959年知的障害者福祉法の制定につなげた。

　その後，スウェーデンのベングト・ニィリエ（Bengt Nirje）らによって理念が具体化され，広められる。その当初の内容はニィリエの提唱した8つの原則に表現されている。障害を有する人々が，男女が共生する普通の地域社会にお

いて，普通の居住条件や平均的所得を得て，一日，一年，生涯を通じて普通の生活リズムと成長の過程をたどって生活できるようにすることを意味する理念であった。8つの原則には，障害がある人々を排除せずに受容し，等しく市民社会の一員として活動的にその生涯を全うできる等生的な社会のあり方が表現されている。同時に，障害を持っていても，毎日，着替えをし，テーブルで食事をとり，恋もし，成人したら社会的責任も負うことができる生活といった，市民社会の構成員としての一人ひとりの障害者の主体的な生活姿勢も大切に考えられている。つまり，ノーマライゼーションは，障害者の社会への包摂や人格的参画を原理とする社会のあり方を示す概念であるとともに，障害の有無に関わりなくそうした社会を構成する市民としての自律的生活行動の様式に関する規範的な要請でもあった。

　その後，ノーマライゼーションの理念はとくにカナダやアメリカやオーストラリアで社会政策に取り込まれ，人種や世代や性などの多様性を承認し，市民権の普遍的な保障を政策的に推進することや，社会的少数者（マイノリティ）の主流化（メインストリーム化）を進める当事者主義の保障など，社会の普通の一員として生活することに何らかの障害状態を抱える人々の社会的統合（social cohesion）を目指す運動理念として広く用いられるようになっている。

　共生（symbiosis）とは，もともと，異なる生命体が生存のために相互依存の関係を持ち，安全のために仲間同士になることを示す言葉である。動植物界において種や個体の保存のために必要となる共生と同じような法則性や必然性をもって人間社会における共生も成り立っている。パーソンズ（Talcott Parsons）は，次のように述べている。社会システムは一定の構造性を有していて，人間は，ただ功利主義的に自己利益を追求するのではなく，他者に働きかけ，適応し，目標達成と統合と緊張処理の位相運動を通じて社会構造の安定に寄与するとして，社会システムの内包する自律性を承認している。社会システム論でパーソンズの対極にあるとみなされるルーマン（Niklas Luhmann）も，たしかにパーソンズのようなサブシステムの階層構造性や方法的個人主義は否定するものの，社会を構成する様々な主体が多元的に織りなす相互浸透の関係の中で自

己準拠的に社会システムが編成されていくとして，やはり，人間社会の自律的な自己運動を承認している。その他にも，デュルケーム（Émile Durkheim）の職業の分業化と相互依存性，ポランニー（Polányi károly）の互酬，バージェス（Ernest Watson Burgess）の競争と共生，ブルデュー（Pierre Bourdieu）のハビトゥスと文化資本，ホネット（Axel Honneth）の情動的気遣い，パットナム（Robert David Putnam）の社会関係資本など，社会学の教科書に頻度高く登場する共生の理論は，人間社会の内包する共生の原理の必然性について語っている。

今日の日本に眼を向ければ，社会保障改革の目玉となっている地域包括ケアシステムの方向性として，「我が事・丸ごと」の地域共生社会づくりが政策的に打ち出されている。政府は，地域のあらゆる住民が「支え手」と「受け手」に別れることなく役割を持ち，支え合いながら，自分らしく活躍できる地域コミュニティを形成し，公的な福祉サービスと協働して支え合いながら生活できる社会のことを「地域共生社会」と定義している。

共生社会の理論では，日本の「我が事・丸ごと」も含めて，共感（承認），支え合い（相互依存），役割と活躍・参加といった抽象的なキーワードが踊っているようにみえる。社会福祉は社会からの排除や孤立といった共生性の原理から縁辺に押しやられた人々に，公的制度の担保を持って生活の主導権の再獲得を支援する社会的行動体系である。社会福祉において共生社会像を構想するには，なぜそうした縁辺化が発生するのか，そのメカニズムの解明が不可欠である。メカニズムの解明にあたっては，社会をリアルな構造として理解することが重要である。

社会といっても，平板な社会空間というものが存在するのではなく，土着的な地縁，運命的な血縁，自らの選択で会社や社会組織や協同組合のような帰属先を選ぶ選択縁に基づき形成される小さな組織や集団から成っている。小さな範囲社会が幾重にも複雑に重なって出来上がっている。1人の人間は，いくつもの異なる範囲社会のメンバーとなっていて，個人の視野からは，社会は範囲社会が相互に包摂，重複の多重構造を有するようにみえる。それぞれの範囲社

会では，所属（membership）や関係者（stakeholder）としての承認という存在証明が求められる。存在証明を持たなければ，部外者として排除されることになる。

　他方で，人間社会は，人為的に設計されたルールの塊（公序）の上に成り立っている。社会の経済基盤となる市場でさえ，会社法人組織に関する法規制，公正取引や消費者保護に関する法規制，雇用や労働条件に関する制度的規制など，公共政策や社会政策による公の秩序が存在し，その秩序の中で競争の機会やビジネス拡大の機会が保障される仕組みになっている。また，市民にとっては，教育を受ける機会，職業選択や雇用の機会，居住・移転・移動の機会，社会保障サービスを受給する機会などを自分の目標にあわせて活用しながら生活を運営する，生活の機会の集合になっている。つまり，人為的なルールとしての社会的機会の保障は，人の健康や安全な生活にとって決定要因となるもので，社会的機会が制約されていたり，社会的機会から排除されたりすれば，人が自律的に生活を運営することは難しくなる。

　人間社会における共生は，多様性の承認や社会的統合といった理念を掲げるだけでは実現しない。範囲社会の分断や関係者・部外者の区分の存在する社会関係において，個人の生活運営の必要性に沿って社会的機会を具体的に活用できるようにするための社会マネジメントの仕組みが不可欠である。マクロには福祉的政策や福祉制度のルールであり，ミクロには地域社会において住民が自発的に形成する自分たちの生活ルールであり，その中間に，地方公共団体としてのルールである福祉計画がある。

　共生のためのルールには地域生活の中から自然に生まれてくる慣行（custom and practices）も存在するが，社会のルールの形成には，一般に，複雑な社会環境や生活の関係性に働きかけ，個人の自律的な生活構成に与える環境の影響を調整する福祉実践の取り組みが大きな役割を果たす。政府の福祉政策の形成や福祉制度の改革には，そのモデルとなる先進的な福祉実践の取り組みが必ず存在する。そこには，専門職・専門家とよばれる人々の働きがある。

　人の生活の現実から湧き出す福祉ニーズは，当事者自身からは社会に伝わり

難い。人と社会との間には，それを媒介するコミュニケーション・メディア（情報媒体）が必要である。社会から個人へは多様な情報がもたらされるが，個人から社会への情報の伝達方法は限られている。とくに社会の中で「生きづらさ」を抱える人々の当事者メディアは，情報の質・量ともに限られている。当事者が自分の抱える福祉的な主訴を論理的・説得的に社会に発信することは希である。失望や孤立の状態にある人々に対し，自分の不遇や心理的閉塞を自ら社会に公表するよう努力することを求めることは，却って，当事者の尊厳を傷つけることにつながる。

　そこで，コミュニケーション・メディアとしての福祉専門職の役割が重視されることになる。福祉サービスの専門職は，個々のケースについて分析・診断し，当事者の希望と納得を尊重しながら，自らの力で生きづらい状態から脱出し，生活の主導権を再獲得していくことを支援する。個別支援を通じて，社会環境のあり方における構造的問題点，社会的機会や資源の配置における不足や偏り，制度上の専門的支援と互助的・共助的な制度以外の諸力との連携のあり方などにつき，その課題と改善方法を指向することになる。そうした知見を，地域ケア会議などの専門職の集まりの場を通じて，あるいは地域住民や行政への直接的働きかけ（アドボケーション）により，社会的ルールのあり方の改善に活かすことができる。当事者の情報代弁（メディア）の役割を担うとともに，その役割を通じて，福祉的ルールのあり方を調整するコミュニティケア・マネジャーの役割も担うことになる。共生社会の推進には，こうした専門職の役割の介在が不可欠なのである。

　また，共生社会の推進には，当事者主義の尊重が不可欠である。心身障害や生活障害，社会参加における障害などを抱える個々人の当事者メディアは，発信手段が限られていて，公共への発信力という点では脆弱である。そこで，自分たちの課題を当事者やその家族，支援者のグループの力で解消しようというセルフヘルプ・グループの役割が重視されるようになる。セルフヘルプ・グループは，同じ問題を抱える人々が同僚（ピア）として集まり，困難な状況やそこに至った経緯などを語ったり，困難を解消できた成功体験を疑似体験する学

習などを通じて，経験知を共有するとともに，社会的活動や専門家の行動に働きかけ，当事者の集合した声を社会的取り組みに反映させる機能を有している。心身障害，慢性疾患，依存症，嗜癖，被虐待などの現実や体験を抱える人々の活動として展開してきたものであって，いずれも，当事者が主体となり，自発的に集合し，共感や共聴を大切にし，課題解決指向を共有した人々の当事者メディアであるという特徴を有している。当事者の自発的集合であるセルフヘルプ・グループの活動が公共ガバナンスに影響力を持ち得るようにするためには，各種福祉サービスの専門職や心理・医療専門職との連携，政策や計画に責任を負う行政機関の理解と協働など，社会マネジメントへの展開手法の開発が重要になっている。

2　社会的スティグマと主体的スティグマ

　共生社会の推進には，もう1つの壁がある。社会に蔓延するスティグマ心理やそれに起因する縁辺化行動である。人間の福祉の問題を社会関係の中に捉えようとすると，経済的関係や人的なネットワークの他に，関係性を支配する心理面の力学に着目する必要がある。社会心理的病理としてのスティグマである。スティグマは，他者に対する排除や縁辺化行動として現れるのみならず，自らに対するスティグマや家族や親しい人々を大切に思うがために過度に保護してしまうスティグマなどとしても現れる。

　スティグマとは，生活の状態，心身の特徴，生まれや育ちなどに対する先入観や偏見の心象のことである。心象は忌避や回避の言動を生む。東日本大震災に伴う福島原子力発電所事故の避難者に対し，避難先で問題化した排除的な言動などもスティグマ心理の現れである。認知症の人々に対する社会的な無理解や排除行動も深刻になっている。いわゆるヘイトスピーチなど多様性を否定する攻撃的な言動なども含めて，無知，情報欠如，未経験，錯誤，曲解など，事象に関し正確な情報・知識に基づいて共感的な認識形成が妨げられていることにスティグマの原因がある。

世界保健機構（WHO）および世界精神医学会（World Psychiatric Association, WPA）は，2002年に「合意声明：精神障害を有する高齢者に対するスティグマと差別の低減に向けて」（Consensus Statement: Reducing Stigma and Discrimination Against Older People with Mental Disorders）を出した。その中で，スティグマとは「特定のやり方で社会から信頼されなくなるような属性（attribute），ふるまい（behavior），または，評価（reputation）であり，それは，社会で受け入れられている普通の存在としてではなく，歓迎されない拒絶的な固定観念のもとに，個人が社会によって心理的に類別けされることを意味する」というアービン・ゴフマン（Erving Goffman）の古典的な定義（*Stigma : Notes on the Management of Spoiled Identity,* Englewood Cliffs, 1963）を引用した上で，スティグマは，「一定の個人やグループが恥をかかされたり，排除されたり，差別されたりするプロセスから生じる」と定義した（15th World Psychiatric Association, World Health Organization, Reducing stigma and discrimination against older people with mental disorders, Geneva: WHO, 2002, WHO/MSD/MBD/02.3）。

　ブルース・リンク（Bruce Link）とジョー・フェラン（Jo Phelan）は，この「スティグマ・プロセス」という捉え方を更に構造化して，「特徴付けのラベル貼り（labelling），偏見的先入観（stereotyping），阻隔（separation），社会的立場や現状の喪失（status loss），そして差別処遇（discrimination）が，一定の力学関係の状態（in a power situation）において同時に起こることで，スティグマを構成する諸要素が顕在化することになる」と定義している（Link, Bruce and Jo Phelan, "Stigma and its Public Health Implications", *The Lancet,* 367 : 528-529, 2006）。

　この定義には，3つの重要な意味が含まれている。

　第1に，スティグマは，一定の力関係の状態の中に生じるとしている。福祉の問題には，様々な力の関係が働いている。診断・鑑別する医師と病名を付される患者との関係，否定的な先入観や偏見を持って見つめる周囲の人々との関係，病気や障害を理由に雇用機会を失ったり，社会参加機会を閉ざされたりする企業や社会組織との関係，福祉サービスを受給する人々への仕分け的な処遇，

介護家族が味わう近隣への気遣いと摩擦など社会関係上の苦悩など，社会関係には一定の力関係が内在している。この定義は，それらの力関係こそが，意識の中にあるスティグマを言葉や行動へと表出させるメカニズムであるとみなしている。それゆえに，スティグマの緩和・解消には，この力関係の状態を是正していくことが重要になる。

第2は，スティグマが言動へと顕在化する契機は重層性を成しているとみなしている。報道や伝聞情報により特定の疾病や障害に対する先入観や偏見が植え付けられている場合であっても，それだけでは，特定の人を隔絶したり排除したりする行動には結び付かないが，自らの生活圏内に先入観の対象となっている状態を抱えた人々が隣人として存在することになると，排除や回避など差別処遇の行動に発展する。つまり，スティグマが行動として顕在化する契機は重層であり，心象形成，その意識化，意識の言動への転換といった重層的な文脈で構成される。このことは，啓発を通じて公共の意識変容を促すことに加えて，接触体験を通して否定的先入観や偏見を矯正することや，排除されている人々の当事者メディアを豊富に作り出すことで，スティグマ意識が行為へ転換することを抑制する取り組みの有効性を示唆している。

第3に，スティグマ行動の主体の複層性を描いている。外からのスティグマは，スティグマを貼られた側の失望感や焦燥感や諦めの気持ちといった主体的スティグマ（self-stigma）を引き起こす。本人の心理に沈殿した主体的スティグマは，福祉の問題を早期発見する上で最大の阻害要因となる。主体的スティグマは外からの支援に対する拒絶と結び付きやすく，支援サービスの実施や効果を左右する最大の要因ともなる。「認知症対応型」といった制度名称の付された福祉サービスを利用する人々が，地域から先入観や偏見の目で見られることはよくある。こうした制度の作り出すスティグマを制度スティグマ（institutional stigma）とよぶ。加えて，家族や専門職が，介護者，支援者として被介護者・被支援者を保護的に特別扱いしようとする厚遇スティグマ（courtesy-stigma）を持つこともある。この定義は，スティグマの主体間関係という視座と，差別的スティグマ・保護的スティグマというスティグマの複層性の視座を

提供してくれる。

スティグマの複層性という視座からは，スティグマは次の3つの類型に整理することができる。

①排除（exclusion）…スティグマの対象となる人々を公共的空間から排除（social exclusion）しようとする心理・行動で，一定の福祉的問題を抱えていること自体が，その人にとって通常の社会的関係を形成することの障害になるとする判断が組み込まれている。

②回避（digressive belief）…福祉の問題を抱える人と人間的に交わったり，社会生活上の関係をもつことを回避したいという心理や行動である。背景には，問題状況に関する知識・情報を欠くために陥る当惑（embarrassment），不安感（fear），忌避意識（avoidance），羞恥心（shame），嫌悪感（dislike）など，マイナスの審美的心象やステレオタイプの先入観がある。

③受容（perception）…たとえ生活困窮の状態にあっても，あるいは障害があっても，人として同じ存在であるとか，人として尊重できるといった規範的な心理や，隣人として受容し続けなければならないといった自身の律に基づく意識のことで，人の能動的可能性への肯定的言動や親密で保護的な言動などとして現れる。しかし，障害を持って生き，困窮状態の生活を送る人々の抱える日常生活における実際の制約や社会関係において体験する苦悩，社会に対する支援の希望や将来への望みなどを具体的に理解できていなければ，「利用者本位」「ふれあい，寄り添う」「地域共生」などの言葉だけが独り歩きすることになる。

社会福祉におけるスティグマでは，客体に対するスティグマに留まらず，自分が特定の福祉問題を抱える状態に陥ることを嫌悪するという主体的スティグマにも注意を要する。たとえば，認知症である他者を理解し，支えることはできるが，自分自身や大切な家族が認知症になることを不安がり，否定的に捉えるといった場合である。とくに，福祉の問題に日常的な業務として関わってい

る専門職と言われる人々であってもこの主体的スティグマがみられる。

　福祉の問題は，そのリスクをできるだけ早期に発見し，進行予防，状態緩和，悪化防止に取り組むことが重要である。早期の発見を促すには，本人の発意と並んで，家族・近隣住民等の身近に生活する人々の意識・行動，それに専門職の認識・支援といった動機付けの要因が不可欠になる。加えて，福祉の問題の解決には，生活環境の整備や支援のネットワークづくりといった生活継続のための支援条件の組織化が重要で，それは，日常生活に関与する周囲の人々の前向きな意識・行動によって支えられるものである。

　その妨げとなるような意識状況が社会的にみられる。福祉問題のリスクが現れる初期段階では，専門的な支援が空白なだけに，リスクの兆候を軽視したり，福祉問題を抱え込むことを恐れたり，同情はするが関わりたくないと敬遠したりといった，一般的に観察される否定的な意識構造とそれに起因する消極的な判断・行動である。本人や家族には，変化を重大視しない現状維持の心理が働くし，変化に気付いても生活継続にとってその変化のリスクを見逃す認識の壁が働いてしまう。

　専門職の中にも，制度の枠に縛られ，あるいは委託事業の制約の中で，福祉の問題の実勢にどこまで裁量的判断をもって行動して良いのかためらいがある。問題状態は把握できても，どのように支援につなげるのか方向性が見えないまま待ちの姿勢で時間を費やしてしまうこともある。だれでも，病気のことであれば早期に発見し，早期に治療しようとする。本人や家族が心を一つにして治療をすすめるために，同意に基づく告知や治療計画が重要になる。福祉の問題でも，リスクの早期の発見や問題の進行を防ぐために初動対応が重要であることは同じである。

3　共生の構造

　社会的スティグマは，心身機能上の異なる特性や人生における異質な体験，異なる生活状態に対する心理的な違和感から発生する。つまり，所属する一定

の価値世界の関係者であるか部外者であるかの区分に基づく心理的違和感である。この心理的違和感を解消するには，異なる価値世界の間に出来上がる心の壁を低くする以外にない。コミュニケーション・メディアとしての専門職の役割の重要性，当事者主義やセルフグループの重要性はこの心理的障壁低減の機能にある。

範囲社会の間にある垣根を低くするには，さらに，「自由」の拡大が重要である。与えられた人生を，自分の自由な意思に基づく選択で生き抜くためには，社会空間の自由な移動と社会的機会・資源の自由な方法的選択が不可欠である。日本国憲法上に人類普遍の価値として様々な自由権が保障されている。とくに，私的所有の自由，居住・移転の自由，職業選択の自由，学問の自由といった人の社会経済的活動の基盤を成す自由の実質的な機能拡大が課題となる。

たとえば，空き家対策が社会的課題となっているが，空き家が放置されるまでには，人の人生の時間経過がある。家族を営み，子どもたちが家を離れ，高齢世帯となり，独居高齢者となり，人生の終焉を迎えても，私有財産は残されたままになるのが空き家である。ライフサイクルに応じた住まい方の選択の自由が，私有財産によって妨げられている。自助努力では限界のある住まいの自由や移動の自由を実質的に支える取り組みが，空き家活用事業や生活のモビリティ向上の取り組みとして展開しているが，人生の終盤まで生活の自律的選択と移動を保障する福祉的支援プログラムが重要になっている。このことは過疎・中山間地対策や島嶼部など条件不利地域支援策としてすでに1980年代から課題として指摘されてきたし，基礎自治体による住まう権利の保障や移動の自由に対する公的支援がすでに制度として定着している国々も多い。基本的な市民的自由の実質的保障という観点を福祉的支援に組み込むことが喫緊の課題となっている。個人の選択の自由は，範囲社会が重層的な構造を有する社会システムの中で，異なる価値世界，異なる機能空間の間を行きかう人のモビリティを向上させる。

範囲空間の間の垣根を低くするには，社会心理的スティグマの解消に効果のある学習システムを，学校教育，社会教育，職場教育，専門職養成教育など社

会の多様なラーニングの場に普及させていく取り組みが重要である。スティグマの低減が，共活動体験や座学教育プログラムを通じて効果的に進むことは，すでに実証されている（小笠原浩一・宮島俊彦監修『認知症の早期発見・初期集中支援に向けたラーニングプログラム』中央法規出版，2017年）。適切な情報の提供，正確な知見に基づく解釈・認識の形成が社会知を形成し，社会的行動の制御を促すことができる。教育政策や教育事業以外にも，社会福祉事業者の公益活動としての取り組み，地域包括支援センターなど社会福祉・介護制度の下で設置される諸機関の地域社会への働きかけの強化など，ソーシャルワーク事業として実践されるべきことでもある。

CHECK
1 共生社会という言葉は，「みんながつながりを持って生きる」といった平板な社会イメージを語っているのではありません。共生社会を推進するには，社会の仕組みを踏まえた人為的な取り組みが必要です。社会福祉においてはどのような取り組みが重要になるか，挙げてみましょう。
2 共生社会の推進にとってスティグマの解消がなぜ重要なのでしょうか。

人間の自律と自立と自由

Keywords ▶ 自律，自立，自律・自立の二相性，IPW による二相性の統合

1 自律と自立

　人間の生活は，起きる，食べる，寝る，など一連の自動詞で成り立っている。自動詞は，生活主体の意思決定に基づく行為を表している。日常生活の行動と同じく，将来に向けての生活の運営も，自分の意思決定に基づき納得できる目標をたて，目標を達成するために一連の行為を行う過程として成り立っている。つまり，人間は，自由に考え，自分に納得できる合理的な目標をたて，その実現に向け知識と技能と身体的な活動性を動員する。目標が達成されれば，次の目標へと向かう。時々の目標には，大小様々な違いがあるが，大きな目標はしばしば人生の転換点となる。人生は，そのような可能性の選択と意思決定と目標に向かっての行為の連続した過程として成り立っている。

　図7-1は，自由と自律と自立の関係を表している。自分にとって合理的な理由があり，納得できる目標をたてることを自律（autonomy）という。自分の持つ知識・情報と判断力で，自分が納得できる理由付けを行い，実現の可能性も考え，生活の目標を持つことである。いわば，自分自身を方向付ける意思の力である。

　目標を決めるということは，別の可能性を捨て去ることでもある。自律には，自分で自由に思考し，判断するという側面と，自分が決めたことに対して責任を持ち，その実現に向けて自分を律するという側面とがある。

図7-1 自由,自律,自立

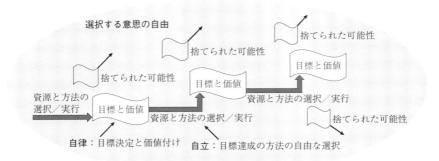

(出所) 筆者作成。

　目標を実現する方法を自由に考え,自分の知識,技能,関係性,心身の機能を有効に統合して,他者から指図されるのではなくその人らしいやり方で,自分の努力と時間を,決めた目標の実現のために費やすことを自立(independency)という。自律は内面の働きで他者からは見えないが,自立は活動であり,他者に対して現れる。自律はその人の存在性に関わり,自立はその人の社会関係への表現性に関わる。自立には,他者から指図されたり,束縛されたりすることがないという開放性の側面と,自分の活動を他者との関係性において自己統治(self-discipline)するという側面とがある。

　さて,自律と自立は,概念としては異なるものの,社会福祉においては一体不可分のものとして理解されなければならない。

　自律とは,呼吸,代謝,循環などの生命活動を司る自律神経の働きのように,外部からの指揮や命令を受けなくても,それ自体に運動性や調節機能が内在されている状態のことを示す。人間は,他者から指示を受けなくても,自分にとって合理的に理由付けされた目標を,自らの価値観や規範にしたがって判断し,決めた目標に責任をもち,その実現に向かって自分の行動を律していくことができる。人間は相互に依存しながらも,個として自律する存在の集合として,社会関係を形成している。

自律に障害があるというのは，情報の取得，記憶，認知・判断，意思決定，意思表示といった意思活動に，他者の介助を必要とする状態にあることをいう。神経認知障害や知的障害を原因とする意思活動の低下は，本人の円滑な社会参加や他者との関係づくりに影響するが，生活環境や人間関係への専門的で系統的な調整や成年後見人制度などによる意思活動の適正な代位により，本人にとって快適な生活の状態を継続することができる。

　他方，自立とは，行為の方法について，他者からの強制や指示や介助を必要とせずに，自分の有する心身機能の働きや自分なりの知識・技能（スキル）の工夫で組み立てていくことができることである。経済的な自立や心身の自立は生活運営に不可欠であるが，経済的に自立する方法や心身の健康を維持する方法に関するスキルを持たなければ，他者からの拘束や指示に依存した生活を余儀なくされる。自立とは，自分らしい生活を運営していく技術力と言い換えることができる。そうした技術力の骨格は，家族や学校などでの学びを通じて人生の早い段階から醸成されることになる。

　自立に障害があるというのは，行為の方法について，他者からの知識・技能の提供や介助を必要とする状態にあることを言う。生活運営の基本的な技術力を身に着ける機会に恵まれない生育環境にあったとか，病気や心身の障害が原因で日常生活の基本動作が困難になるなど，自立の障害はこの技術力の欠損や不足であることから，不足を他者の支援で補うことで疑似的な自立状態を創り出すことができる。

　自律と自立は，社会的関係においてその人らしく存在し，その人らしく現れる力であり，一体となって人の生活を支えている。つまり，生活とは，自分の知恵と技能を，自分の目的のために用いて生きることであり，個人の自由の世界そのものである。社会福祉による自律への支援および自立への支援は，それなしではその人らしく生きることのできない状態から，個人の生活の主導権を回復させ，個人の自由な生活世界を創出するための行動体系であると言えよう。

　自分に妥当な目標を自分の力で決定する自律が妨げられている状態で，自立だけが成り立つことはあり得ない。自立は，誰からも指図や束縛を受けずに自

分自身の持てる力を，自分の目標達成のために自由に使うことのできる行動の方法の妥当性のことであるから，行動の方法だけがあって，目標が無い生き方などはあり得ない。社会福祉においては，「個人が尊厳を持ってその人らしい自立した生活が送れるよう支えるという社会福祉の理念」が強調される（厚生省「社会福祉基礎構造改革について〔社会福祉事業法等改正法案大綱骨子〕」1999年4月15日報道発表）。「その人らしい自立した生活」というのは，家族や周囲からの束縛や制約を受けることなく，自分の希望と納得にしたがって日常生活を送ることを意味している。生活の方法の選択において自分の意思が貫かれていることを表現している。しかし，日常生活の目標が他者の意思によって制約されていると，生活の方法は自由であっても，生きる希望や将来への意欲は湧いてこない。たとえば，自宅での生活を続けたいという本人の意思に反して家族の便宜から特別養護老人ホームに入所することになった高齢者にとって，介護職員の支援を受けて暖かな環境で栄養ある食事を採りながら自由に暮らしていても，意思に反した生活を継続するという自立の喪失状態は続いていくことになる。

したがって，自立の前提として自律があること，その大前提として，本人の「選択する意思の自由」が守られていることが必要である。生活構成における意思の自由とは，自分の生活目標と達成方法を選択する自由に他ならない。これは，あくまでも本人「個人の自由」であって，家族を含む集合的な意思の自由ではない。これは，ソーシャルワーク，ケースカンファランス，ケアマネジメント，地域ケア会議など福祉サービス実施のあらゆる場面において，徹底されるべき原理と言えよう。

自律・自立に類似の福祉的正義を示す概念として，厚生経済学のノーベル経済学賞受賞者アマルティア・センが開発したケイパビリティがある。これは，物財や情報や機会といった資源を自分の生活目標の達成に向けて活用する能力（資源の転換能力）のことで，同じ資源であっても，転換能力の違いによって，自分の目標実現のために得られる機能の有効性は異なってくる。転換能力は，知力，体力，健康，社会関係の広さ，情報量，周囲の協力，社会制度的な規制

などその人の置かれた境遇・環境に左右される。したがって，社会福祉の観点からは，人々が，自分にとって必要な転換能力を自由に獲得することができるような社会的支援環境の整備や個別的支援の機会の充実が重要になる。

自律・自立は個人の存在と現れに着目した概念であり，社会的環境条件や個人の成長環境が個人の活動性にどのように反映するかという「個人の自由」の視野からの概念であるのに対し，ケイパビリティは，いわば「個人の不自由」をもたらしている社会的環境の排除や改革を求める社会的公正に関する概念である。

社会福祉の，とくにソーシャルワーク，ケースワークなどの臨床体系を構想する際には，この2つの概念はいずれも必要で，個人に投影される社会的環境の問題性の把握，社会的環境の影響により生きづらさを抱えた個人の生活の主導権の再獲得に向けた個別支援は，一体的に構想されなければならない。

2　自律・自立の二相性

国際連合の国際障害者年（1981年）に先立って，世界保健機構（WHO）は1980年に「機能障害・能力障害・社会的不利の国際分類」（国際障害分類，IC-IDH）を採択した。2001年には，障害者の有する可能性に着目して，「生活機能・障害・健康の国際分類」（国際生活機能分類，ICF）へと改訂されている。これらについて詳しくは *Theme 17* で述べる。

IC-IDH では，障害を，人間個体の心身機能に現れる障害（impairment），日常生活に必要な生活行動能力の障害（disability），社会関係上の障害（handicap）に階層分類している。階層性を有する障害であるなら，社会関係上の障害は，その人の日常生活を運営する能力における障害に起因し，日常生活能力の障害は，心身機能の障害が原因となっているという因果関係が組み込まれている。逆に，IC-IDH の考え方に立てば，機能障害があってもそれが能力障害につながらないように，機能障害が社会関係上の不利につながらないように，日常生活を支援したり，社会関係の環境調整を行ったりすることが，社会福祉の支援

サービスに求められることになる。

　自律と自立における障害は心身機能に現れる障害状態である。障害状態にある身心機能を補完しながら，併せて，日常生活環境や社会的関係を当事者の期待と納得に沿って調整することで，たとえ機能障害があっても日常生活上の不自由さや社会的排除などの個人の自由が脅かされる状態を予防し，解消することができる。この日常生活の能力障害へとつなげないための支援サービスが介護などのケアワークであり，社会的不利につなげないための支援サービスが相談援助などのソーシャルワークということになる。ケアワークは，高齢者・障害者介護や児童保育など，もともと家族の私的扶養の領域にあったものを，私的扶養から社会的支援に移（介護の社会化，子ども・子育ての社会化）したものである。ケアワークがいわば私的扶養に対する補完的行為であるのに対し，ソーシャルワークは，家族の支えだけでは対応できない専門性の高いもので，それ自体が社会的責任となるような即自的行為である。

　たしかに，自律・自立は二相性を内包している。人は，個体の精神的・身体的機能として独立している。自らの目標を，自ら知識と技能を動員して実現するという意味では，自助的な自律・自立の機能を有している。この自助的自律・自立に障害がある場合に，財産を代理で管理したり，買い物や洗濯など家事を支援したり，衣服の着脱や食事を介助したりといった，日常生活支援や身体介護のケアワークが必要になる。他方，人は社会的存在として周囲の人間関係や生活環境に依存し，作用を受けながら生活している。自分の目標を決めるにあたり，周囲に相談し，周囲の配慮に支えられて行っている。この依存的な自律・自立に障害がある場合に，社会への不適応状態や生活の孤立状態を緩和し，社会関係に復帰できるような環境調整を支援するソーシャルワークが必要になる。

　自律・自立を二相性で把握することは，政策・制度の改革を進める上で理論的に重要な意味を持っている。公的介護保険制度（1997年介護保険法制定，2000年施行）がその例であろう。公的介護保険制度は，医療保険で担ってきた長期療養と老人福祉で担ってきた高齢者介護を，公的介護保険として一本化して独

立させ，医療費と社会福祉費の按分比率を改革するとともに，「介護の社会化」のロジックを用いて，契約利用型のサービス供給の方法や高齢者にも保険料負担による貢献を求める仕組みを創設したものである。もともと家庭内の私的扶養で担われてきた介護を社会化しようとすれば，それを根拠付ける理論が必要になる。従来の「社会福祉」とは別の範疇として，私的扶養補完型で，必要に応じて利用できる「福祉サービス」という新たな類型が政策的に開発されることになる。もともと，家庭内の子育てや親の世話を意味する「ケア」が，制度上のサービスを意味する「ケアワーク」として独立の範疇を形成することで，これに対応する独立の制度としての介護保険制度の成立を根拠付けることになった。

　しかし，自律・自立の二相性とその相互の範域の論理的な個別性を際立たせることは政策論としては可能であったとしても，人の現実の生活は，この2つが別個に分離して成り立っているわけではない。*Theme 5* の第3節で述べたように，人の生活は6つのドメインの相関とバランスで成り立っている。自律と自立は個人の自由な生活を一体的に支えている。障害の階層性においても，個体の機能障害と日常生活の能力障害と社会関係障害は，相互に影響し合うものとして捉えられている。福祉の問題は複合的な様相をしている。低資産・低所得が生活の質の全般的な劣化につながり，要介護状態のリスクを顕在化させたり，家族関係の崩壊が介護放棄や虐待につながったりする。母子単親世帯であり，賃金の低廉な不安定就労により家計を維持しなければならないことが，長時間保育を必要とする原因になったり，子どもの成長におけるリスクを高めたりする。

　自ら決めた目標に向かって，持てる知識・技能を活かして自由に生活を構成するためには，個体の精神的・身体的機能における障害を日常生活における能力障害に展開させないためのケアワークと，社会関係の中における人の存在性を保全するソーシャルワークとは，相互関連性を持って一体的に機能する必要がある。社会関係から閉ざされた自由な生活はあり得ないし，日常生活の行動能力を失った社会性というのはあり得ない。専門資格の名称としては，ケアワ

ークを担う資格である介護福祉士，社会性への支援や生活環境の調整を担う資格である社会福祉士，精神保健福祉士に制度上の区分が置かれているが，個別支援計画に基づく実際の支援サービスの提供においては，医療職も含めて，多職種協働のチームケア（inter-professional work, IPW）やサービス利用者の状態の変化に応じて多職種の果たす役割を切れ目なくつないでいくクリティカル・パス（critical path）やシームレス・ケア（seamless care）といった臨床方法論が採られることになる。

CHECK
1 自律と自立の概念の違いと相互の一体性についてまとめてみましょう。
2 ケアワークとソーシャルワークは国家資格や資格養成教育では個別の体系として考えられていますが，自律・自立の二相性を統合的に解消する上で，両者の一体的推進が重要であることを説明してみましょう。

Theme 8 「その人らしさ」への支援

Keywords▶マズロー欲求モデルの克服,ニーズと支援の修正モデル,ニーズとは,日常生活の継続支援

1 マズローの欲求の捉え方

1960年代後半にアメリカ心理学会の会長を務めたエイブラハム・マズロー (Abraham Harold Maslow) は,精神的病理の分析・診断を行う精神分析学に対して,人間の心の健全性に着目する人間性心理学を展開させた。人間は自己実現に向って生きるものであるとの仮説に基づき,人間の自律的な欲求 (needs) の階層性モデルを作り上げた (図8-1)。

人間の欲求には,大きく分けて,足りないものを充足しようという「欠乏欲求 (deficiency-needs)」と充足を得て自己の存在性を確立しようとする「存在欲求 (being-needs)」とがある。欠乏欲求は,下位から上位に向って,身体・生命を維持するための「生理的欲求 (physiological needs)」,生活の秩序の基本である「健康や安全への欲求 (safety needs)」,社会から必要とされ,社会的な役割を得たいと希求する「愛と所属への欲求 (social needs/love and belonging)」,地位や名声,自尊感情や能力感など社会的に尊重され,「自分を信頼できることへの欲求 (esteem)」の4段階から成る。欠乏欲求が充足されると,さらにその上位に,自分の知識や技術的能力を余すところなく発揮して,最高の自分でありたいという「自己実現の欲求 (self-actualization)」がある。自己実現された人間は,自他に対する寛容や独立性・自律性・自主性など能動的な存在たり得るし,公共心や社会性,広い人間関係など精神的にも創造性ある存在とな

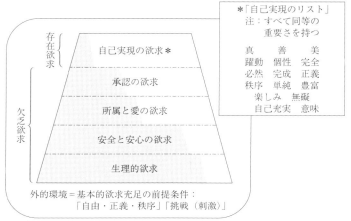

図8-1　マズローの欲求5段階

(注)　基本的欲求を4つの欠乏欲求と成長欲求に区別し，階層性を示唆したが，アミカケの割合で満たされている状態が平均的と述べている。
(出所)　廣瀬清人・菱沼典子・印東桂子「マズローの基本的欲求の階層図への原典からの新解釈」『聖路加看護大学紀要』35，2009年，35頁。＊の注は原典のもの。

る。

　人は，下位の欲求から上位の欲求の実現へ，生理的欲求から自己実現欲求へというモティベーションを持って生活行動するものである，というこのモデルは，社会福祉や医療のサービス臨床においても，自立へのモティベーションを理解する方法論として汎用されている。

　しかし，社会福祉のサービス臨床において，ニーズの判断にこのモデルをあてはめると，かえって不可解な状況がしばしば発生する。母親との親密な愛情関係を持たない子どもは，お腹が空いているにもかかわらず，なぜ，母が簡略に調理して出してくれた食事をテーブルの外に粗末に投げ出す行動をとるのか。なぜ，社員が割当てられた過大な仕事を成し遂げようと長時間残業を続け，悲痛な過労死の最期を遂げてしまうのか。幼い子どもを抱え，わずかな生活資金も底をつき，アパートで子とともに餓死しているのを発見された母の心の中を私たちはどのように理解すべきなのか。人は，愛と所属の欲求のために生理的欲求や安全欲求を犠牲にすることはないのか。承認欲求のために健康の安全を

犠牲にすることはないのだろうか。自己実現に辿りつくまでの欲求充足の順序は、必ず下位欲求の充足が先にあるのだろうか。人が生きる原動力としての行動モティベーションに組み込まれるニーズは、順位の階層を成しているのではなく、自らが自律的に優先すべきだと判断するニーズ、そして、自立してその達成に向かうことのできるニーズがあり、他のニーズは、それとの関係で関係付けされるのではないか。それぞれが持つ「その人らしさ」というのは、ニーズの関係性から理解すれば、自らにとってのニーズの優先性とニーズ相互の関連性を、自分自身で動機付け（モティベート）することのうちに存在すると考えるべきである。

　自分自身の優先性の判断と関係性の動機付けがしばしば福祉の問題につながることになる。他者からの過剰な期待や合理性を欠いた日常の生活環境、他者への過度な配慮や社会的支援への主体的スティグマによる拒絶など、「その人らしさ」に基づく自己動機付けは、本人の福祉の状態にとって必ずしもポジティブな帰結をもたらすとは限らない。だからこそ、専門的な知見を有する福祉職による相談援助やケアマネジメントが重要になるし、労働時間をはじめとする雇用・労働条件の法的規制と労働基準監督の機能が重要になる。親に代わって愛情を持って子どもの成育を支える専門的な環境が求められるし、躊躇なく利用でき、早期に自立していける生活保護の仕組みが求められるのである。人は、周囲が自分に何を期待しているか、どのように評価されているか、一定の制度便益を受けることができるかどうかといった環境情報の解読において誤謬をおかすことがある。社会福祉の支援サービスは、そうした誤謬状態を専門的な働きかけにより修正する機能も有している。

2　ニーズと支援の修正モデル

　福祉の問題の実態に照らすと、マズローの欲求階層モデルには2つの修正が必要となる。
　まず第1に、存在欲求である自己実現の欲求というのは、生理的欲求から承

認の欲求に至る欠乏欲求が充足された後に，課題となるものであろうか。論理的に考えれば，自己実現というのはそれ自体が独立した個別の高次欲求として成り立っているのではなく，健康や安全が確保され，家族や友人とのきずなの関係も深まり，社会からの承認や自己尊重の実感が持てている状態のことを自己実現できている状態とよぶのではないか。換言すれば，自分が日々の生活において心理的充実や社会関係の円滑や他者との共生の実感を持つことができるようにするために，食事や健康に気遣い，周囲の人間関係を円滑にするべく努力し，自分が上手くやれている，みんなと一緒に生きているという能力感を実感できるような相互承認の関係づくりに努力するのではないだろうか。つまり，自己実現という欲求は，それだけが独立しているのではなく，日常生活で課題となる欠乏欲求が一通り充足された状態のことを指しているとみなすことができる。その意味で，自己実現は生活の帰結的状態のことであり，その状態に向かうプロセスとして欠乏欲求の充足の努力があるとみなすべきである。

　第2に，ニーズ階層という考え方は，ニーズに序列があるという仮説に立っている。序列は時系列に構成されていて，生理的欲求が充足されて，次の安全の欲求に向かう，所属の欲求が充足された上で次の承認の欲求に向かうという仮説から構成されている。マズローは，「より低次の欲求は，次の（高次の）欲求が現れる前に100％満たされなければならないと考えるのは誤っている」と述べているが，それでも，上位欲求が現れるには下位の欲求が「ある程度」充たされていることが必要だと考えている。

　しかし，すでに述べたように，自分にとって何を優先的な解決課題とするかというニーズの優先性は本人の自律に依っている。それぞれの人に固有の生活の経路やその時々の生活環境の中で，人は，自分にとっての優先的ニーズを自律的に判断していく。また，そのニーズ判断を自律的に行うことが困難な状態に陥ったり，ニーズは判断できてもそれを充足するための資源や機会やその活用能力に恵まれず，自立できない状態に陥ると，生きづらい生活になってしまう。つまり，どのようなニーズを優先させ，優先ニーズとの関係で他のニーズをどのように関連付けるかは時系列の順位で考えているのではなく，課題の価

Theme 8 「その人らしさ」への支援

図 8-2 ニーズ支援の重層性

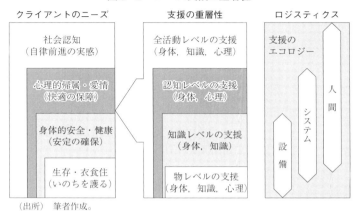

(出所) 筆者作成。

値付けの優先性で考えていることになる。ニーズは普遍的な階層を描いているのではなく，ニーズ相互が包摂的な入れ子状態を構成していると考えられる。

この2点を修正して示したものが図8-2である。

図は，ニーズの入れ子状態を示している。つまり，社会的認知という自律的な生活の前進を実感したいというニーズの中にはすでに身体的な安全や健康へのニーズや生活の快適さを保障する心理的帰属や愛情へのニーズが包み込まれているし，健康へのニーズには衣食住へのニーズが組み込まれている。逆にみると，食べ物や衣服を倹約してでも手に入れたい人間環境上のつながりや大切な家族への愛情というものがある。粗末な住まいであっても，安心して住まうことのできる機会を手にしたことで自分の生活が大きく前進したと実感できるような人もいる。

生活保護法上の「生活に困窮する者」とされる世帯や人々が抱えるニーズは皆同じで生活資金であり，生活扶助を給付しながら，受給状態から早期に就労自立を遂げさせるために個別的な就労自立支援を実施するという発想は，マズローの欲求階層の仮説に馴染むが，明らかに経済的に困窮していても生活保護を申請しようとしない人々がこの社会に存在するという事実は，衣食住のニーズだけに着目していては説明できない。生活保護制度を利用した経済的な困窮

83

からの脱出よりも，周囲との人間関係の維持や子どもの仲間との関係に配慮することを優先ニーズとする人々がいるからである。限界集落では，あちこち傷んだ住宅を修繕する資産も持たず，日常の買い物や通院に不自由な環境の中でも，孤塁を守るようにして生活を続けているお年寄りたちを多く目にする。自宅を離れない理由は様々であるが，生活困窮であるから金銭的な扶助を行えば，人々のニーズが充足されるなどと考えることは乱暴であろう。今の生活を最後まで維持・継続していくことが自分の自律した生活構成であると実感している人もいようし，空き家活用で市街地に集住型の住環境を準備してもらえるなら安全と快適を求めて転居したいと願っている人もいよう。生活の安全に加えて，心理的帰属や愛情を求めて，都会で暮らす娘一家の近くのグループホームに移りたいと願う人もいよう。つまり，社会福祉の制度の発動要件の定義は画一的になされているが，その定義に当てはまるニーズのみに着目していると，人の生きづらさを解消し，あるいはそれまでの生活の継続を支援していく上で優先されるべきニーズを見逃すことになってしまう。

　ニーズの優先性や異なるニーズとの関連付けが，入れ子状態のようになって自律的に判断されるとすれば，ニーズを充足するために必要な支援の方法も同様に包摂的で包括的なものとなる。生存・衣食住という生命身体の保全に関するニーズは物財の給付で充足されるが，これが支援として実を有するためには，物財の供給の仕方，その生活資源として活用の知識，物財を活用しながら生活の自立性を取り戻すことを心理的に支える援助技術といった方法的な工夫が不可欠である。物財のみ与えっぱなしで自立支援が欠落してしまっては物財の単なる消費が行われているに過ぎない。心身の安全や健康の推進には，物財の支援に加えて，生活習慣や病理・予防に関する知識や健康回復に向けた効果的なサポート・サービスの情報など，知識・情報に関する支援が重要である。知識や情報が欠如している情報の壁や利用者に正確な情報が届かない情報の非対称とよばれる状態は，ニーズが存在してもそれを充足する手立てが見つからないという，支援の形骸化や資源・機会のムダを生む。

　日常生活の心理的な快適さを確保するための帰属や愛情への支援には，これ

に加えて，認知レベルの支援が入ってくる。こうしたニーズが本人の希望と納得にしたがった内容で充足されることで，生活への内在的動機付けが行われ，生活が前に向かって前進している実感を取り戻すことができる。そのことが，自己尊重や社会とつながっている感覚を強め，マズローの定義するところの自己実現の状態，本書の定義では社会的認知の得られた状態が実現することになる。

3　ニーズとは

人は生活上で様々な欲求を抱える。そのうち，社会福祉が介在して充足しなければならない必要性を有するものを「ニーズ」と定義する。ただし，マズローの欲求5段階分類も含めて，社会福祉の目的や方法との関連におけるニーズ解釈が定まっておらず，心理学分野で早くは1959年に発表されたP. W. テイラー（P. W. Taylor）の「ニーズ言明4分類」や，1972年のJ. ブラッドショウ（Jonathan Bradshaw）の有名な4分類，1986年のL. トレイシー（L. Tracy）の「基本的ヒューマン・ニード」論など，諸説が並列的に紹介されることが多い。

とくにブラッドショウは，制度的基準や専門的判断で判定されるニード（normative need），言明されていない心理的ニード（felt need），言動で表現されたニード（expressed need），複数のサンプル集団についてサービス介入を受ける集団と受けない集団との間の比較を通じて観察される比較相対的なニード（comparative need）という性質や測定方法の異なる4つのニーズを相互の相関性を伴って定義している。ブラッドショウは社会政策の研究者であり，とくに貧困や母子家庭，子どもの幸福など，人の自律した生活を構成するニーズや社会的欲求を主領域としてきただけに，彼のニーズ論は社会政策の臨床分野であるソーシャルワークや児童福祉を中心に広く実践に応用されてきており，社会福祉の標準的な教科書において通説的な位置付けを与えられてきた。

ニーズを，テイラーのように主体（誰にとっての）と目的（何のための）と方法（どのような資源や手段）から成る言明可能な言説構造を有する必要性と解釈

するにしても，ブラッドショウのように科学的評価法を通じて解析されるべき客観性を有する必要性として，あるいは規範や社会的基準に照らして専門的に判定される必要性とみなすにしても，トレイシーのように人間生活に欠くべからざる基礎的で普遍的な必要性と把握するにしても，いずれにしても，これらのニーズ論は，個々人の生活上の課題の解決や生活構成への心理的動因となるべきものとして議論されている。これらは，個別的な対人支援サービスの臨床への応用性を想定したニーズ論，あるいは，サービス臨床から検出された因果律として理論化されたニーズ論という共通の特徴を有している。

これに対し，ニーズを政策的必要性のカテゴリーとして表現する三浦文夫の解釈がある。「ニード（要援護性）」とは，「何らかの形で設けられた基準（尺度）に即して，ある所与の状態を測り，そしてこの「基準」からの逸脱あるいは乖離した状態」が存在する場合に，そうした状態のうち，「解決，改善をはかることが，社会的に必要であるという「社会的な」認識が働くときに，はじめてその状態をニードとみることができる」と説明される。一定の社会的基準からの逸脱状態のうち，個人的解決に委ねることができず，社会の責任において解決することが相応しいという公共政策上の判断が働き得る状態のことを言う。ニーズを即物的，心象的に観察・把握可能な個人生活上の現象とみなすのではなく，論理抽象的に把握された社会にとっての本質的な構造問題と理解するのである。

社会福祉の対象は，問題性（状態）と人間（主体）に区分することができる。福祉の問題は社会関係の客体的側面として顕在化するが，この側面に対応するのが「政策カテゴリーとしてのニーズ」である。社会関係は人間の主体的な生活の営みから出来上がっているが，この側面に対応するのが社会福祉の臨床実践の根拠となる「人のニーズ」である。ニーズは，本質論的に定義されるべきではなく，社会関係の歴史的条件に対応して変化する人間主体のあり方と表出する問題性として，理解されなければならない。

自律と自立への欠乏は，時々の社会関係を背景に顕在化するものであるから，これを充足するためには，一方において，福祉的資源と機会を持続的に充足す

るための社会福祉の政策・制度の整備や経時的な改革が必要となる。他方において，人間が生活運営において抱える社会的支援へのニーズに関する解釈の改鋳とニーズ充足の臨床方法の持続的な更新が求められる。これまでにも，貧困から社会的剥奪へ，社会的排除から「生きづらさ」へといった福祉の問題を把握する枠組みに歴史的な変遷が生じてきた。この政策・制度ニーズの改鋳，支援ニーズの解釈および臨床方法の更新といった対応がすでに進んできているのである。

4　日常生活の継続支援

　人は，経済活動や社会活動を通じて，日常生活のあり方を左右することになる影響を社会から受け続けている。同時に，社会関係への適応や人間関係の運営，社会組織や他者との関係における自分の存在性をめぐり心理的ストレスのリスクを常に抱えながら日常生活を送っている。福祉の問題とは，人が社会性を維持しながら日常生活を継続していくことを困難にするようなリスクの発生や困難な状態が顕在化することである。

　リスクの兆候に初期の段階で気付き，リスク要因の緩和・解消や顕在化を防ぐ工夫が必要である。本人にとっては日常の中に発生しているリスクであるから，気付き難い。家族や友人・同僚や専門的な知見を有する相談機能が迅速に動くことが求められる。

　福祉の問題状態が顕在化している段階では，問題が発生するに至った生活環境および心理的ストレスに関わる本質的原因を探りだし，解決に向けた方針を定め，解決行動のロードマップをデザインし，関わりを持つ主体と役割を編成し，専門職がチームで対応することが大切になる。法制度上の社会福祉は，この専門的な知見の提供と支援サービスの実施においてその機能を発揮することになる。

　人の日常生活は，起きる，食べる，働くなど自動詞の連続から成り立っている。自動詞で表される行為には，その人の有する情報や知識，認識や判断とい

った情報処理の能力が作用している。情報処理には，その人なりの価値意識が働いている。つまり，行為にはその人の生き方が表現されている。この行為に表現される生き方を「その人らしさ」と表現する。社会福祉の目的は，福祉の問題状態に対応する専門的な知識・技術の行動体系を発動して，人の日常生活の継続を支援することにあるということができるが，それは，別の言い方で定義すれば，「その人らしさ」への支援と言うことができよう。

CHECK
1 福祉の問題をマズローの欲求5段階説モデルで説明しようとしても説明できない問題状況がみられます。これについて説明してみましょう。
2 「日常生活の継続」ということについて，説明してみましょう。

Theme 9 社会福祉における人間の理解

Keywords ▶ 社会福祉と人間像，自律・自立の二相性と人間像，ライフサイクル・モデル，高齢者像の転換

1 3つの人間像：要援護者，自助的人間，関係依存的人間

　民間活動の自発性を尊重し，政府の関与からの自由放任を求めた慈善組織の運動とは異なり，社会福祉は，何をもって社会福祉の対象とすべき問題とするかに関する法制度を根拠にして成り立っている。「社会福祉」という概念は多様な民間の福祉的活動も含み意味として独り歩きしてしまっているが，日本における「社会福祉」概念の原型は，国家が公的責任において実施する社会保障施策の1つの領域を指す法制上の概念である。

　社会福祉は，国家が，社会規範や制度基準に基づき，公的財源を用いて，公の責任において実施する公共的行動体系のことであるが，社会福祉が対象とすべき問題のカテゴリー（政策ニード）に関する政策判断の根底には，福祉の問題の主体である人間像がある。

　心身の機能や生活構成の能力において，自ら自立した生活を営むだけの知識や技能を持たないために福祉の問題を抱え込んでいるものとして人間主体を認識すると，人間は要援護者（ニーディ，the needy）として定義されることになる。生活の運営に不可欠な最低限の物財や社会的関係における他者との紐帯の原理（尊厳，承認，愛情など）に困窮している主体を意味する人間像である。

　明治期の恤救規則にある「無告の窮民」や救護法の「貧困ノ為生活スルコト能ハザル」者，旧生活保護法の「生活の保護を要する状態にある者」などは，

救護，保護を要する主体を自律的な生活構成の能力を欠く「ニーディ」とみなす人間観を下敷きにしている。とくに，旧生活保護法第2条には，能力があるにもかかわらず勤労を通じて生計の維持に努めない者，素行不良な者，扶養義務者が扶養をなし得る者で，急迫した保護の必要性がない者を適用除外とする定めが置かれていた。つまり，貧困に打ちひしがれた人間（poverty-stricken），生計能力を有しない人間（poor needy），情緒的な支えを無くした人間（emotional needy）など，国家による公的救済の他には寄る辺を全く無くした人間が表現されている。

このような人間像はそもそも公的救済への従属性を本質とするもので，これに基づく社会福祉の政策では，公的救済の水準はまさに「細々と生きていける水準」を保つためのものとならざるを得ない。一般的な市民の生活水準に比し劣等処遇となるのは必然であった。わが国では，1990年の老人福祉法等八法改正において，社会福祉事業法（当時）の第3条に社会福祉の理念が規定され，本人の意思に基づく福祉サービスの利用という考え方が導入され，福祉施設への「収容」という定義が「入所」に改められるまでの長きにわたり，従属的人間像が社会福祉の根底にあった。

これに対し，1970年代から80年代にかけての新自由主義（neo-liberalism）の台頭は，これとは全く異なる意思自治論に基づく功利主義的な人間像を社会福祉の領域にも持ち込むことになる。戦後の福祉国家に対し批判的であったマックス・ベロフ（Max Beloff）やハイエク（Friedrich Hayek）といった保守的自由主義者は，1950年代から，福祉国家の所得財分配機能や公的扶助主義を個人の自由への侵害と捉え，個人の才能を最大に発揮させる競争的社会形成を抑制し，社会が事前状態で保有する自己発展の活力を抑制するものと批判していた。しかし，経済成長と相乗した福祉国家の展開の中で，そうした個人の自由と自助責任を基礎に置く人間像やそれに基づく社会批判は，1973年の第1次石油危機に端を発する成長の限界と福祉国家の危機の時代を迎えるまでは，政策の主流に登場することはなかった。

1970年代の後半になると，経済，財政関連の政策議論の場に，戦後福祉国家

の下で肥大化した行財政のスリム化や公的分野から市場・民間分野へ社会資源や福祉機能を移動させるべきといった主張が登場するようになる。個人の生活についても，功利主義的で競争主義的な生活自助原則が主張されるようになる。新自由主義は現実の政治システムに大きな影響を与え，イギリス，アメリカ，日本など主要各国において新自由主義を掲げる政権が登場し，行財政改革や規制緩和・民営化の政策を加速させることになる。いわゆる福祉国家の再編成の時代を迎える。経済政策，市場政策においても，分配の平準化に代わって競争環境を促すためのサプライサイドの政策が重視されることになる。

　新自由主義は，個人の意思自治や合理的選択，自由で自律的な市民的生活自治や個人の尊厳の至高性など思想的には近代自由主義の現代的文脈における原理的再生の主張であって，その限りでは，個人主義的な市民権思想に立脚する人間像と共鳴するものである。ただ，現代的文脈とは，経済成長主義の限界という歴史的な転換期にあって，戦後の総需要管理型の経済成長のメカニズムの組換えという基本的には競争的市場システムの機能の最大化を目指す主張として登場してきたことを指している。個人主義的な市民権思想に立脚する人間像といっても，事実上，経済的効率性に寄与可能な競争的能力主義や競争的な市場調和の面が強調された文脈を伴って登場してきている。したがって，戦後の経済成長主義を支えた総需要管理の有力な手法としての社会保障制度を通じた所得平準化政策は，能力ある個人の競争を通じた最大成果の獲得と功利増進を妨げるものとして攻撃の対象となった。

　福祉国家の再編成の議論が，事実上，総需要管理型の経済成長と成長成果配分メカニズムのあり方をめぐるものとして展開したことは，社会福祉における人間像に影響を与えることとなった。もともと，社会福祉における人間像は，生活資源の自己充足が不可能であり，生活継続のために社会的支援を必要とする人間の姿を前提としている。たとえ自己充足の能力を最初から不十分にしか持たない人間や，能力ある人間であっても偶然や不運の作用によって自分の意思に反して不遇に陥る人間を想定している。意思に基づく完全な自己管理と競争的獲得に何の障壁も抱えない人間の存在は，そもそも想定されていない。ま

た，そうした人間は，現実世界には存在し得ないというリアリズムを社会福祉は承認している。福祉国家のシステムが限界を呈する中で，理念像や理論的な仮説を現実への処方箋として持ち込んだのが新自由主義だと言ってよい。

　新自由主義は，具体的には，「小さな政府」や行財政改革の政策として実践され，社会保障制度の見直しを牽引した。その過程で主張されたのは，自らの資源活用能力を合理的に組織して生活運営に転換できる自助的人間像であった。特徴は，人間を社会関係との相関依存の中に存在するものとみるのではなく，個として，自らの意思で合理的な選択を行い，選択された目的に向って自らの行動を規律していくことのできる自己責任の意思主体（the subject of right as a will）として定義する見方である。

　この見方は，人の自由な意思の働きを人と人とのつながりや社会的共生の中で捉えるのではなく，関係性から独立した個の権利の主体とみなして人間を定義することに特徴を持つ。つまり，自らの行為の目的の自律的な決定や保有する知識と技能を目的達成のために自立して活用することのできる個人の自由は人間の自然的な権利であり，幸福の実現に向けた個人の自由の行使を，他者の害にならない限り政策的に放任することで，社会的な資源配分の最適化や人間関係の調和が保たれるという，社会秩序に関する自然調和の見方とともに主張される人間像である。

　この人間像は，歴史的には，物財や知的財産を私的所有権の不可侵性のロジックで捉え，その活性化を通じて社会や市場の競争を促すためにしばしば強調されてきた。ただ，自助的人間像にも，市場への規制緩和や競争原理に基づく社会改革と一対をなす競争主義的個人主義の主張から，「日本型福祉社会論」のように家族や地域の「含み資産」性を強調して私的扶養関係や互助の関係の中にある個人を重視するものまで，背後にどのような社会状態を想定するかによって，一定の幅が存在することも事実である。家族「含み資産」という考え方が1978年の『厚生白書』においてみられるように，この幅の存在は，等しく新自由主義といっても，福祉の問題状況に関して選択可能な政策アプローチに一定の広さが存在していたことを示している。

新自由主義の台頭と時代背景を同じくして，社会的排除（social exclusion）という福祉問題を把握する理論的枠組みが，フランスにおいて登場し，その後，EU統合のプロセスで各国に影響力を拡げるようになる。社会的排除の定義については **Theme 11** において解説する。社会的排除論は，価値観や心情や理念といった社会に対し自己を表明するための力や，目的に向かう行動の合理性を支える知識や技能や資金といった保有資産に着目し，そうした保有資産は，社会との関わりにおいて獲得されるものであるという考え方に立っている。私的な自由選択行為と映る主体的な生活構成も，社会的な関係性や環境条件に左右されているとみる。社会から排除されることは，そうした関係性から獲得される個人の福祉のための資源や機会を失うことである。社会関係から獲得される資源や機会は，物財，情報知識，人間の紐帯，社会関係資本に至るまで包括的であるし，人の学びや成長もそうした関係性から促される。社会的排除は社会的な不利や孤独の罠に陥った状態であると説明されるが，その理由は，そうした社会との関係性は失われ易く，またひとたび失われるとその自力での回復がなかなか難しいことを表現しているところにある。

このような社会関係の中に存在し，関係性の中に現れる人間という見方で説明される人間像を社会関係依存的人間像（the subject of right as a self）とよぶことにする。社会関係依存という観点から福祉の問題を捉えると，問題発生の社会的メカニズムが強調されることになる。人並みの社会生活を送るための資源や機会を欠いている状態を表現する「社会的剝奪（social deprivation）」や関係性の中での個人の傷つきやすさ（ブルネラビリティ）といった問題の認識の方法がそこから形成される。社会構造や社会的支援関係に着目する「社会的排除」や「孤立」や「ひきこもり」などの定義にもつながる。逆に，こうした問題状況に対する政策的応答として，「社会的包摂（social inclusion）」，社会的統合（social cohesion），地域共生（communitarianism）や共生社会（symbiotic society）が導きだされる。わが国の地域包括ケアシステム構想で言われる「我が事・丸ごと」「地域共生」といった柔らかな概念も，福祉の問題状況への社会協働による応答という関係性の視点を含んでいる。

3つの人間像は，理論的には人間の主体性の理解に関する視座の相違であるが，政策論的には，どの人間像に立脚するかによって社会福祉の政策選択や制度設計が異なってくる。

　日本の社会福祉改革を振り返ってみると，人間像の際立った転換は社会福祉基礎構造改革（2000年）でみられた。この改革は，社会福祉事業法を社会福祉法へと改正し，行政措置による社会福祉の実施の仕組みを生活保護制度や養護事業など一部を除き原則的に廃止したものとして理解されている。この改革以前においては，法制度上は，社会福祉は第1の人間像に基礎付けられていた。要援護者を社会福祉施設に「収容」するという言葉が法律上長らく使われてきたことにそのことが現れている。

　1997年制定の介護保険法や2000年制定の社会福祉法は，介護サービスや社会福祉サービスは，サービスを必要とする本人が自分で選択し，自分の意思で事業者とサービス提供契約を結んで利用するという契約利用の原則を導入したことから，第2の意思自治論に基づく人間像がその根底に置かれている。

　障害者総合支援法（2013年4月施行），生活困窮者自立支援法（2015年4月施行），地域包括ケアシステムの強化のための介護保険法等の一部を改正する法律（社会福祉法，介護保険法，障害者総合支援法，児童福祉法の改正，2018年4月施行）などは，地域参加や地域の社会的資本の活用，地域協働や地域共生社会づくりを強調している。社会的排除，孤立の防止や多世代共生型の福祉的地域の形成といった人間生活を取り巻く関係性を重視していることから，第3の人間像がその根底にある。

2　自律・自立の二相性と人間像

　社会福祉における人間像は，*Theme 7*においてすでに触れた自律・自立の二相性と関連している。個体の精神的・身体的な自立というケアワークの対象となる自助的自立の考え方は，意思自治論に立脚する自助的人間像に親和的である。社会とつながりの中に生きる人間としての関係依存的人間像は，社会的

な協働性や共生性に親和的である。

　高齢者や障害者の介護は，もともと家族や親族の私的扶養として行われてきた行為である。私的扶養の機能に限界が生じている場合に，老人福祉法や知的障害者福祉法（旧精神薄弱者福祉法）といった法制度によって公的に私的扶養を補完する仕組みが準備されていた。私的扶養とは家族内の自治的生活運営のことであるから，家族内において扶養・養護する家族と扶養・養護される家族の間に依存関係が存在するとしても，それは社会への依存とは異なる。家族内においてどのような扶養・被扶養の関係が成り立つかも含め，すべて意思自治の世界での出来事である。その意味で，私的扶養の根底には，意思自治的・自助的人間像がおかれている。

　社会福祉は，私的扶養が機能の限界に達している場合に，これを補完するものであるから，当初は，機能の限界からはじき出された家族構成員を家庭から切り離し施設での処遇に委ねる方法が採られた。この段階では，施設処遇を必要とする人々は意思自治の世界から脱落して，要援護者としてみなされるようになる。その後，政策の動きからみると，社会保障制度審議会勧告「社会保障制度体制の再構築」（1995年7月）に変化が顕著に現れるように，要介護高齢者や障害者など従来から要援護者とカテゴリー化されてきた人々も等しく市民社会の構成員として独立した人格の主体であるという人間像の転換があり，福祉サービスは個人の希望と納得に基づき，それぞれの生活の必要性に即して利用できるサービスとして実施されるべきであるという考え方に転換する。個人を家族の一員として扶養の中にある者とみなすのではなく，一人ひとりが個として独立した存在であるという発想である。

　ここでは，家族を，人間生存を協働して支える有機的な単位として把握するのではなく，一人ひとりが独立した人格である家族構成員が場を共有して暮らす生活の単位としてみなすことになる。子どもの世代が，家庭内で親を介護することを選ぶか，「介護の社会化」の便益を利用して親の介護を公的な介護サービスに委ね就労することを選ぶかは，機会費用を考慮した選択の問題とみなされるようになる。「介護の社会化」には，扶養の義務を公的な介護サービス

機会の提供によって社会的に代替することで個人の生き方の意思決定に選択肢を拡げるという政策的な意味がある。介護を必要とする高齢者や障害者本人には，家族の扶養から離れて，自分の生活の継続を支える最適な手段を自ら選択するという意思決定の機会が拡がることになる。「介護の社会化」を根拠付ける人間像は，意思自治論に立つ自助的人間像ということになる。

　社会福祉の選択利用の仕組みを支えた人間像が意思自治論に立つ自助的個人であるのに対し，2005年の介護保険法改正で登場し，その後の社会保障制度改革の先導枠組みとなった「地域包括ケアシステム」に関する構想の展開は，こうした自助的人間像から関係依存的人間像への転換を伴う改革の動きとして理解できる。

　地域包括ケアシステムの核心は，人間の生活は，比較的狭い地域空間の圏域の中で展開する24時間365日の日常生活の連続として成り立っているとみなしている点にある。地域包括ケアシステムは，当初，介護保険制度上の仕組みとして登場したが，その後，介護保険法に加えて，医療法，障害者総合支援法，児童福祉法，社会福祉法，それに生活困窮者自立支援法の関係領域を包含した社会保障制度改革に位置付くシステムとなっている。2005年法改正以前の初期の介護保険制度は，生活圏という社会関係基盤から切り離された準市場型の対人サービス提供の利用契約に基づく提供システムとして設計されており，まさに自助的人間像を想定する仕組みであった。これに対し，とくに2012年の介護保険法改正以降の地域包括ケアシステムは，地域を単位に，医療・介護・予防のサービスのみならず，住まいや日常生活支援といった対人サービス以外の資源活用と一体性が強調され，日常生活圏地域に成り立つ人々の関係性に依存して生活を維持する人間像が想定されている。

　すなわち，日本の社会福祉の歴史的展開は，基底におかれた人間像の変化に着目すると，「要援護者」から意思自治論の個人主義的・自助的人間像へ，そして，社会関係依存的人間像へと変容してきている。

3 ライフサイクル・モデルと高齢者像の転換

　社会福祉における人間像の転換は，「高齢者」とよばれる人々の人間像をも変えつつある。発達心理学に「ライフサイクル」論がある。精神分析学のエリク・エリクソン（Erik Homburger Erikson）が唱えた人間発達の段階論であり，人間が健全な，乳幼児期から思春期，成人期を経て老年期に至る8つの発達過程において遭遇する発達課題を明らかにする理論である。この過程は，家族の周期で表せば，家族の形成，拡張，縮小，消滅の過程に対応する。老年学や社会福祉学では，生まれてから，終末に至る人生の段階性や現役引退後の老後の課題などを示すモデルとして用いられるようになっている。ライフサイクル・モデルでは，概ね60歳代の後半以降を「老年期」とよんでいる。老年期は人生の完結期であるが，子どもの自立，現役からの引退，経済的生活の縮小，親しい人との別れ，老化など，人生のエンディングの段階でもある。

　人の生には「終わる」がある。老年期を「終わる」に向かう最終段階と理解すれば，老年期を生きる「高齢者」には，心身の健康や活動性の衰え，疾病や障害，要介護状態，認知症，「終活」などと言われるエンディングの準備などのイメージが付きまとう。「高齢者」のイメージを，心身機能・能力の減退，社会的関係性や家族との関係性の衰微から特徴付けるのが老年学や社会福祉学の流れである。

　こうした「高齢者」のイメージには，臨床医学の疫学データ，運動科学や脳科学の知見などから裏付けされるものが多いものの，社会的に共有されている人間像に起因するところも大きく関連している。戦後の経済成長モデルの社会においては，人の知能の中でも，生産的労働に従事し，生産性を向上させ，付加価値の増大に貢献できる能力が重視されてきた。そのための学力としてIQテストなどで測定可能な流動性知能（fluid intelligence）が重要視されてきた。教育を修了したばかりの新規学卒採用の慣行や学歴重視の採用などは，まさに高い流動性知能を有する若い従業員の採用方式として広まってきたものである。

流動性知能は20歳代はじめをピークに下降に向かうわけであるから，不況期や産業構造転換の調整期などには，早期退職や希望退職などの仕組みで，従業員の中でも流動性知能の低下が進んだ40歳代，50歳代が主として対象となってきた。加齢に伴う知能・能力の減退という流動性知能を中心に据えた考え方は，認知症の発症や日常生活能力の劣化を加齢と結び付けて解釈することなどとも結び付いて，「高齢者」をネガティブなイメージとして社会的に定着させることになった。

　もちろん，サクセスフルエイジング論のように，高齢者のとくに人生の最終段階における年輪の豊かさに着目する考え方も存在する。蓄積してきた人間関係，達成してきた役割，残すことのできた家族など，いわば人生を通して獲得することのできたアセット（資産）の分厚さとこれへの心理的充足感に着目する議論である。高齢者の人生の質の豊かさを問う議論であるという点では，加齢に伴う社会関係や能力の減退論をベクトルの反対側から再構成した「高齢期」「高齢者」概念となっている。

　他方で，人間関係や社会関係を円滑に運営する能力として，過去の経験や習慣に基づき蓄積され，高齢になっても減退が緩やかな結晶性知能がある。社会関係における常識的な判断や状況の理解，妥当な解決などを導く上で大切な能力であり，子育てや生活習慣の質など文化的豊かさにも関連する知能である。認知症になっても趣味や生活習慣で形成されてきた結晶性知能は残っていく。高齢者は近所づきあいや親類とのつきあいを地域の慣習やしきたりなどを考慮しながら円滑に継続する能力に長けているし，実際に町内会や地域の行事などは高齢者の知恵で円滑に運営されることが多い。高齢社会が進むことで，社会関係性に関わる高い能力が社会全体として蓄積されることになる。高齢者の参加により，保有する結晶性知能を活かした共生社会づくりの可能性は高まっている。

　社会福祉・介護の支援の場面においても，本人の残存応力のアセスメントと助長が重要だということは言われているが，その場合の残存能力は多くの場合，身体的・知的な日常生活動作の機能（ADL，IADL）を指している。それは，自

助的人間像の範疇に入る能力評価の方法である。人口の4人に1人，3人に1人が「高齢者」となる社会においては，豊かな結晶性知能を蓄積した社会関係の運営能力の長けた主体として，ライフサイクルの最終段階にある人々の人間像を定義していく必要がある。

　地域共生社会における「高齢者」の可能性を再定義することも必要になっている。高齢社会は多死社会でもある。人の生の「終わる」を新しい視点から再構成することが重要になっている。葬儀はかつて自宅葬が一般的であった。自宅葬は地域葬でもある。近隣の人々が総出で準備をし，忌中の家族を支え，亡くなった方を振り返って偲び，地域に残された人々が故人の残したものをどのように引き継ぐかを話し合う，地域の文化継承の機会であった。故人の生命活動は「終わる」が，故人の人生は家族，地域の資産として継承されて，地域の精神文化を豊かにする伝承の仕組みが存在した。現在では，ホール葬，家族葬が中心となり，葬儀そのものも略されるようになって，個人の生が個々に分断されたまま，個人の人生と社会の文化形成が隔離してしまっている。

　自助的人間像からは，人の生の「終わる」は生命活動の停止，その人の個人史のエンディングである。ところが関係依存的な存在性から「終わる」を捉えると，人の生の「終わる」は，個人が遺した家族や資産，人生をかけて果たしてきた役割や貫かれた姿勢，作り上げてきた関係性など，その個人が存在しなければ残り得なかった家族や社会へのインパクトを，残された者たちがアセット（資産）として継承し，その後の人生のあり方に価値的基準となるものとして共有していくという関係性の継続という側面が重視されることになる。

　社会福祉においては，個人の生の終焉を看取る終末期介護（ターミナルケア）や個人の権利を保全する成年後見制度などの権利擁護といった個人史のエンディングのアプローチが中心である。しかし，人の生の「終わる」を残された家族や地域の関係ある人々に知的アセットとして継承するために，今後は文化論的ケアや人間関係性マネジメントという発想と取り組みの開発が課題となると思われる。

CHECK
1 社会福祉の根底にある3つの人間像は理解されたと思いますが,それぞれの人間像が,社会福祉の改革やあり方と関連性を有していることについて説明してみましょう。
2 ライフサイクル・モデルの見直しについて,説明してみましょう。

Theme 10 自己決定と行動変容

Keywords ▶ 自己決定と社会的支援，自己決定と内発的動機付け，人の学習と成長，行動変容

1　自己決定

　福祉の問題の解決は，当事者が希望し，納得する目標と方法で進めることが不可欠である。当事者の希望や納得を欠く福祉サービスは，受援の意欲を低下させたり，サービス提供そのものの拒絶につながる。サービスが実施できたとしても，最終的な効果（アウトカム）は貧弱なものに留まる。希望や納得は，言明されるものだけではなく，ケアプランや相談援助の専門職や本人の状態を良く理解する助言者などが関与した協働の作業を通して把握・理解されるものも含む。ケースの事情によっては，本人の意思を適切に代位できる信頼可能な第三者が表明する内容も考慮される。

　自ら決める力というのは，すでに自律と自立について *Theme 7* で解説した通り，その人にとって相応しい生活の目標を持ち，目標の実現に向かって保有する知識や技能を自由に使う能力のことである。その人らしい自由な生活を選択し，運営する力と言える。

　福祉の問題を抱え込むということは，この自律と自立に何らかの障害や欠乏が生じていることを意味する。自律は目標を決めること，すなわち，自分の進むべき方向性を決定することであるから，そこには自分の価値観や大切に考えている規範が働くことになる。自分の価値観や理念，心情といった自己を律する規範がその人の中で十分に形成されていない場合は，目標そのものを決断で

きない。目標の判断はできるが、自分や家族の生活や他者への配慮などから、その目標が現在の自分にとって相応しいものであると判断することができない状態に置かれることもある。とくに、人間は、自分の知恵を自己目的のために用いる際に、自己目的の中に、他者のために自己を犠牲にすることを含めることができる。選択の自由は自己犠牲の自由も含むのである。したがって、目標の判断はできても、たとえば家庭の困窮した経済事情を考慮して、あるいは後に続く弟妹を支える責任を自覚して、あえて判断した目標を今の自分に相応しい目標ではないと取り下げるような選択を行うことがある。そして、その選択がその後の人生のあり方を決定づけるようなこともある。

自分にとって妥当な目標を決めることができても、それを実現するための知識・情報や技能を欠いていたり、経済的困窮のゆえに目標の実現に必要な資源や機会を手にすることができない場合がある。つまり、目標をその人らしい方法で達成する自立の能力を欠く場合もある。心身機能の障害、情報へアクセスする機会の欠如、適正な情報を入手することの困難、社会的な資源や機会の偏在など本人の意思や努力では調整することのできない環境条件などによって、目標の実現に不可欠な知識・情報や技能が左右される。

したがって、「自ら決める」ためには、自律と自立という「個人の選択の自由」が、自身の自由な意思の下でコントロールされている状態にあることが必要であるし、そのコントロールには、自己統治の力という内在的な能力だけでなく、それを支援する環境条件や社会的な支援体制も含まれるのである。人生の重要な岐路において、自律的に目標を決定し、その達成に向け必要な方法を選択することができるかどうかは、その後の人生の運・不運や境遇に大きな影響を与える。少なくとも社会関係上の決定要因によって自由な選択が妨げられることは、不利な境遇へのリスクを増大させることになる。社会福祉の政策や支援サービスの臨床の役割は、この「自ら決める」ことを保障する社会的な条件や資源基盤の整備にある。

2　自己決定と内発的動機付け

「自ら決める」という場合，デシ（Edward L. Deci）とライアン（Richard M. Ryan）の「自己決定理論（self-determination theory）」（とくに，Ryan, R and Edward Deci, "Self-Determination Theory and the Facilitation of Intrinsic Motivation, Social Development, and Well-Being", *American Psychologist*, 55-1, 2000, 68-78）では，「内発的動機付け（intrinsic motivation）」が重視されるが，内発的動機付けには，「能力への自信（competence）」「自律の意識（autonomy）」「支えられている意識（relatedness）」という3つの心理的ニーズが充足されていることが必要で，この心理的ニーズの充足は，当事者が自己決定を行うにあたっての社会―文脈的な諸条件（social-contextual conditions）の作用が働いている，とされる。社会―文脈的諸条件は生活の経時変化の中で形成されるものであるから，自己決定とは，外発的な影響因子を自己の内発的動機へと取り込むメカニズムも含めて，関係性の中で成立する行為であると言える。もちろん，他者からの指示や強制によって自分の心身の活動が左右されるのではなく，自分で自分を動機付けることで自らの意思に基づく納得性のある決定行為を行うことではあるが，自らの意思に基づく納得性のある行為としての自己決定には，周囲からの能力評価や自律への自信やチャレンジへの支援といった関係的要因が必ず働いているということである。

内発的動機付けに困難を抱えるケースでは，親や指導者，上司など強い権威の力で方向付けされた活動を行わされることが常態化していて，精神的従属や心理的依存の関係ができ上がっている場合や，成功体験や能力感の獲得経験を欠いていたりアイデンティティの形成が遅れていて，「自ら決める」意欲や自信が形成されてこなかった場合などがみられる。自己決定に障壁を抱えることが福祉の問題の顕在化につながる。

当事者に内発的動機付けを可能にするためには，有能感を取り戻し，達成感を積み上げていくことが必要である。そのためには周囲に支える環境が必要で，

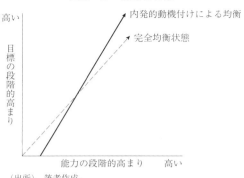

図10-1　能力と目標

(出所)　筆者作成。

専門的な社会福祉の支援や人的なネットワークの力といった本人を支え続ける関係性資源の存在が不可欠である。人間の保有する能力には制約があり、生活課題にも手近な課題から困難な課題までその人の抱える福祉問題の性質によって難易度に幅が存在する。いきなり難易度の高い課題に挑戦すると挫折を味わうことになる。福祉問題の解決の途上における挫折は失望や自己肯定感の喪失につながることから、避けなければならない。したがって、自律と自立の獲得は、達成課題の目標を段階的に設定し、関係性資源の継続的な支援を組織しつつ、有能感や達成感を徐々に強めながら進むよう組み立てられることが必要である。

図10-1は、内発的動機付けに関する簡単なモデル図である。人間には、目標を達成するために必要な情報を収集し、論理的に思考・判断し、最適な方法を選択し、段取りやプロセスを工夫し、継続的に努力する能力が備わっている。能力の水準に対して目標の内容が貧弱であれば簡単に達成できるが、退屈してしまう。逆に、目標の内容が手の届かないような難度の高いものであれば、途中で挫折するか、挑戦する前に諦めてしまう。能力と目標はつりあっていることが重要で、1つひとつの目標を段階を追って達成することで自信を深め、経験知を蓄積し、能力を向上させることができる。

福祉の問題を抱え込んだ人々が、困難な状態から抜け出していくのを支援する福祉サービスでは、この能力と目標の均衡、小さな目標の段階的な達成とい

う指向が重要である。その際，能力に対して低めの目標で短期の達成を目指すか，少し高めの目標で挑戦するかの判断は，被支援者が目標に向かって進もうとする内発的動機の強さの判断とそれに基づく支援計画の時間的長さ設定による。加えて，被支援者が目標達成に取り組むことへの支援の力がどのように豊富に働くかが重要な要素となる。共に歩み，励まし，認める力が強いほど，自分が上手くやれているという有能感が高まるし，工夫や挑戦の持続性も促されるし，より高めの目標にチャレンジしようとする力にもなる。一般に，最初から高い目標を設定せず，段階的に目標の水準を上げていくという加速度効果の方法が適している。

3　人の学習と成長，その文化性

「自分で決める」ということを，人の情報処理および学習のメカニズムから理解することが重要である。

認知科学のアンダーソン（John Robert Anderson）は，人間行動を認識と知覚の操作の連鎖であると捉えた「認識‐知覚の適応制御」理論（ACT-R）において，実世界＝知覚された世界と人間とのインターフェイスを制御する脳内の機能を知覚運動モジュールと呼んでいる。外界から脳に情報を取り込む知覚と，脳から外界に情報を送り出す運動と，知覚と運動を媒介する認知とは，統合的な相互作用のプロセスを構成している。外的世界を知覚し，知覚情報を認知機能の処理を介して価値付け・解析し，自己を外界に表現する運動エネルギーに変換する。運動は経験を生み，経験はそれ自体が知覚・学習へと展開し，成長と行動変容を促進していく。したがって，人というシステムは，図10‐2のように，情報のインプットとエネルギーのアウトプットの代謝作用から成り立っている。代謝作用は他のシステムとの相互影響の関係を生み出していく。相互影響の関係の中で，変化に対して自律的に自己を適用させる調整機能や自己を最適に組織化していく機能を獲得していくことになる。

すべての相互作用のプロセスは脳により統合的に処理される。人の脳は，図

図10-2　人の情報処理モデル

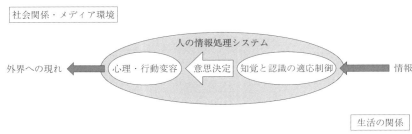

(出所)　筆者作成。

図10-3　大脳の機能の仕組み

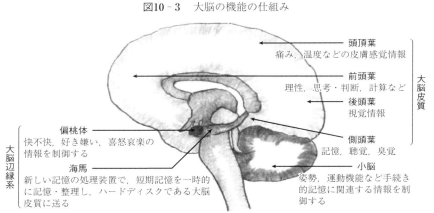

(出所)　小笠原浩一・宮島俊彦監修『認知症の早期発見・初期集中支援に向けたラーニングプログラム』中央法規出版，2017年，81頁，105頁。

10-3のように，大まかに，痛みや温度などの皮膚感覚情報を取り込む頭頂葉，視覚情報を取り込む後頭葉，聴覚や嗅覚の情報を取り込む側頭葉，理性や計算・思考・判断などを行う前頭葉からなる大脳皮質と，取り込んだ情報を一時的に記憶・整理し，ハードディスクである大脳皮質に送る記憶処理装置である海馬，情報の処理にあたり快不快，嫌悪，喜怒哀楽の価値判断を行う偏桃体の大脳辺縁系，それに姿勢や運動など行動手続きに関する情報を制御する小脳から構成される。機能で区分すれば，知覚領（色），視床下部と脳幹（受），頭頂葉（想），運動領（行），前頭葉（識）の五蘊から成る。この五蘊の統合的な働

図10-4 接合的アプローチ

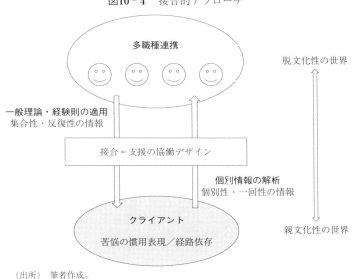

(出所) 筆者作成。

きが生み出す自由な内的世界を「心」とよんでいる。

　社会福祉が課題とする自律と自立の回復への支援においては、さらに進んで「心」の個別性に着目する必要がある。心は、生まれてからの連続的な生活経験から得られた情報を脳が処理する過程で形成されてくる理念や心情や価値観といったものから編成されているから、そこにはその人に固有の文化世界ができ上がっている（この視点を「文化コンピテンシー・アプローチ」とよぶ）。人の言動は心の現れであるが、心が個体固有の文化性を有するがゆえに、言動にもその人特有の慣用表現がある。とくに、苦悩の表現には、その人固有の心の慣用性が表されている（苦悩の慣用表現, idiom of destress）と言われている。

　ソーシャルワークやケアワークにおいては、図10-4に示されるような、人間の知覚・認知行動の一般則についての理解を個々のケースに応用して適用する演繹的アプローチと、当事者の個別情報に表現される固有の文化性の解釈にたって解決方策をデザインする帰納的アプローチとの接合的アプローチ（abductive approach）が重要になる。接合的アプローチとは、一般的な理論と個々

のケースで発生している事象との関連性を説明できる仮説を構築する論理的推論のことで，なぜこのようなケースが発生するのか，このケースの問題の本質は何かを推論するためには不可欠な思考アプローチである。この論理的推論による説明仮説が妥当性を持つためには，問題を抱える当事者との協働による解釈の構築が不可欠である。加えて，多様な専門性の複眼的な連携によって情報解読と支援デザインを進める多職種協働（inter-professional work, IPW）のチームアプローチが不可欠になる。

4　行動の変容

　人間の知覚・認知行動にその人なりの特有な文化性・慣用性が組み込まれているのであれば，当事者が生活の主導権を再獲得することを支援する方法には，知覚・認知行動に変容を促すような効果が組み込まれる必要がある。行動変容を促すには，そうすることが自分にとって望ましい効用をもたらすことを本人が理解できていなければならない。アルバート・バンデューラ（Albert Bandura）の自己効力感（self-efficacy belief）では，効用の理解だけでなく，さらに，行動変容できることに自信を持つことが重視されている。

　段階的に設定された手近で小さな目標を達成できたことから得られる成功体験，自分と同じ問題を抱えた他者が課題を克服した体験を自分にも同じことが可能であると受け止められるような代理体験，周囲からの称賛などの言語的説得，成し遂げたことの感動や爽快感といった情動的経験が重視されている。

　これらは，行動変容を必要とする主体が単独で自助努力するよりも，周囲の協力や支えによって協働的に促されるものである。過度の飲酒や喫煙，薬物などの常用癖の克服，虐待，健康リスクを伴う生活習慣，関係性障害や不適応などから抜け出す場合の行動変容を促すための専門家や周囲の家族などの支援のあり方として，禁止・抑制的なアプローチではなく，当事者が自律性や有能感を高めながら自ら内発的に動機付けできるような心理的環境や支援の社会関係を調整することが重要である。

Theme 10　自己決定と行動変容

CHECK
1　人がその行動を変容させていくにあたり，内発的動機付けがなぜ重要なのでしょう。また，内発的動機付けを支援するとはどのようなことを言っているのでしょう。
2　社会福祉において，人の脳内の働きである知覚・認知行動に着目するのはどうしてでしょう。

Theme 11 生活困窮を捉える方法

Keywords▶貧困観の展開,所得格差の指標,貧困・社会的剥奪・社会的排除,生活困窮の認識構造

1 貧困観の展開

　貧困はいつの時代にも存在した。とくに資本主義経済が登場してからは,単純で低賃金の未熟練・不熟練労働市場といった労働市場における階層性の発生や,長時間労働・苦汗労働といった低廉な労働条件の固定化,労働災害や失業や老齢による労働機会の喪失など,貧困原因が賃労働における貨幣的資源の分配の欠陥に起因すると認識されるようになった。この欠陥を,社会主義者が主張するような資本主義経済そのものの廃棄ではなく,市場機構の改良を通じて是正する制度的手段として,一方において労働組合の承認や団体交渉を通じた労働条件の引き上げなど労使関係の仕組みが作られるとともに,他方で,公的扶助や社会福祉という経済市場の外側における救貧や防貧の仕組みが制度化される。

　公的扶助制度や社会福祉制度は,貧困の発生メカニズムそのものの是正ではなく,稼得能力を欠くために貧困状態に陥った人々や貧困状態に陥る可能性の高いボーダーラインに生活する人々に対する社会的救済の仕組みとして展開してきた。貨幣的資源を自らの労働を通じて獲得する上で労働能力の不足を抱えている人々や,自らの稼得の水準では大家族を養ったり,突発的な病気や事故に自力で対応できないような人々を救済するという救貧や防貧の考え方は,公的扶助制度や社会福祉制度の発展史の中で,制度設計の違いこそあれ,各国の

制度に普遍的な原理となってきた。

　もともと稼得能力がないために貧困生活に陥った人々に対する社会の対応は，慈恵的な性格を有していた。ヨーロッパにおける宗教改革とともに，勤勉を人間生来の義務と捉える精神が拡がり，貧困を個人の生活の堕落や道義的退廃によるものという価値観が形成されるようになる。イギリスでは，国教会の成立（1534年）に併せて修道院が廃止され，代わって，国教会の教区を単位とする救貧税の徴収による救貧の仕組みが成立する。1601年の救貧法はPoor Lawの名称で，「哀れな」「気の毒な」という人間としての人格・品位の劣等性を意味する名前が付されていた。

　産業革命は，土地や生産手段から離れて賃金労働者となる人々の都市・工業地帯への大規模な移動を促した。これに伴い，労働者の集積する地域では，低賃金に伴う不安定な生活や劣悪な居住環境の問題が発生する。18世紀後半から19世紀にかけて蒸気機関の発明など生産技術の発達で機械制大工業の展開を伴う第1次産業革命が進展する。労働力の全国的な移動や労働力不足への対応の必要性から，1838年には新救貧法が制定され，それまで曖昧であった生活困窮者と貧困者を峻別し，賃金労働者として自立の可能性のある生活困窮者は救済し，貧困者はワークハウスに収容するという救貧の厳格化が実施されたのである。

　人間の労働の能力を労働契約に基づき集団的に組織し，生産の効率性と利潤の最大化を目指す工場システムが展開するに伴い，労働の成果が労働の主体に十分に配分されない問題が顕在化するようになる。すでに，第1次産業革命の時代から，重労働を意味する苦汗労働や労働力の再生産すら困難にする低賃金の問題，低賃金に伴う居住条件や生活条件の劣悪化といったいわゆる労働問題が現れていた。賃金の決定の仕組みをめぐって，機械産業や造船業，炭鉱業など基幹産業において，経営者と労働組合との争議も発生していた。

　19世紀の半ばになると，カール・マルクス（Karl Heinrich Marx）の資本論のように資本主義経済の構造分析から窮乏化という貧困の発生の法則性を指摘する理論や，資本主義経済における労使の成果分配機構を労働組合を承認するこ

とで改革し，労働者の地位の向上と市民化を推進しようとするコント主義の流れに立つ「ポジティビスト」の構想，あるいは，科学主義的な厚生経済学に対して社会規範を重視する異端派・非正統派などとよばれた新しい経済思想が登場する。これらは，貧困問題を個人の私的問題としてではなく，社会経済機構が生み出す「社会貧」の問題として捉えようとする点で共通していた。大不況期に顕著になる貧困観の旋回の思想的準備が始まったことになる。

19世紀も末になると，新救貧法の下での厳格な救済では現実に拡がる貧困問題に対応することができなくなる。そこで，**Theme 1** で述べたチャールズ・ブースは，『ロンドンの民衆の生活と労働』(1902～1903年) において，市民を8階層に分け，普段の生活において普通の人間として見苦しくない自立した生活を送ることができるかどうか，あるいは，生活上のトラブルがあっても他者の助けに頼る必要がないだけの収入があるかどうかの基準となる「貧困線 (poverty line)」を発見した。今日の「相対的貧困」に近い概念である。見劣りのしない普通の生活という考え方は，後に，ピーター・タウンゼント (Peter Brereton Townsend) により概念化される「社会的必需品 (Socially Perceived Necessities)」の欠乏した状態としての「社会的剥奪 (social deprivation)」の概念の萌芽ともみなすことができる。

シーボウム・ロウントリーは，収入が自分の身体的効率性 (physical efficiency) を維持するための最低限にも達していない第1次貧困層 (primary poverty) と貧しいものの生計費以外の余分な支出を控えれば身体的効率性を維持することはできる第2次貧困層 (secondary poverty) が存在していることを明らかにした。第1次貧困層は今日の「絶対的貧困」に近い概念である。これに対し，第2次貧困層は，社会福祉的な防貧施策の対象にすべきボーダーライン層ということになる。ロウントリーは，栄養学の知見を用いて貧困線を下回らない生活を維持するのに必要なエネルギー量計算を行い，必要エネルギーの摂取に必要な食料品の市場価格を計算し，それを貧困防止のためのミニマムの水準額とする考え方（マーケット・バスケット）を生み出した。貧困を市場価格に換算し，貧困概念に科学的な客観基準を与えたと言ってよい。

シドニー・ウェッブ，ベアトリス・ウェッブ夫妻は，働く人々の生活の効率性と国民経済の効率性を結びつける産業民主制（industrial democracy）の構想を展開し，イギリス国民すべてに普遍的に適用可能な生活の最低水準を「ナショナル・ミニマム（national minimum）」と定義した。ナショナル・ミニマムの考え方は，ウィリアム・ベバリッジに引き継がれる。ベバリッジは，窮乏，疾病，無知，不潔，怠惰を，貧困を導く5つの悪とみなし，社会保険，医療保障，児童手当を1次的予防措置とし，公的扶助を2次的救済措置としたナショナル・ミニマムの普遍的保障を構想する。ナショナル・ミニマムの考え方は，戦後の日本の社会保障制度の形成期に，憲法第25条が規定する「国民の健康で文化的な最低限度の生活」の解釈に影響を与えることとなった。

1880年代から1942年のベバリッジ報告に至る大不況から第二次世界大戦への時代に，貧困は，社会の安定や国際平和を脅かす問題として政治問題化し，また貧困は，資本主義の賃労働システムが内包する構造問題としての低賃金問題と人たるに値する生活への脅威として認識されることで社会政策上の課題とみなされるようになった。1944年に採択された国際労働機関（ILO）の「フィラデルフィア宣言」の諸原則は，貧困と労働問題と政治的平和との相互の関連を踏まえたものであった。

日本では，日清戦争や資本主義の勃興に伴い，庶民生活の実態に関心が寄せられるようになると，横山源之助は，下層社会の生活実態や労働の現状などをルポルタージュとして描いた『日本の下層社会』（1899年）において，賃労働と言う資本主義の運動メカニズムと社会的下層の排出を結び付けて捉えた。1897年には，後にマルクス経済学の立場から富裕層と貧困層の格差の是正を主張する『貧乏物語』（1917年）を著した河上肇や，日本国憲法制定時に今日の憲法第25条の条文の基になる憲法研究会の「憲法草案要綱」の中心人物となった森戸辰男（後の広島大学学長，文部大臣），小野塚喜平次（後の東京大学総長）らが中心となり社会政策学会が設立されている。第一次世界大戦後の1919年には，社会問題の科学的究明を通して社会進歩を目指す社会科学系の初の民間研究機関である大原社会問題研究所（現・法政大学大原社会問題研究所）が創設されている。

倉敷紡績株式会社社長で熱心なクリスチャンでもあった大原孫三郎が，高野岩三郎（東京帝国大学助教授，後に「憲法研究会」設立メンバー，NHK 会長など）を所長に招き，森戸辰男，大内兵衛（東京大学教授，後に法政大学総長，「憲法研究会」設立メンバー，社会保障制度審議会初代会長）らも所員となった本格的な労働問題，社会的困窮問題の研究所であった。

こうしたことにみられるように，日本の貧困問題へのアプローチには，ドイツ・ワイマール憲法の「生存権」や「人間に値する生活」の理念，キリスト教主義の社会救済思想，温情的で開明的な資本家精神，マルクス経済学，ロシア革命に至る社会主義運動など，様々な影響が背後にみられる。この思想的多様性は社会改良思想の日本的特徴と言ってよい。

2　所得格差の指標

ある社会における所得の格差を表わす際に広く用いられるのがローレンツ曲線とジニ係数である。ローレンツ曲線（Lorenz curve）は，マックス・オットー・ローレンツ（Max Otto Lorenz）が1905年にアメリカ統計学会誌に掲載された論文で発表したある事象の出現頻度や格差状況を表わす際に用いるグラフの曲線のことで，所得格差の分かりやすい表示方法として用いられる。ある社会における経済活動の成果を社会構成員に所得として分配すると，所得の低い人（世帯）から所得の高い人（世帯）まで差が出る。

図11-1 のグラフは，横軸に世帯累積構成比を，縦軸に所得累積構成比を表わしている。

横軸上に，最も低い所得から最も高い所得に向かって累積していくと，所得の低い層を累積しても縦軸の累積の値はあまり上昇しないが，所得の高い層の累積になると累積の値が上昇することから，ある一定の層までの累積の値を全体の所得総額で割った累積比を表わすグラフは，必ず下弦の弧を描くような曲線になる。もし，この社会において所得の完全な平等分配が実現していれば，累積比は45度の直線（均等分布線，line of perfect equality）となる。しかし実際

図11-1 ローレンツ曲線とジニ係数

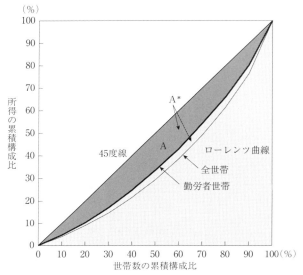

(注) ジニ係数は、45度線より下の直角三角形の面積に占める45度線とローレンツ曲線の間にある部分（図では全世帯はA*、勤労者世帯ではAとしてある部分）の面積の割合である。
(出所) 日本労働研究・研修機構『ユースフル労働統計2017』265頁、図18-1。

には所得格差が存在するわけだから、理論的な均等分布線と実際の累積比のローレンツ曲線とに囲まれた空間が常に現れることになる。この空間の広さを、均等分布線によってできる正三角形の広さで割った値を、1936年にイタリアの統計学者コッラド・ジニ（Corrado Gini）が考案したジニ係数（Gini coefficient）とよぶ。ある社会における所得格差の大きさを表す指標として用いられている。ジニ係数は、均衡分布線の場合には0となり、ある1人の個人がその社会の所得を独占している場合には1となる。ジニ係数は、0～1の間に成立するが、OECDの所得分配データベース（Income Distribution Database, IDD）の2015年のデータによれば、主要国でも、現実には、南アフリカの0.62からアイスランドの0.25まで広い分布が確認されている。

2018年6月15日に更新されたOECD-IDDによれば、日本のジニ係数（2015

年統計データ）の値は0.33で，発表された37か国中22位の大きさ，相対的貧困率は16.1％でチリと並んで6番目の高さである。所得上位20％と下位20％の格差比率は6.1倍で，イギリスと並んで11番目に格差の大きな国となっている。アジアのもう1つの調査対象国となっている韓国と比べても，ジニ係数（韓国は0.295）は大きく，相対的貧困率（韓国は13.8％）は高くなっている。

ちなみに，厚生労働省が3年に1回公表する「所得再分配調査」の2015年の数値では，日本の当初所得のジニ係数は，高齢者世帯や単身世帯の増加を反映して，0.5704と過去最大の高い値を示した。年金等の社会保障や税による再分配後の所得のジニ係数は0.3759となっている。OECDの調査時点と前後のズレがあるものの，税制・社会保障制度によってジニ係数の値が小さく修正され，その効果として，ジニ係数の値が大きさが37か国中22位まで押し上げられている様子が分かる。

ジニ係数の他に，所得格差を表わす指標としてチリのガブリエル・パルマ（Gabriel Palma）の研究を基にしたパルマ比率（Palma ratio）がある。これは，ある社会の所得総額を10分位に分けると，中間層とよばれる50％の所得総額はいずれの国においてもほぼ国民総所得の半分を占めるという法則が存在することから，これを除いた，所得の最も高い層10％の所得総額と最も低い層40％の所得総額との間の所得格差の規模を測定する指標として用いられている。最も高い層が最も低い層の何倍かを表わす比率の値は，所得累積比を表現するジニ係数よりも，所得不平等の実態をより顕著に表わすと考えられていて，最富裕層に対する政策の姿勢を反映する指標としても有効であるとされている。パルマ比率を使えば，1990年代以降の世界的な所得格差の拡大期にあっても，日本の所得の上位と下位との格差は世界でも最も小さい水準に留まっている。

したがって，所得格差の評価は指標の性質に左右されることから，社会福祉において所得格差を貧困や生活困窮を論じるための指標として用いる際には，所得格差の累積比や貧困率の割合といった数量的評価のみならず，貧困，生活困窮の状態にある人々の生活が，その社会において普通の市民として暮らしていくことをどのように妨げることになるのか，という質的評価を重視する必要

がある。

3　絶対的貧困と相対的貧困

　所得格差とは，ある社会における所得の分配の公平性を評価する指標である。就労稼得や資産収入など第1次分配において格差が著しくても，税制や社会保障制度を通じた所得再分配の機能が有効に働いていれば，再分配後の所得格差を小さくすることができる。

　これに対して，貧困（poverty）は，「その社会において市民として見苦しくない自立生活が営めるか」「人生に突発的な経済支出を伴う出来事があっても他人を頼りにせず乗り切ることができるか」といった生活の質的水準を表わす概念である。貧困という概念は，貨幣的資源の欠乏という資源量の不足が，人間の日々の暮らしや人生の設計に与える質的な影響を考慮するための概念である。たとえば，生活保護法の生活扶助の水準は最終的には扶助費という貨幣数量で表現されているが，数量の根拠となる扶助基準を検討する際には，生活の質という要素が考慮されている。

　貧困の定義には，平均的な経済生活の水準と比較して著しく水準が低い状態である「相対的貧困（relative poverty）」と，平均との比較とは無関係に人たるに値する生活を営むのに必要な最低限の生活水準が満たされない状態である「絶対的貧困（absolute poverty）」がある。ある国や社会の全構成員に対するそのような状態にある人々の割合を「相対的貧困率」「絶対的貧困率」と表現する。OECD（経済協力開発機構）ならびにその加盟国では「相対的貧困率」の統計を用いることが多い。他方，国際連合の専門機関や世界銀行のように低開発国や発展途上にある国々の生活状態の改善を課題とする場合は，「絶対的貧困率」が政策的に重要な指標となる。

　絶対的貧困とは，低栄養，高い乳児死亡率，短い平均寿命，低い身体的活動能力など心身の効率性を維持することも叶わないほどの低水準の経済的欠乏のことを指す。俗に「極貧」とも言われる。世界銀行は，2015年に貧困基準とな

Theme 11 生活困窮を捉える方法

図11−2 相対的貧困率

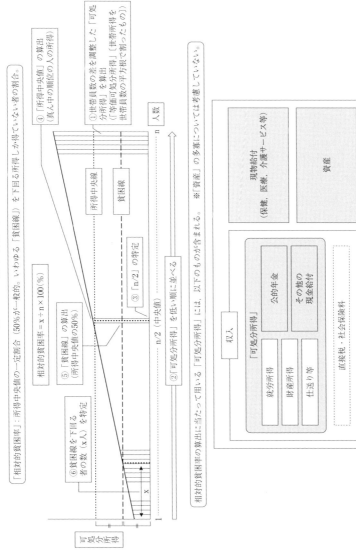

(出所) 厚生労働省HP「相対的貧困率に関する調査分析結果について」(https://www.mhlw.go.jp/seisakunitsuite/soshiki/toukei/dl/tp151218-01_1.pdf)。
(参考) 国民生活基礎調査(貧困率) よくあるご質問 (https://www.mhlw.go.jp/toukei/list/dl/20-21a-01.pdf)。

る1日の生活費を，それまでの1.25ドルから1.90ドルに改定した。2011年の国際比較プログラム（ICP）の物価調査の結果を反映する改定で，1.90ドルを下回る割合である絶対的貧困率は，サブサハラ・アフリカ地域では40％を，南アジア地域でも20％を上回っているが，世界全体としては，1999年以降減少傾向が続き，10％を下回るとの推計を発表している。

相対的貧困率の計算方法はOECDが定めている。それによると，等価可処分所得（世帯の可処分所得を世帯員数の平方根で割った値）の最小から数えて中央値（メジアン）に当たる所得額の半額（50％）の所得水準を貧困線と決め，貧困線を下回る所得の人々の割合の大きさを相対的貧困率として表している。図示すれば，図11‐2のようになる。

「子どもの貧困率」や「高齢者の貧困率」とは，等価可処分所得が貧困線を下回っている子どもや高齢者の割合のことを言う。日本の相対的貧困は，厚生労働省の2015年の国民生活基礎調査によれば，貧困線は122万円，相対的貧困率は13.9％，ひとり親世帯の貧困率は50.8％，子どもの貧困率は13.9％となっている。

4　社会的剥奪

1942年11月に刊行されたイギリス・ベバリッジ委員会報告『社会保険および関連サービス』（Social Insurance and Allied Services）は，完全雇用の維持を前提に，均一拠出・均一給付の原則に立つ社会保険，所得制限なしの児童手当と包括的な保健サービスからなる戦後社会保障制度の構想を示した。戦後の労働党政権の下で1946年に国民保険法，国民保健サービス（NHS）法，1948年国民扶助法と相次いで制度化されることになる。

自身も経済学者であったベバリッジは，福祉国家の経済理論を作り上げたジョン・メイナード・ケインズ（John Maynard Keynes）に比べると市場経済の可能性についても，国家の経済安定化の役割についても，自由主義的な立場をとっていたが，ベバリッジ委員会が労働組合会議（TUC）の要請に応えて設置

されたことに示されるように，報告書の構想は，ドイツの脅威が迫る中で国民の団結心を高揚させ，戦後社会への希望を持たせるための政治的メッセージとしての性格が強かった。普遍的最低生活保障の思想には，戦争犠牲という国民の貢献に応えるための社会的公正と平等な生活の国家による保障というメッセージが含まれていた。

戦後社会においては，戦後復興や産業国有化政策の推進なども加わり，貧困は影を潜めたかにみえた。かつて絶対的貧困を発見し，マーケット・バスケット方式を開発したロウントリーも，1951年実施の第3次ヨーク市調査の結果をまとめたG・R・レイヴァース（G. R. Lavers）との共著『貧困と福祉国家』（*Poverty and the Welfare State*）（1951年）において，貧困率に著しい低下が確認されるとして，1911年国民健康法（健康保険，失業保険），1943年身体障害者雇用法，1945年家族手当法，1946年国民保険法，国民保健サービス法，1948年国民扶助法，児童法などの社会政策の成果もあって，絶対的貧困はほぼ解消したとしていた。

しかし，ピーター・タウンゼントとブライアン・エイベル-スミス（Brian Abel-Smith）は，1953〜1954年と1960年における家族手当支給実態の分析を通じて，生命・身体的効率性を維持できても，生活様式（living pattern）において人並みの暮らしぶりができないために社会に遠慮し，自分に失望した状態にある人々が存在するという，「新しい貧困」を発見した（『貧困者と最貧者』（*The Poor and the Poorest*）1965年）。他者と比較して生活運営において人並みの暮らしぶりができない状態を評価する際に，「家に冷蔵庫が無い」「1週間のうちほとんど調理された朝食を取っていない」「15歳未満の子どもの直近の誕生日にパーティーを開かなかった」「過去4週間の間に親戚・友人を招いて家で食事したことが無い」など12の指標を用いて，普通の生活を送るために必需の財や機会が奪われている状態を「相対的貧困」とよんだ。

タウンゼントは，後にこの概念を展開させ，普通の生活様式や習慣や社会活動に加わる上で不可欠な価値あるものが奪われている状態という意味で「相対的剥奪（relative deprivation）」と概念化した（Peter Townsend, Poverty in the

United Kingdom: A Survey of Household Resources and Standards of Living, University of California Press, 1979)。それ以降，国民経済の成長や物財の豊かさが実現しても，豊かさから取り残され，経済的な貧困に加えて，心理社会的な孤立や生活様式の劣化に陥る人々や，経済的豊かさの故の孤立や疎外に苦しむ人々が必ず存在することを捉える方法的視座として，「社会的剥奪（social deprivation）」という概念として一般的に使われるようになった。

　ロウントリーは，「貧困」定義を貨幣収入（所得）を指標として行ったために，戦後復興から完全雇用政策へと展開する経済的豊かさの時代には「貧困」は消滅することを実証する調査を行ったのに対し，タウンゼントは，生活様式に着目して，貨幣的困窮とは異なる「新たな貧困」を発見することになった。人間の生活を成り立たせる基本的な要因に関して，貨幣の量から「生活様式」への方法的旋回がみられる。この方法的旋回は，その後，**Theme 1** で述べたルース・リスターの「貧困という車輪の軸と外輪」モデルへと展開するし，次に述べる「社会的排除」という問題認識の方法へとつながっていくことになる。

5　社会的排除

　およそ人間の行為は本人の意図に関わりなく他者に対する外部性や社会性を伴っているというマックス・ウェーバー流の理解に立てば，人間は，自然状態としてすでに「社会的包摂（social inclusion）」の状態にあるということになる。EU統合過程やイギリスのトニー・ブレア（Anthony Charles Lynton Blair）労働党政権になって，「社会的排除（social exclusion）」の反対語として社会政策上の概念として「社会的包摂」という考え方がクローズアップされてきた。同種の意味を有する言葉としては「社会的統合性（social cohesion）」という概念がすでに19世紀から主張されていた。

　「社会的排除」の概念は，1970年代半ばのフランスにおいて，経済的豊かさや福祉国家の恩恵から排除された障害者や高齢廃疾者など社会の底辺層に生きる人々を表現した「排除されたもの（les exclus）」として使われはじめた。制

度上は，フランスの1988年参入最低所得制度（RMI）が初の社会的排除への対応策となる。1990年代に入り，国際労働機関（ILO）や経済協力開発機構（OECD），世界銀行などの国際機関において社会的排除問題への取り組みや社会的包摂政策の推進などが打ち出されるにようになり，EUも2000年のリスボン戦略において，社会的排除の克服に向けた共通課題の設定へと至る政策調整を開始する。1997年に成立したイギリスのブレア政権は，「第3の道」を掲げ，1980年代から90年代の新自由主義の時代からの新たな道筋による転換の象徴として「社会的排除」対策を打ち出した。

「社会的排除」とそれへの対応としての「社会的包摂（social inclusion）」の意味には相当に幅がある。フランスRMIが規定する社会への「参入（insertion）」は「包摂（inclusion）」と同義である。この法律は，生活困難な状況にある人々の社会への参入，職業的参入を支援する目的で参入最低所得を支給するためのものであるが，それは，教育，雇用，職業基礎訓練，住宅の分野を中心にあらゆる排除を解消するための措置として構想されている。社会に加わるための最低所得の保障という経済的保障と排除や格差の解消という市民権の保障とを組み合わせた，当時としては新しい社会政策の手法であった。

欧州委員会が1992年に公表した「1つの欧州の連帯に向けて：社会的排除との闘いを強めよう」では，社会的排除とは過程と結果としての状態との双方を視野に捉えることのできるダイナミックな概念であって，経済的所得の低さを示す「貧困」概念では捉えきれない，社会的統合や社会的交流・参加の実践から個人や集団が排除されていくメカニズムを多元的に浮き彫りにすることのできる概念であるとされている。「貧困」は労働生活と結びついた概念であるが，「社会的排除」は労働生活への参加などの次元を超えて，居住，教育，保健，社会サービスといった領域も視野に収めるものであるとされている。「貧困」は貧しさとして結果的に発生している状態に関する定義であるのに対し，また，RMIの参入最低所得補償は「貧困」ゆえに結果として社会参入の妨げられている人々に再挑戦の機会を保障する仕組みであったのに対し，「社会的排除」は，貧困やその原因となる労働機会の喪失に限らず人々が社会の一員として参

加し交流する市民的権利を享受できなくなるような問題の発生・進行の過程とそのような過程を生み出すメカニズムを理解するための概念として用いられている。

イギリス政府の「社会的排除対策室」（1997年設置）の定義では，「社会的排除は，失業，低い労働能力，低所得，差別，みすぼらしい住宅，犯罪，不健康，そして家庭崩壊などの複合的不利に苦しめられている人々や地域に生じていることがらを，簡潔に表現した言葉である」としている。社会から排除される要因の多次元性，なぜ低い労働能力や不健康や家庭崩壊に至るのかという過程の視点，複合的不利という結果としての状態に対する包括的な視点，それに，排除は個人の問題だけでなく地域社会も排除の対象になるという視点が組み込まれた定義として構成されている。

「社会的排除」概念はそもそも社会政策と結び付いて開発されてきた政策手段の概念であるから，それぞれの政策主体が，解決すべき問題状況の課題性をどのように考えるかによって，定義の中身は操作される。おおまかに，共通する要素を理解しておくことが重要である。それらは，

① 貧困のように数量的に把握可能な貨幣的欠乏状態や，社会的剥奪のように生活必需資源や反復性を有する生活様式の通常の水準に比較しての不足を問題にするのではなく，自立した生活主体であること，市民であることから疎外されている質的な状態と，そうした状態を生み出す過程を説明する概念である。

② 過程を問題にすることから，多次元の要因の作用や経時的な変化，場所や時間の特定性といった「いつ，どこで，どのような人々やコミュニティに，どのようなプロセスをたどって，現在の状況が生じているのか」「その状況は，今後の人々の自律的生活構成にどのような深刻なダメージをあたえることになるのか」といった条件限定を伴う概念である。そのことから，マイノリティやアンダークラスなどとよばれる社会的多様性が否定される人々や地域がなぜ，どのようにして形成されてきたかという歴史文脈を説明する概念でもある。

③ 質的な説明であることから、排除対象となっている人々の主観的な自己規定や社会への発信に配慮することを求める概念である。また、主観性を考慮するが故に、客観的な経済・社会の構造変容だけでなく、社会心理や社会的行動病理およびその人間生活に及ぼすインパクトといった心理社会的要因（psycho-social factors）も視野に収める概念である。

6　生活困窮の認識構造

「貧困」も「社会的剥奪」も「社会的排除」も、人が自律的生活構成を行う上で障害となる問題状態に関する説明概念として歴史的に開発されてきたものである。今日でも、貨幣的生活資源の量的欠乏状態を表現する「貧困」の概念は重要性が薄らいでいるわけではない。同じく、社会的に妥当とされる標準的な生活様式を保つことのできない人々の抱える困難を「社会的剥奪」と表現することの重要性も失われてはいない。

そこで、3つの説明概念の相互の関係を整理しておく必要がある。それは、次の図11-3のような包含の関係に表すことができる。

社会的に孤立して、自分に失望した生活を送っている人の福祉的ニーズを理解する場合、生活原資としての所得がまず課題となる。離転職を繰り返し、現在は失業中ということになれば、雇用保険受給の有無や貯金の保有額、縁者からの経済的支援など、所得の定期性や水準といった状態など「貧困」という観点から評価することになる。

貧困に伴い、日常生活に必需の衣食住の状態、友人や社会とのつながりの状態、親族・縁者との関係、求職活動の状況、必要な医療サービスや職業訓練などの社会的サービスの機会を利用できているかどうか、といった日常生活の健全性や安全に関わる生活状況の評価が必要になる。その際には「社会的剥奪」という観点から、人並みの最低限の暮らしができているかどうかを評価することになる。さらに、どうして、貧困ならびに剥奪の状態に至ってしまったのかを知るためには、成育歴や家族関係史、心身の障害の有無、育った地域の環境、

図11-3　生活困窮の認識構造：貧困，社会的剥奪，社会的排除

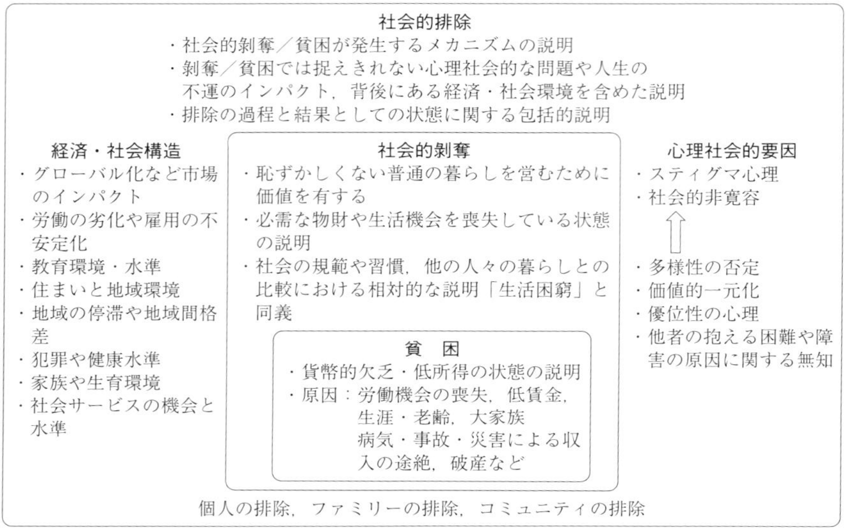

```
┌──────────────────────────────────────────────────────────────────┐
│                      社会的排除                                    │
│    ・社会的剥奪／貧困が発生するメカニズムの説明                      │
│    ・剥奪／貧困では捉えきれない心理社会的な問題や人生の              │
│     不運のインパクト，背後にある経済・社会環境を含めた説明           │
│    ・排除の過程と結果としての状態に関する包括的説明                  │
│                                                                  │
│   経済・社会構造    ┌──────社会的剥奪──────┐    心理社会的要因      │
│ ・グローバル化など市場│・恥ずかしくない普通の暮らしを営むために│・スティグマ心理│
│  のインパクト     │ 価値を有する            │・社会的非寛容       │
│ ・労働の劣化や雇用の不│・必需な物財や生活機会を喪失している状態  │      ↑         │
│  安定化         │ の説明                │             │
│ ・教育環境・水準    │・社会の規範や習慣，他の人々の暮らしとの  │・多様性の否定  │
│ ・住まいと地域環境   │ 比較における相対的な説明「生活困窮」と   │・価値の一元化  │
│ ・地域の停滞や地域間格│ 同義                │・優位性の心理  │
│  差           │   ┌────貧　困────┐    │・他者の抱える困難や障│
│ ・犯罪や健康水準    │   │・貨幣的欠乏・低所得の状態の説明│    │ 害の原因に関する無知│
│ ・家族や生育環境    │   │・原因：労働機会の喪失，低賃金，│    │             │
│ ・社会サービスの機会と │   │ 生涯・老齢，大家族      │    │             │
│  水準         │   │ 病気・事故・災害による収    │    │             │
│             │   │ 入の途絶，破産など       │    │             │
│             │   └────────────────┘    │             │
│             └──────────────────────┘             │
│            個人の排除，ファミリーの排除，コミュニティの排除          │
└──────────────────────────────────────────────────────────────────┘
```

(出所)　筆者作成。

　いじめや大切なものを失った経験などとその社会関係・人間関係形成に与えた影響，これまで受けた教育や就労歴，仕事に必要な能力開発の経験，嗜好癖など，その人が，時間経過の中で社会とどのように関わりを有してきたか，その経過の中でどのように排除され，孤立に至ったか，そのメカニズムを理解することが必要になる。そのことで，その人の抱える生きづらさは，低所得や衣食住環境の劣悪さだけではなく，自分を社会関係や人間関係の中に上手く現すことができない能力観や自尊感情の低下・喪失という大きな苦悩を抱えていることが分かってくるし，家族や職場の同僚など周囲にそのことを理解し，支えとなる環境がなかったことも分かってくる。「社会的排除」という視点からの評価である。

　政策論としては，公的扶助，就労支援，最低賃金，年金，雇用・労働条件など可処分所得の水準に関わる政策分野においては，貨幣的生活原資の評価に関わる「貧困」概念は政策の臨床効果を評価する際の指標として引き続き重要で

ある。人的資源開発や労働市場の質的向上，人材確保や働き方改革と生産性の向上など労働政策分野に対しても，ワーキングプア解消などを含む「相対的貧困率」の削減政策は効果を発揮する。社会福祉臨床においては，個人の抱える生きづらさの問題を生み出す歴史文化的，社会環境的構造という視点から，人が社会から排除され，縁辺化されるメカニズムを解析するという方法論の大切さを図11-3は教えてくれる。

CHECK
1 貧困および所得格差の計測方法について，説明してみましょう。
2 生活困窮の構造について，説明してみましょう。

Theme 12 「人間に値する生活」と幸福追求

Keywords▶「人間に値する生活」と「生存権」, 社会保障の制度構造, 生活保障に関する国家の義務, 憲法第13条の今日的規範

1　日本国憲法第25条の解釈

　日本の社会保障制度の創生期において重要な役割を果たした社会保障制度審議会「社会保障制度に関する勧告」(1950年, 以下「50年勧告」)のテーマは, いかにして国民に「最低の生活」「健康な生活」を保障するかであった。戦後の日本は平和と民主主義を掲げて復興しようとしているが, 「その前提としての国民の生活はあまりにも窮乏であり」, 人権の尊重も, デモクラシーも, 「最低の生活」の保障という前提がなければ「紙の上の空語でしかない」, 「これが再興日本のあらゆる問題に先立つ基本問題である」というのが, 勧告に当たっての現状への認識であった。「基本問題」の中心は「貧困の問題」への新しい解決策（つまり「社会化された方法」）を見出すことであった（「50年勧告」「序説」より）。

　社会から窮乏, 貧困をなくし, 「最低の生活」を国民に保障することは社会保障制度を創設するだけでは難しい。そこで, 「50年勧告」は, 国民経済の繁栄・国民生活の向上と最低賃金制・雇用の安定とを車の両輪とする方法を提言した。すなわち, 生活困窮に陥る原因は疾病, 老齢, 失業, 多子など多様である。まずは, 「国民経済の繁栄, 国民生活の向上」と「最低賃金制, 雇傭の安定等に関する政策の発達」を図ることとし, その上で, 社会保障制度を確立しなければならない。社会保障制度は, 「国民が文化的社会の成員たるに値する

生活を営むことができるようにする」ためのものである。社会保障制度にあっては，国民の自主的責任の観念を害することがあってはならないので，自らをして必要な経費を拠出せしめる社会保険制度を中心に置き，保険制度のみをもってしては救済し得ない困窮者に対して，国家扶助による最低限度の生活保障を実施する。それは国民の生活を保障する「最後の施策」である。

2　憲法上の「生存権」

「50年勧告」は，社会保障制度の根拠を日本国憲法第25条としている。憲法第25条は「国家には生活保障の義務があるという意味である」としている。その際，同条の「健康で文化的な最低限度の生活を営む権利」を，アントン・メンガー（Anton Menger）の「生存権」という法概念を用いて定義している。日本の公式の政策文書に初めて登場した「生存権」という概念である。

その後，日本国憲法の条文には「生存権」という文言は存在しないにもかかわらず，社会政策や社会法学などの研究の中で，日本国憲法第25条第1項の「健康で文化的な最低限度の生活を営む権利」は「生存権」であり，「生存権」の保障とは貨幣的扶助を通じて国民を貧困（生活保護法上は「困窮」）から救済することであり，これを国家責任で実施するための仕組みが生活保護制度である，という解釈がなされてきた。「健康で文化的な最低限度の生活」＝公的扶助水準とする，このような解釈がなぜ生まれたのか。日本国憲法と旧生活保護法は同時期に議会で審議されたが，立法の趣旨は果たしてこのようなものであったのだろうか。

1946年2月12日に，マッカーサー草案として示された第25条の基となる条文は，「第24条　あらゆる生活部面において，ソーシャル・ウェルフェアーならびに自由・正義・民主主義の促進と拡充に寄与するよう法律が立案されるものとする」（In all spheres of life, laws shall be designed for the promotion and extension of social welfare, and of freedom, justice and democracy.）となっていた。これに続けて，「ソーシャル・ウェルフェアー（social welfare）」ならびに「自

由・正義・民主主義」の促進・拡充に資する具体的な取り組みとして，「無償で，全員を対象とした義務教育の樹立」「児童労働の禁止」「公衆衛生の促進」「ソーシャル・セキュリティー（social security）の実施」「労働条件・賃金・労働時間の基準の法定」の5項目が列挙されていた。「social welfare」という新しい概念を，日本政府は「社会の福祉」と翻訳した。これが今日のように社会保障制度の構成領域としての「社会福祉」という制度の名称へと変換されていくことになるのであるが，この草案で「社会の福祉」とは，自由・正義・民主主義といった普遍的な価値と並ぶ包括的な理念を示す概念として用いられていた（以下，憲法制定過程における「社会福祉」概念の生成過程については，資料国立国会図書館「日本国憲法の誕生」http://www.ndl.go.jp/constitution/ および百瀬孝『「社会福祉」の成立——解釈の変遷と定着過程』ミネルヴァ書房，2002年，第1-2章を参照している）。

　これを受けた同年4月17日の政府の「帝国憲法改正草案」は，包括的理念である自由・正義・民主主義の部分を削除して，「第23条　法律は，すべての生活分野において，社会の福祉及び安寧並びに公衆衛生の向上及び増進のために立案されなければならない。」と規定し，「社会の福祉及び安寧（social welfare and security）」を一体の概念として，「すべての生活分野」に貫かれるべき包括的な目標としている。これが，枢密院の審査を経た後の6月26日の帝国議会上程の段階では，「社会の福祉，生活の保障及び公衆衛生」という規定になり，「社会の福祉（social welfare）」と「生活の保障（social security）」を分離し，「公衆衛生」と並ぶ個別政策領域を示す概念へと変更されている。

　衆議院における審議にあたり，各会派から提出される修正案の取りまとめを担当する「帝国憲法改正案委員会（芦田小委員会）」が置かれ，この場において最終案に向けた実質的な調整が進められた。審議過程において，それ以前の草案には存在しなかった生活の権利に関する提案がなされる。それは，すでに前年の12月26日に高野岩三郎，鈴木安蔵，森戸辰男らの憲法研究会から内閣に提出されていた「憲法草案要綱」を基にしたものであった。「要綱」には，「国民権利義務」の項目として，「一，国民ハ健康ニシテ文化的水準ノ生活ヲ営ム権

利ヲ有ス」が入っていた。これは、ドイツ・ワイマール憲法第151条の「経済生活の秩序は、すべての者に人間たるに値する生活を保障する目的をもつ正義の原則に適合しなければならない。この限界内で、個人の経済的自由は、確保されなければならない。」との規定を参考にしたもので、それは、従来の〈経済的自由を前提とする生活の保障〉から〈「人間たるに値する生活」の保障を原則とする範囲内での経済的自由〉へと、経済秩序の基本的なあり方の転換を謳ったものであった。

　結局、芦田小委員会の第2次修正において、政府草案の第23条は第25条に改められ、憲法研究会の「要綱」に基づく修正を第1項として挿入して、「すべて国民は、健康で文化的な最低限度の生活を営む権利を有する」という現行憲法の規定が確定するのである。「生活を営む権利」の前に「最低限度の」が入った理由について、森戸辰男、西尾末広と並んで修正提案者であった鈴木義男は、ワイマール憲法の規定に「感奮興起」して「人間に値する生存を保障するという言葉にしたいと思って、それじゃあまり直訳外国語を聞いているような気がしますから、そこで考えた結果、『すべて国民は、健康で文化的な最低限度の生活を営む権利を有する。』こういう言葉に直したわけでありまする」、と証言している（高橋彦博「憲法議会における『ワイマール・モデル』——生存権規定の挿入」法政大学『社会労働研究』37(1)、1990年、7‐8頁）。

　修正案を審議した芦田小委員会の速記録は、百瀬孝によって簡潔に要約されている（百瀬前掲、62-66頁）。それによれば、議論は迷走した感があるものの、「生活を営む権利」に関する考え方の集約は、基本的には、自由権的基本権の範疇において解釈することが可能とする立場と、「生活を営む権利」の社会権性を憲法上も明確に規定すべきとする立場との間における調整であったことが分かる。

　「生活を営む権利」の権利性に関する小委員会の議論は、次の2点に集約することができる。第1に、「生活を営む権利」は、第12条（現行憲法の第13条）の「個人として尊重される」「生命、自由及び幸福を追求する権利の最大の尊重」にすでに含まれていることから、第12条が一般則であり、かつ倫理的要求

となっている。そこであえて第23条（現行憲法の第25条）に第1項を挿入するのは，「生活を営む権利」を国家が妨げないという意味での権利性を明確にするという趣旨である。第2に，同時に上程されていた生活保護法との関連について，第1項の「健康で文化的な最低限度の生活」というのは，「細々と生きていけるという水準」ではなく，「文化水準に応じた能率ある生活」という意味での最低限度である。審議中の生活保護法案でその精神はすでに実施されているという意見もあるが，生活保護法は決して健康で文化的水準を約束するようなものではない。そこで，「健康で文化的な最低限度の生活」を憲法上に明文規定しておく必要がある。

　百瀬によれば，小委員会の途上で加えられた修正についてGHQ民生局にいちいち了解をとらなければならないことになっていたが，第1項の新設に関するGHQとのやり取りの記録はなく，「とくに異論はなかったものと思われる」とされている（百瀬前掲，51頁）。

　この経緯からすれば，憲法第25条第1項は，単に「細々と生きていけるという水準」ではなく「健康で文化的な」という意味での「人間たるに値する生活」を保障するための規定であり，そのような権利は，人の自律的生活構成の自由という意味ではすでに憲法第13条の幸福追求権に一般則として包含されているものであるが，これを国家が妨げないという意味で国家の保障の対象としての権利性を明確にしたものである，と解釈できる。つまり，憲法第25条第1項は，国民の幸福追求を自由放任することを国家に要請するという意味での自由権としての権利性と，そのような権利保障に係る国家の責務の側面では，国民の自律的生活構成を充足する一定の資源と機会の割当における公正性を確保するための政策的措置を要請するという意味での社会権としての権利性の二重構造を有することになる。国家には，人々が「人間たるに値する生活」をそれぞれの自律に基づき実現するという意味での幸福追求を妨げないことが求められている。この意味での自律的な幸福追求の権利の主体は，すべての国民であって，労働者として就労稼得のあるものであるかどうかは問わない。また，自律的な幸福追求の行為としての「健康で文化的な最低限度の生活」には，就労

稼得からの貯蓄や健康で文化的な生活に不可欠な社会的機会や社会サービスの享受が含まれることは想定に難くない。

ちなみに1947年に制定された労働基準法は,「労働条件は,労働者が人たるに値する生活を営むための必要を充たすべきものでなければならない」と規定し,憲法研究会の「憲法草案要綱」の条文と同様の文言を法定化している。

3　社会保障制度審議会勧告と社会保障の制度構造

憲法制定の過程では,後に社会保障制度へと体系化される個別施策分野に関する名称について変転があった。「社会福祉（social welfare）」については,「社会の福祉」,「社会的福祉」を経て「社会福祉」となった。「社会保障（social security）」については,当初は「社会の安寧」と訳されていた。最終段階で「社会福祉」「社会保障」という訳語に定まった。訳語の意味や「公的扶助」「公衆衛生」も含めた概念相互の論理的な整合性について,憲法制定過程において十分に理論的に整理された形跡はない。民主化,生活困窮援護に閑息の暇もなかった戦後日本特殊的な制約の中での訳語の変転であった。それゆえに,いわゆる「生存権」の請求権性や第25条の第1項と第2項の関連性をめぐり長らく専門家の見解が分かれ,「社会福祉」とは何かの本質論争も展開することとなったのである。憲法制定直後には,イギリスの『社会保険および関連サービス』（ベバリッジ・プラン）を日本版の「総合的社会保障制度」へと展開させた社会保険制度調査会答申「社会保障制度要綱」（1947年10月8日）も出されたものの,「社会保障」という日本の法制度に耳慣れない用語の社会への浸透は鈍かった。

「50年勧告」は,こうした言葉の浮遊の状態に制度論として統一性を図ろうとする最初の公式な試みであった。そこでは,「社会保障」は包括的な制度体系を表す概念として用いられ,そのもとに,困窮の原因・形態に対応するそれぞれの制度が分野別に整理されている。とくに,「健康で文化的な最低限度の生活」と「国家扶助」の関係について,はじめて政策論理の整理が行われた。

「50年勧告」は，憲法第25条第1項と第2項の関係について，「国民には生存権があり，国家には生活保障の義務がある」として，「国家の責任」の重さを指摘する。芦田小委員会における第1項挿入の修正が自由権論者と社会権論者の間の微妙な調整でなされたのと比較して，勧告は，第1項の社会権的解釈を強め，国民と国家との間における生活保障に係る義務関係に重きを置くことになった。もちろん，勧告の趣旨は，生存権の具体的権利性や裁判規範性について判断を示そうとしたのではなく，民主主義の理念に立つ新しい国家の義務という公法規範上の道義性を強調することにあった。いわば，日本社会における国民の生活の保障に関する公序を定めた最初の政策構想であると言うことができる。

その際，各種社会保険制度や生活保護制度を統合した「総合的社会保障制度」を構想した社会保険制度調査会の答申とは異なり，全国民を対象とする社会保険中心主義を採用した点に，ベバリッジ・プランからの影響を推定できる。そのためか，「生存権」をイギリス式の「ナショナル・ミニマム」と結びつける解釈が拡がり，ナショナル・ミニマム保障の手段を国家扶助と結びつける解釈が定着していくことになる。イギリス式の「ナショナル・ミニマム」はすべての国民に均一の最低生活基準を普遍的に保障するという理念であるが，これとはだいぶ異なる「ミニマム」の解釈が，同じ「ナショナル・ミニマム」という解釈フレームを用いて行われていくことになる。

生活保護の生活扶助基準に関する近年の研究によれば，扶助基準のあり方はマーケット・バスケット方式・標準5人世帯から，エンゲル方式・標準4人世帯，格差縮小方式・水準均衡方式・標準3人世帯へと変遷してきたにもかかわらず，依然として，「無業の成人からなる世帯の栄養所要量の充足のみ」を最低生活の扶助基準としていることに変化はなく，最低生活の基準としての実体を失っている。この研究は，「生存権」を生命身体の自由を確保するという意味での扶助の「ミニマム」水準から解釈してきた結果，人間に値する生活を自立して送るために必要な費用が扶助基準から排除されるという政策的隘路に陥ってしまったことを描き出している（岩永理恵『生活保護は最低生活をどう構想し

たか』ミネルヴァ書房，2011年）。

　さて，この現実に対し，社会保障制度審議会の構想はそもそもどのようなものであったのか。勧告は，「生活保障の責任は国家にある」とし，これは，「すべての国民が文化的社会の成員たるに値する生活を営むことができるようにすること」だとする。社会保障制度は，「健康と文化的な生活水準を維持する程度のものたらしめなければならない」ともしている。すなわち，「文化的社会の成員たるに値する」「健康と文化的な生活水準を維持する」ことができるという意味での「生活保障」が国家の責任であると定義している。同時に，国民には，社会連帯の精神に基づき社会保障制度の維持と運用に必要な社会的義務があるとし，リスクの共同化に基づく共助の制度としての社会保険が社会保障制度の中心になることを謳っている。

　すでに指摘した通り，社会保障制度審議会は，社会保障制度の前提として，「国民経済の繁栄，国民生活の向上」と，「最低賃金制，雇傭の安定等に関する政策の発達」の両輪が必要であるとしていた。すなわち，経済成長ならびにその成果の国民生活の向上に向けた配分の仕組みである効率的な経済機構と，付加価値生産の促進に資する雇用・労働システムの労働政策を通じた充実とが基盤となってはじめて，社会保障制度はその実体を有するものと考えられていた。「最低賃金制，雇用の安定等に関する政策」は，それがなければ社会保障制度が成立しえない制度基盤と位置付けられているのである。

　勧告が描いた，社会保障制度における「生活保障」の考え方を，社会保険と国家扶助との関係，およびこれと最低賃金制・雇用の安定等の政策との関係についてまとめたのが，図12-1である。

　「50年勧告」は，国家の義務とされる国民の「生活保障」について，次のような規範構造を有する政策体系を構想していたことになる。

① 　最低賃金制度や雇用制度など労働政策に基づく制度は，それなしでは貧困解消のための制度としての社会保障制度が機能し得ないという意味で，経済成長や成長成果の配分の仕組みと並んで社会保障制度の基盤的前提を成す。つまり，最低賃金制度とその前提となる雇用の安定政策（労働基準

Theme 12 「人間に値する生活」と幸福追求

図12-1　社会保障制度審議会勧告における社会保険，国家扶助，労働政策の関係

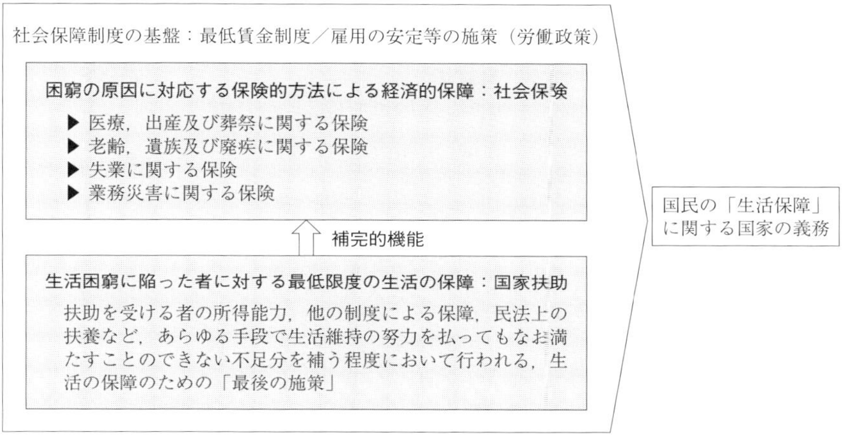

```
┌─────────────────────────────────────────────────────────┐
│ 社会保障制度の基盤：最低賃金制度／雇用の安定等の施策（労働政策）│
│  ┌───────────────────────────────────────────────┐      │
│  │ 困窮の原因に対応する保険的方法による経済的保障：社会保険 │      │
│  │  ▶ 医療，出産及び葬祭に関する保険                │      │
│  │  ▶ 老齢，遺族及び廃疾に関する保険                │      │
│  │  ▶ 失業に関する保険                              │      │
│  │  ▶ 業務災害に関する保険                          │      │
│  └───────────────────────────────────────────────┘      │ 国民の「生活保障」
│                    ↑ 補完的機能                          │ に関する国家の義務
│  ┌───────────────────────────────────────────────┐      │
│  │ 生活困窮に陥った者に対する最低限度の生活の保障：国家扶助 │      │
│  │  扶助を受ける者の所得能力，他の制度による保障，民法上の │      │
│  │  扶養など，あらゆる手段で生活維持の努力を払ってもなお満 │      │
│  │  たすことのできない不足分を補う程度において行われる，生 │      │
│  │  活の保障のための「最後の施策」                    │      │
│  └───────────────────────────────────────────────┘      │
└─────────────────────────────────────────────────────────┘
```

（出所）　社会保障制度審議会「社会保障に関する勧告」昭和25年（1950年）10月16日，を基に筆者が作成。

法など）は，貧困を防止するための最低限の生活原資としての賃金水準に関する制度ではなく，最低賃金の稼得収入をもって自力で「文化的社会の成員たるに値する生活を営むことができる」水準を確保するための制度と考えられている。そのことから，最低賃金の稼得収入の水準は，公租公課負担，勤労貯蓄といった社会生活に求められる人並みの文化的水準を可能にするものでなければならないことになる。

② 社会保障制度の中心である社会保険制度は，生活困窮の多様な原因に対する予防的機能を，貨幣資源の充足の手段において保障するためのものである。非貨幣的資源の充足の手段としては，公衆衛生ならびに社会福祉が準備される。

③ 扶助制度は，それらの「あらゆる手段によって，その生活維持に努力を払ってもなお最低生活を維持することができない場合に初めて適用されるもの」であって，なおかつ，そのような生活困窮に現に陥った者に対して，他の制度による保障や私的扶養では満たすことのできない不足分を補う程度においてという意味での「最低限度の生活を保障」するためのものであ

る。

　図12‑1に登場する制度の中で「健康で文化的な最低限度の生活」という文言を規定するのは生活保護法と最低賃金法である。同じ「健康で文化的な最低限度の生活」でも２つの法律の規範的要請の内容が異なっていることは明らかである。生活保護法が想定する「最低生活」を定義した第３条の「この法律により保障される最低限度の生活は，健康で文化的な生活水準を維持することができるものでなければならない」という場合の「最低限度の生活」とは，他の制度による保障あるいは私的扶養で満たすことのできない不足分を補う程度という意味での最低限度を意味している。これに対し，最低賃金法では，第１条の「賃金の低廉な労働者について，賃金の最低額を保障することにより，労働条件の改善を図り，もつて，労働者の生活の安定……に資する」という場合の「労働者の生活の安定」の内実を具体的に表現するのが第９条第３項の「労働者の生計費を考慮するに当たっては，労働者が健康で文化的な最低限度の生活を営むことができるよう」という規定であるが，この場合の「最低限度の生活」とは，最低賃金の稼得水準において自力で，文化的社会の成員たるに値する生活を営むことが可能な水準のことを意味している。

　つまり，生活保護法が対象とする「生活に困窮する者」の健康で文化的な最低限度の生活と，最低賃金法が対象とする「賃金の低廉な労働者」のそれとは，基準，水準が異なっている。したがって，憲法第25条の「健康で文化的な最低限度の生活」とは，イギリス式の全国民均一の「ナショナル・ミニマム」の保障ではなく，労働者として生活する上での必要性を抱える国民と生活困窮状態にある国民としての生活上の必要性という異なる必要性を充足できるような多元的ミニマムを内包している。

4　現代の規範水準に照らしてみた場合

　社会保障制度も法定労働基準の仕組みのいずれも，物財の量の多寡によって幸福や困窮の状態を測定することが可能であるという古い経済的厚生の考え方

に基づいている。「最低限度」や「ミニマム」という量的な基準から賃金の下限や扶助の基準と水準が決定される仕組みである。現行の制度である以上，その規範に照らして解釈・運用がなされなければならないのは説明をまたず，その観点からここまで検討してきた。

ところが，根拠となる日本国憲法に目を移すと，第13条は，「すべて国民は個人として尊重される」ものであり，「生命，自由及び幸福追求に対する国民の権利」の主体であると規定されている。幸福は，公共の利益に反しない限り，個々人の生命機能や自由な価値観に基づき，それぞれの生き方として獲得されるものである。これを受けた第25条の「健康で文化的な最低限度の生活」とは文化的社会の成員として，健康で，自由に生活を構成していくための生活の基礎条件が保障されるという意味であることは，すでに述べた。つまり，社会保障の給付水準や最低賃金の水準というのは，実質的には，人々がその人らしい自立した生活を送る上で不可欠な資源と社会的機会を提供するという意味を有している。

資源・機会を活用するのは個人の資源活用能力と価値観に基づく自律的生活構成の自由の問題であるが，国家・社会として，そうした自律的な生活構成を脅かしてはならないというのが憲法第25条の趣旨であるから，自律的な生活構成を保障するという意味での最低限度の基礎的な資源と社会的機会を公正に保障する責任が国家にはある。このような資源・機会の保障の観点から生活保護の施策の基準や最低賃金の金額のあり方を検討すると言うことになれば，生活扶助の具体的な水準を算定し，地域別最低賃金の時間額表示の金額を調査審議する際に，そこで決定される扶助額や賃金額は量で表示されてはいるが，実体的には，資源や機会の社会的に妥当な最低水準を金額に換算して決めていることになる。

この憲法と「最低生活」を規定する2つの法律である最低賃金法，生活保護法との関係は，現代の正義論で言えば，ジョン・ロールズの公正原則にちょうどあてはまっている。社会の最も不利な立場におかれた人々の利益の向上を最大化するような分配を公正と考えるこの原則は，第1の原則に，基礎的な自由

に対する平等な権利（自由の平等）を置き，第2の原則として，社会的・経済的不平等が許される2つの条件を示している。その1は，社会的基本財が最も恵まれない人々に多く配分されることですべての人々の利益が増進されること，もう1つは，すべての人々に機会が均等に与えられることである。人生の運・不運や能力以外の諸要因の作用によって不利な境遇に陥る人々について，その生活の改善を優先的に取り組むことを社会的公正とみなしている。

　その人らしい自立した生活の保障のために必要になる資源や社会的機会をどのように活用するかは，個人の自律的意思や納得による。国家と社会に求められるのは，資源量や社会的機会の幅を公正原則から逸脱するような基準や水準において制限してはならないということである。生活保護基準の改定や扶助の水準の決定において，また，最低賃金の目安の決定や地域別最低賃額の決定にあたり本質的に重要なことは，今日の社会生活において「文化的社会の成員であるに値する生活の水準」を検討し，これを基準や金額に表現することであると言えよう。

　＊　このテーマは，小笠原浩一「最低賃金と生活保護——最低賃金法第9条第3項の規範的要請の観点から」『月刊　労委労協』738号（2018年4月）に加筆・修正したものである。

(CHECK)
1　日本国憲法第25条の「健康で文化的な最低限度の生活」の保障には，個人の幸福追求の自由放任という自由権の要請と，国による資源・機会の保障という社会権の要請が構造化されています。このことについて説明してみましょう。
2　社会保障制度審議会「50年勧告」は，日本の社会保障制度の基盤となる国による「生活保障」の義務の体系を示したものとして，歴史的に重要であるとともに，今日における「その人らしい自立した生活の保障」を構想する際にも豊富な歴史的視座を与えてくれています。「50年勧告」における「生活保障」体系の構想について，説明してみましょう。

Theme 13 社会福祉の制度と社会福祉改革

Keywords ▶ 社会福祉改革の背景，社会福祉改革の展開，社会福祉改革と地方分権，地域包括ケアシステム

1 社会福祉制度の展開

　日本の社会福祉は，1946年の旧生活保護法の制定に始まり，福祉三法と社会福祉事業法から成る「1951年体制」の成立から，1960年代の福祉六法へと分野別法の量的拡大期を経て，1970年代後半からは，質的改革の段階へと進むことになる。社会福祉改革は，1980年代の改革の序盤を経て，1990年老人福祉法等八法改正へとつながる質的改革の第1期，2000年の社会福祉基礎構造改革へと結実する質的改革の第2期，そして，地域包括ケアのシステム化へと展開する質的改革の第3期への展開として，時期区分することができる。社会福祉の制度は法定社会福祉事業の体系として出来上がっていることから，それを理解するためには，改革の時期区分を踏まえた改革内容の理解が重要である。

　「1951年体制」とよばれる戦後社会福祉の基本体系は，社会福祉の実施の仕組みを定めた社会福祉事業法（1951年），生活保護法（旧法1946年，現行法1950年），児童福祉法（1947年），身体障害者福祉法（1949年）から構成される。社会福祉事業法は，第1種・第2種法定社会福祉事業，社会福祉の実施単位（社会福祉に関する事務所，通称，社会福祉事務所），社会福祉法人，事業経営の準則，社会福祉主事など，すべての社会福祉関係法令の実施体制に関する共通事項を定めることから，「社会福祉の基礎構造」とよばれている。2000年に改正された現行の社会福祉法も，基礎構想としての性格を継承している。

なお，憲法上は，第25条に定める国の責任や第89条に定める民間慈善博愛事業に対する公の財政の支出の禁止よって，社会福祉の実施における公私分離の原則が定められている。社会福祉事業法第5条第1項（現行の社会福祉法第61条）の「事業経営の準則」はこの憲法上の原則を確認するものであった。他方で，同条第2項では，社会福祉事業を経営する者に措置を委託することを認め，民間事業者である社会福祉法人の経営を促進しつつ公的社会福祉資源の不足を補完する仕組みを置いていた。措置委託の仕組みには，社会福祉法人の経営の自主性や社会的信頼性の促進を通じて，民間社会福祉事業者の育成を図るという趣旨が含まれていた。

　1960年代に入ると，知的障害者福祉法（1960年，制定当時は「精神薄弱者福祉法」，1999年に名称改正），老人福祉法（1963年），母子及び寡婦福祉法（1967年，2014年の法改正で「母子及び父子並びに寡婦福祉法」）がそれぞれ生活保護法の関連事業を独立させる形で制定され，生活保護法に領域別福祉五法から成る「福祉六法」の基本的な制度枠組みができあがる。1960年代を社会福祉の量的拡大期とよぶことになる。

　1960年代には，年金・医療保険で最後まで残っていた国民年金について，1959年制定の国民年金法が61年から実施されたことで，いわゆる「国民皆年金・皆保険」が確立する。すでに労働者については，1947年制定の失業保険法および労働者災害補償保険法によって，失業および業務上災害が原因で貧困に陥ること予防する社会保険が存在したが，皆年金・皆保険が始まったことは，理論上は，国民一般を対象にして，老齢や疾病を原因に貧困に陥ることを防ぐ防貧のための社会保険の体制ができあがったことを意味する。

　そこで，皆年金・皆保険成立を受けて，社会保障制度審議会の50年勧告で社会保障制度の構成分野のうち，社会保険と，公的扶助，社会福祉および公衆衛生との制度体系上の関係の整理が必要となった。社会保障制度審議会の「社会保障制度の総合調整に関する基本方策についての答申および社会保障制度の推進に関する勧告」（1962年，以下「62年勧告」）は，未曾有の経済成長と国民の所得階層格差の拡大という新たな時代状況の中で，これに応えて社会保障の制度

体系の総合的な調整の基本方向を打ち出したものである。

「62年勧告」は，社会保障の対象となる国民階層を，最低生活水準以下の生活程度にある「貧困階層」，最低生活水準以下ではないがこれと大差のないボーダーラインの生活状態にあり，これに老齢，廃疾，失業等の理由が加わればいつ貧困階層に落ちるか分からない生活程度にある「低所得階層」，それにこの２つの階層に属さない「一般所得階層」の三層に分けている。そして「貧困階層」に対する個別的現金扶助による救貧の仕組みが「生活保護」，「低所得階層」に対する個別的な自立支援の防貧の仕組みが「社会福祉」（ただし，職業病対策，リハビリテーション，失業対策，低家賃住宅対策，社会保険の中でも零細企業労働者の社会保険と日雇い労働者の社会保険は，低所得階層に対する対策に入れられている），「一般所得階層」が一定の事故に直面した時に相互扶助の精神に基づき支援するのが社会保険，すべての階層を通じて防貧対策の基盤となり健康な生活水準の防壁となるのが公衆衛生，という社会保障の制度体系の総合調整を行った。

社会福祉は，ボーダーラインにある人々の防貧の仕組みであることが明確にされたことで，1970年代以降，新たな貧困原因の出現に対し社会福祉制度で対応することが可能になった。出産，育児に伴う離職・稼得の減少，要介護高齢者を扶養するための離職や経済負担の増大，世帯規模の縮小に伴う所得水準の低下や私的扶養負担の増大，単親家庭の増大に伴う女性や子どもや高齢者の貧困化，虐待や家庭崩壊，社会的排除や孤立などに伴う生活困窮などの分野について，1970年代以降，関連の社会福祉法令が拡大していくことになる。

2　社会福祉改革の根拠

日本国憲法第25条第２項には，「国は，すべての生活部面について，社会福祉，社会保障及び公衆衛生の向上及び増進に努めなければならない」と定められている。「向上及び増進」とは，社会経済の構造変化に即して社会福祉等の政策・制度の展開に努めるという趣旨であるから，そこには，不断の制度改革

の推進と，それに伴う国と地方自治体との間における社会福祉実施に関する役割の見直しが進められることになる。

　経済成長に伴って家族構造や就労構造が変化し，少子・高齢社会の到来に伴って家庭内の私的扶養機能が衰え，介護や保育を社会化する必要性が増大したことなどを背景に，社会福祉の「向上及び増進」のための政策・制度の見直しとして一連の社会福祉改革が実施されることになった。その中で，公私の役割の見直しや生活圏に近接した地域を単位とする包括的な社会福祉提供体制などへの改革が進むことになる。戦後，公的責任とされた社会福祉を全国画一に実施する方法として採られた行政処分（措置）による方法にも見直しが加えられることになる。併せて，民間社会福祉事業者としての社会福祉法人のあり方について改革が進むことになった。

　他方，1980年代以降，グローバルな社会福祉改革の動向がわが国の制度改革にも影響を及ぼすようになる。とくに，1981年の国際障害者年の成果を行動計画として実施された「国連・障害者の十年」（1983～1992年）は，ノーマライゼーションの理念の展開に寄与した。ノーマライゼーションの理念は，個人のその人らしい自立した生活（パーソン・センタード）の支援という普遍的な原則を社会福祉に浸透させることになった。障害福祉分野におけるこうしたグローバルな動向は，当時の障害福祉審議会答申などを通じて，障害者福祉分野に留まらず，日本の社会福祉基礎構造改革に大きな影響を与えることとなった。

　また，とくに2000年代に入りEU内で進んだ「統合的ケア（integrated care）」の試みは，地域を単位とした，保険・医療サービスと社会サービスの統合的提供体制として，WHOやOECDなどを通じて日本の「地域包括ケア」や「地域医療・介護連携」の構想に影響を与えることになる。

3　社会福祉改革の展開

　社会福祉改革の最初のきっかけは，1973年10月の第1次石油危機の勃発である。当時の田中角栄内閣は社会保障の充実を掲げ，この年を「福祉元年」と位

Theme 13 社会福祉の制度と社会福祉改革

置付けていた。石油危機対策として総需要抑制策や「狂乱物価」抑制のための公定歩合の引き上げなどが進められた結果，翌1974年は戦後初のマイナス成長を経験する。これへの危機感から，低成長下における社会福祉の効率化に向けた改革構想が，経済政策や財政政策に関連する審議会など社会福祉業界の外側の各方面から打ち出されることになる。これに対し，全国社会福祉協議会は社会福祉懇談会を設置し，高齢化の進展に伴う福祉ニーズの変化に対応できる社会福祉の積極的な改革を提言する。社会福祉の経済基盤の変化を理由に社会福祉の効率化を構想する消極的な改革論と，社会・人口構造の変化に即応した社会福祉の向上・増進のための改革がそもそも必要であるとする積極的な改革論が出揃うことになる。

第1期の改革の特徴は，行財政改革と地方分権にある。「増税なき財政再建」を掲げる第2次臨時行政調査会（1981年発足）の社会保障・福祉抑制論に対し，補助金問題関係閣僚会議の要請で設置され，社会福祉関係の積極的改革論者がリードした補助金問題検討会の報告書（1985年）は，社会福祉分野における国庫補助率を段階的に引き下げることに対応して，社会福祉分野における国と地方自治体との政府間の役割分担の見直しを提言する。社会福祉改革の側から地方分権改革に先鞭をつけることとなった。

その後，1986年には社会福祉関係三審議会の合同企画分科会が設置され，その意見具申に基づき，福祉・介護人材の養成強化と国家資格化のための社会福祉士・介護福祉士法の制定（1987年），高齢社会へのサービス基盤の整備を進めるための1990年の老人福祉法等八法改正（「平成の福祉改革」）につながることになる。併せて，「高齢者保健福祉推進10ヵ年戦略」（1989年策定）やこれを全面改正した「高齢者保健福祉5ヵ年計画」（1994年策定）といったその後の高齢社会対策に重要な影響を与えた改革へと展開していくことになる。

第2期の改革は，すでに第1期で検討されたものの積み残しとなった措置制度の廃止を課題とした。加えて，1990年代になって新たに顕在化した諸課題への対応でもあった。1990年代に顕在化した新たな改革環境とは，①少子・高齢化の新たな局面，②規制緩和，分権化などの加速化，③社会保障構造改革の動

向，④長期療養問題のクローズアップと新しい介護システムの構想，⑤老人福祉法等八法改正に連動する一連の法改正，である。①は，総人口の減少，生産年齢人口の減少，後期高齢者の急増，これらに伴う単身・核家族や高齢者のみ世帯の増加といった人口構造からのインパクトである。②は，1980年代からの延長で強化されつつあった行政改革の推進と一体となった規制緩和や地方分権の推進，情報社会の進展に伴う情報開示の強化への流れである。③は，1994年の「高齢社会福祉ビジョン懇談会報告」や1995年の社会保障制度審議会勧告「社会保障体制の再構築――安心して暮らせる21世紀の社会を目指して」，1996年の社会保障関係審議会会長会議「社会保障構造改革の方向（中間まとめ）」などで提唱された医療偏重型社会保障給付構造の改革，社会保障の普遍化・一般化と社会福祉施策の総合的推進，自立支援・利用者本位の仕組み，公私の役割分担と民間活力の活用などである。④は，1994年の高齢者介護・自立支援システム研究会報告書および1996年の老人福祉審議会「高齢者介護保険制度の創設について」に盛り込まれた，4つ目の社会保険としての公的介護保険制度の創設である。社会保障制度改革の突破口としての介護保険制度創設が社会福祉基礎構造改革に大きな影響を与えることになる。⑤は，福祉人材確保法（1993年），障害者基本法（1994年），精神保健・精神障害者福祉法（1997年）の制定，児童福祉法改正による保育所選択利用制度の導入（1997年）などの法改正である。

1990年八法改正で積み残しとなった措置制度の取り扱いには2つの方法が存在する。1つは，措置制度の下で利用者によるサービスの選択制を強めることである。これは，1997年の児童福祉法改正により保育所の選択利用方式（公費によるサービスのまま，自由に保育所を選んで契約する仕組み）として実施された。もう1つは，措置制度を用いた福祉サービス提供の仕組みそのものの廃止である。これは，利用者の選択に基づく契約利用制度への移行という形で実施されることになる。1997年の介護保険法の下で実施される介護サービスの選択と契約利用の仕組みや2003年に実施される障害などの福祉サービスの支援費制度がそれである。後者の方法は，国と国民との関係における公的責任としての生存権保障という公法関係の社会福祉を，サービス利用者と事業者とのサービス消

費契約という民事法の関係に転換させるものであった。

　消費契約関係が適正に運用されるためには，契約にあたってのサービス情報の非対称性を解消させることが不可欠になるため，事業者の経営やサービスの質に関する情報開示や第三者評価の仕組みが必要になるし，成年後見制度，権利擁護制度，利用に伴う苦情解決制度，あるいはサービス利用に関する相談支援の強化など消費者としての利用者を保護する仕組みが必要になる。また，市町村には事業者指定の仕組みによる事業適正化の強化が求められる。措置制度の廃止は，契約利用制度の基盤を整備するためのそうした新たな公的制度を必要とした。

　社会福祉基礎構造改革では，社会福祉法により措置制度を用いた福祉サービスの提供が原則廃止されるが，契約利用の仕組みに馴染まない幼児・児童や高齢者を対象とする養護事業ならびに生活保護制度（公的扶助ならびに生活保護施設事業）については，引き続き措置による事業の実施が存続することとなった。

4　社会福祉基礎構造改革

　社会福祉改革第2期は社会福祉基礎構造改革とよばれるとおり，戦後社会福祉実施体制の基礎構造である1951年社会福祉事業法を改革するものであった。1998年10月の中央社会福祉審議会社会福祉構造改革分科会「社会福祉基礎構造改革について（中間まとめ）」は，改革の根拠となる社会福祉の理念について，「国民が自らの生活を自らの責任で営むことが基本」であるとして生活自己責任を原則とした上で，自らの努力だけでは自立した生活が営めない場合に「社会連帯の考え方に立った支援」が必要として，それは「個人が人としての尊厳を持って，家庭や地域の中で，その人らしい自立した生活が送れるよう支える」ことであるとしている。生存権という日本国憲法第25条の理念からさらに進んで第13条の「人としての尊厳」という普遍的で自由主義的な理念を基礎に持つ，したがって，市民主義的生活自己責任原則を基礎とする改革であることを明確にしている。

同年12月に出された同分科会「社会福祉基礎構造改革を進めるに当たって（追加意見）」では，改革の原則を，利用者本位の福祉サービス提供体制の構築，福祉サービスの質と効率性の向上，社会福祉に関する事業の推進，地域を単位とする福祉の充実の4つの柱に集約している。

　社会福祉基礎構造改革は，図13－1に示されるように，社会福祉を，自己選択・自己決定による福祉サービスの利用，事業者との契約による福祉サービス利用へと転換させるとともに，利用に伴う「受益」という考え方に立って定率の応益負担の原則を導入した。

　消費の論理が持ち込まれることによって，情報の対称性・サービスの質・事業の透明性の確保など新たな仕組みが導入されることになった。行政の責任については，措置時代には社会保障の原則に沿った法制度の構築や社会福祉の実施責任であったのに対し，契約利用制度への移行に伴い，「国及び地方公共団体は，社会福祉を目的とする事業を経営する者と協力して，社会福祉を目的とする事業の広範かつ計画的な実施が図られるよう，福祉サービスを提供する体制の確保に関する施策，福祉サービスの適切な利用の推進に関する施策その他の必要な各般の措置を講じなければならない」（社会福祉法第6条）として，福祉サービスの提供体制や適切な利用等を推進する施策について，行政が新しい責任を負うこととなった。

　それら施策として，以下があげられる。①福祉サービスの利用制度化に伴う利用者保護制度の創設（地域福祉権利擁護制度，苦情処理の仕組み，誇大広告の禁止，利用契約についての説明・書面交付の義務付け），②サービスの質の向上（良質な人材の養成・確保，自己評価と第三者評価を通じたサービスの質の向上），③事業の透明性の確保（サービス情報・社会福祉法人の財務諸表の義務付け，国・地方自治体による情報提供体制の整備など事業の透明性の確保），④地域福祉の推進（地域福祉計画・地域福祉支援計画の策定，知的障害者福祉等の事務の市町村への委譲，社会福祉協議会，共同募金，民生委員・児童委員の活性化），⑤社会福祉事業の推進（社会福祉事業の範囲の拡充，社会福祉法人の設立要件の緩和，多様な事業主体の参入促進，福祉サービスの提供体制の充実，社会福祉法人の運営の弾力化）が挙げられる。

Theme 13 社会福祉の制度と社会福祉改革

図13-1 社会福祉改革の全体像

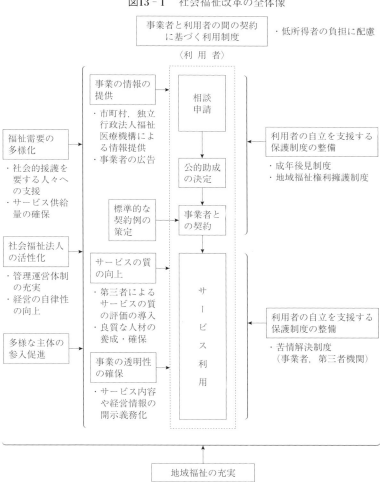

(出所) 社会福祉法令研究会編『社会福祉法の解説』中央法規出版, 2001年, 33頁。

他方，この改革は，当初は戦後社会福祉体制の包括的な改革を目指したものであったが，結果として基礎構造である社会福祉事業法の改革に留まった。そのため，分野別法の制度の縦割り，社会福祉における公私関係の原則（社会福祉事業法第5条，社会福祉法第61条の「事業経営の準則」），施設建設費補助金制度の仕組み，福祉事務所の体制，社会福祉法人の役割など社会福祉実施体制の相当の部分は，そのまま社会福祉法へと継承されることとなった。また，福祉財政の流れについても，自己選択・自己決定に基づく契約利用制度とはいうものの，介護保険制度においても障害者自立支援制度（現行の総合支援制度）においても，サービス利用の前提条件となる申請と判定の手続きは残され，サービスの実施と費用給付の仕組みに限って変更が加えられたものであった。

　一般に，福祉サービス利用は，要介護・要支援の評価と程度の判定，サービス利用の決定，サービス利用契約の締結，サービス給付の手続きを経る。サービス利用の決定から先の段階は，サービスを利用する者の意思を基本とするが，サービスの必要性と程度の評価・判定は，訪問調査，医師の意見，専門家によって構成される審査会の判定という利用者の意思の関与しない手続きを踏む。したがって，措置制度の下における措置判定委員会によるサービス給付の決定と同種の，利用者の関与しない給付管理の仕組みが残されたとみなすことができる。

5　社会福祉の領域の拡大

　基礎構造改革を経て，社会福祉の範囲は拡大した。社会福祉法第4条第1項は，「地域住民，社会福祉を目的とする事業を経営する者及び社会福祉に関する活動を行う者は，相互に協力し……地域福祉の推進に努めなければならない」と規定し，地域福祉（すなわち，地域における社会福祉）の推進を掲げているが，そこに掲げられる，「社会福祉を目的とする事業」および「社会福祉に関する活動」の関係を表したのが図13-2である。

　「社会福祉を目的とする事業」には，法定の社会福祉事業が包含されている。

図13 - 2　社会福祉事業，社会福祉を目的とする事業，社会福祉に関する活動

社会福祉を目的とする事業	社会福祉に関する活動
・日常生活を支援する配食，入浴などの事業 ・経営主体の規制なし **社会福祉事業** ・法定社会福祉事業（第1種・第2種） ・経営主体の規制と助成 　（第1種事業は行政と社会福祉法人） ・指導・監督 　指導厚生労働省，地方厚生局によるもの 　都道府県知事によるもの 　指定都市・中核市の長によるもの 　一般市の長によるもの 　（市内に事務所があり，事業活動が市域を超えないもの）	・経営主体の規制なし ・ボランティア，町内会，個人などによるもの

（出所）　筆者作成。

法定社会福祉事業は，行政の指導監督ならびに規制と助成を伴って行われる事業であるのに対し，「社会福祉を目的とする事業」のうちの「法定社会福祉事業」以外の領域は，地域福祉の推進という法の精神にそって，事業主体に対する規制はできるだけ緩和し，広く様々な主体が地域に生活する人々の自立した生活の推進に向け，効果ある日常生活支援事業を展開できるようにしている。「社会福祉に関する活動」は，ボランティアや町内会・自治会や地域住民の中の志ある個人が，広く地域の社会福祉ニーズの実勢に即して自発的に展開する，「社会福祉を目的とする事業」以外の活動をすべて含んでいる。社会セクターの概念で，フォーマルセクター，セミフォーマルセクター，インフォーマルセクターという重構造の区分があるが，まさにこれに対応する関係が法定化されたものとみなしてよい。

　「社会福祉事業」には，第1種事業と第2種事業がある。**図13 - 3**はその一覧である。基礎構造改革は，従来の社会福祉事業に時代の変化に対応する修正を加えた。その結果が第1種17事業，第2種55事業に整理されている。とくに第2種事業では，相談支援事業，援助事業，助成事業と言った社会福祉サービスの利用の促進につながる事業領域が強化されている。

図13-3 法定社会福祉事業 第1種・第2種

第1種社会福祉事業
- 生活保護法：
  救護施設，更生施設その他生計困難者を入所させて生活の扶助を行う施設事業
  生計困難者の助葬事業
- 児童福祉法：
  乳児院，母子生活支援施設，児童養護施設，障害児入所施設，児童心理治療施設，児童自立支援施設事業
- 老人福祉法：
  養護老人ホーム，特別養護老人ホーム
  軽費老人ホーム事業
- 障害者の日常生活及び社会生活を総合的に支援するための法律：
  障害者支援施設事業
- 売春防止法：
  婦人保護施設事業
- 授産施設事業
  生計困難者に対して資金を融通する事業

第2種社会福祉事業
- 生計困難者に対して，日常の生活必需品・金銭を与え，生活に関する相談に応ずる事業
- 生活困窮者自立支援法：
  認定生活困窮者就労訓練事業
- 児童福祉法：
  障害児通所支援事業，障害児相談支援事業，児童自立生活援助事業，放課後児童健全育成事業，子育て短期支援事業，乳児家庭全戸訪問事業，養育支援訪問事業，地域子育て支援拠点事業，一時預かり事業，小規模住居型児童養育事業，小規模保育事業，病児保育事業又は子育て援助活動支援事業，助産施設，保育所，児童厚生施設又は児童家庭支援センターを経営する事業，児童の福祉の増進について相談に応ずる事業
- 就学前の子どもに関する教育，保育等の総合的な提供の推進に関する法律：
  幼保連携型認定こども園事業
- 民間あっせん機関による養子縁組のあっせんに係る児童の保護等に関する法律：
  養子縁組あっせん事業
- 母子及び父子並びに寡婦福祉法：
  母子家庭日常生活支援事業，父子家庭日常生活支援事業，寡婦日常生活支援事業，母子・父子福祉施設事業
- 老人福祉法：
  老人居宅介護等事業，老人デイサービス事業，老人短期入所事業，小規模多機能型居宅介護事業，認知症対応型老人共同生活援助事業，複合型サービス福祉事業，老人デイサービスセンター，老人短期入所施設，老人福祉センター又は老人介護支援センター事業
- 障害者の日常生活及び社会生活を総合的に支援するための法律：
  障害福祉サービス事業，一般相談支援事業，特定相談支援事業又は移動支援事業，地域活動支援センター又は福祉ホーム事業
- 身体障害者福祉法：
  身体障害者生活訓練等事業，手話通訳事業又は介助犬訓練事業若しくは聴導犬訓練事業，身体障害者福祉センター，補装具製作施設，盲導犬訓練施設又は視聴覚障害者情報提供施設事業，身体障害者の更生相談に応ずる事業
- 知的障害者福祉法：
  知的障害者の更生相談に応ずる事業
- 生計困難者のために簡易住宅を貸し付け，又は宿泊所その他の施設を利用させる事業
- 生計困難者のために診療を行う事業
- 生計困難者に対して介護保険法に規定する介護老人保健施設又は介護医療院を利用させる事業
- 隣保事業
- 福祉サービス利用援助事業の利用に関する相談・助言の事業
- 前項各号及び前各号の事業に関する連絡又は助成を行う事業

(出所) 筆者作成。

6　地域包括ケアと社会福祉改革の今後の方向性

　社会福祉改革の第3期は，地域包括ケアシステムへの改革である。地域包括ケアは，高齢者介護サービスの改革構想として登場し，2005年の改正介護保険法に地域包括支援センターの設置などの形で組み込まれた。その後，社会保障・税一体改革の段階から社会保障制度全体を貫くシステム体系へと展開し，2013年8月21日の閣議決定「社会保障制度改革推進法第4条の規定に基づく『法制上の措置』の骨子について」を経て，同年12月成立の社会保障改革プログラム法に位置付けられることとなった。

　地域包括ケアの考え方が政策に持ち込まれるきっかけとなったのは，高齢者介護研究会報告書『2015年の高齢者介護』であった。報告書は，介護保険制度の実施実績を踏まえて，「尊厳を支えるケアの確立」を「生活の継続性を維持するための新しい介護サービスの体系」によって推進することを提言し，小規模・多機能サービス拠点づくりや自宅・施設以外の多様な住まい方の実現，施設における個別ケアの推進や施設の安心を地域に拡げることなどを内容とする「地域包括ケアシステムの確立」を求めた。この構想は，すでに措置制度時代から地域密着型サービスや小規模・多機能居宅介護など地域完結型の介護サービス提供を開発・実践してきた先進的な取り組みをモデルにしていた。

　地域包括ケアは団塊世代が後期高齢者となる2025年を目途としてシステム化が進められることになっており，3年毎の介護報酬改定や6年毎の診療報酬と介護報酬の同時改訂を通じて促進されることになっている。とくに，2012年の同時改訂はシステム化への道筋をつけるものであった。

　地域包括ケアは，法制度上は社会保障改革の今後の方向性を示すものであるが，福祉的な地域社会づくりにとっては，子育てからターミナルケアまで，日常生活支援や住まいから医療・介護サービスまでを包含した地域における自立した生活を相互に支援するための包括的な実践体系でもある。ボランティア，住民組織を含む多様な当事者が，それぞれの役割を持って参画するローカル・

ガバナンスの仕組みであると言ってよい。そこでは，公私のパートナーシップに基づくコミュニティの組織化が実践されることになる。

　すでに施設サービス以外の介護サービス分野では，営利事業者やNPOの役割が，サービス供給量で社会福祉法人を凌ぐところまで増大してきている。社会福祉法第24条に「社会福祉事業の主たる担い手」と規定される社会福祉法人にあっても，制度や市場原理では満たされない複雑・多様化する社会福祉のニーズについて，その専門人材とノーハウを活かして，地域包括ケアの中で，地域福祉の推進に一層貢献することが求められるようになっている。2016年の社会福祉法改正により，第24条第2項として，社会福祉法人が社会福祉事業ならびに公益事業を行うにあたって，無料または低額な料金で「地域における公益的な活動」を行う責務が明記された。地域には，生活困窮者，低所得・低資産の人々，排除や孤立の状態にある人々，居住・食・教育など基本的な生活条件に制約を抱える人々など多様な福祉ニーズが存在する。社会福祉法人には，その本旨に沿って，地域包括ケアの中において，創造的で支援の実質のある公益的活動が期待されている。第24条第2項は，社会福祉法人の地域における社会福祉事業の主たる担い手としての本来の役割を，確認的に法制化したものであった。

　地域包括ケアの推進には，専門人材の量の確保と質の向上が求められる。また，地域包括ケアの要となる多職種連携を推進するためには，相談援助職や介護職など福祉関連職の職務能力の範囲と質の向上が重要なテーマとなる。2016年社会福祉法改正は，「社会福祉法人制度の改革」（経営組織のガバナンスの強化，事業運営の透明性の向上，財務規律の強化，地域における公益的な取り組みの責務，所管庁に指導監督の強化や国・都道府県・市の連携強化）と並ぶ改革のもう一方の柱として，「福祉人材確保の推進」を掲げ，介護人材確保に向けた取り組みの拡大（福祉人材の確保等に関する基本的な指針の対象者に介護サービス従事者を追加），福祉人材センターの機能強化，介護福祉士の国家資格取得方法の見直しによる資質の向上，社会福祉施設職員等退職手当共済制度の見直しを進めるものとなっている。

Theme 13　社会福祉の制度と社会福祉改革

　また,「地域包括ケアシステムの強化のための介護保険法等の一部を改正する法律」(地域包括ケアシステム強化法, 2017年) では, 障害者総合支援法, 児童福祉法, 医療法, 社会福祉法, 介護保険法の一括改正が行われ,「我が事・丸ごと」の地域共生社会づくりの核になる地域共生事業が新たに新設された。障害児, 高齢者, 生活困窮者など分野別各法を横断する共生事業の登場である。

(CHECK)
1　国民皆保険・皆年金制度が成立したのを受けて, 社会保障制度における社会福祉の役割について, どのような体系上の整理が行われたのでしょうか。社会保険, 公的扶助との比較で説明してみましょう。
2　社会福祉改革の流れについて, 段階を追って説明してみましょう。

Theme 14 社会福祉行財政と福祉計画

Keywords ▶ 社会福祉行財政の機能，社会保障の費用と効果，新しい公共マネジメント（NPM），福祉計画の意義

1　社会福祉行財政の機能

　法定の社会福祉は，法制度に定められた福祉的資源の給付システムとして設計されている。福祉的資源には，貨幣的資源（現金，バウチャーなどの原資である財源）と非貨幣的資源（福祉サービスの担い手である専門人材）とがある。給付には，貨幣的資源の直接給付と福祉サービスの実施としての支援的給付とがある。

　給付システムとは，財源と専門人材の調達，配置，割当，評価の仕組みのことを言う。財源の調達，配置，割当は社会福祉財政の機能である。財源に対応する施策の立案・実施と必要な財源の執行，および専門人材の育成・資格認証に関する制度の管理は社会福祉行政の機能である。財政には財政民主主義に基づく財政規律のために単年度主義の原則が働いている。予算と決算の単年度均衡の原則である。しかし，社会福祉のような資源運用の継続性や行政の計画的管理が求められる公権力の行使の分野においては，複数年にまたがる計画的な行財政の計画に基づき，各年度の行財政を系統的に運営する必要がある。そのため，福祉計画が重要になる。

　具体的な福祉サービスの実施については，行政がすべて担うことは行政の肥大化の観点からも望ましくないし，行政の硬直性を排除するという観点からも，民間の福祉事業に対し，事業委託や事業者指定などの方法に拠り，多くの割合

が委ねられることになる。

　行政（administration）は，立法，司法と並ぶ国家作用の1つで，法令に定められた公共政策を執行する機能を持つ。福祉国家の展開に伴い社会保障分野の行政機能が肥大化の一途をたどり，行政のスリム化や機能改革が試みられてきた。

　財政（public finance）とは，国，地方公共団体が営む経済活動のことである。徴税や社会保険料徴収を通じた収入の取得のための作用と，取得した財を管理する作用とがある。財源としては，税金，国債・地方債，貨幣発行益，社会保険料などから成る。

　財政は経済活動であり，政府も企業，家計と並んで経済活動の主体であることから，財政は経済循環における政府の資源投資行動という機能を内在させている。資源投資行動には，市場における供給に偏りが存在したり，市場では供給不可能な場合に公共財を充足する資源配分機能，所得の第1次分配で生ずる格差を累進課税制度や社会保険制度を通じて緩和する所得再分配機能，景気の低迷や景気変動を財政出動（フィスカルポリシー）で安定化させる総需要管理機能がある。

　財政は予算制度と決算制度を通じて民主主義的に管理される。予算制度には，骨格的施策の推進に関する一般会計と特定事業の推進に関する特別会計がある。国の特別会計や特殊法人の運営の基礎となる財産を基金という。基金には，国以外にも，普通地方公共団体が，条例の定めるところにより，特定目的の資金を運用するために設けるものもある。

2　社会保障の費用と効果

　社会福祉の財源である「社会福祉関係費」は，国の一般会計に計上される「社会保障関係費」の項目に含まれる。一般会計の「社会保障関係費」とは別に，1年間に支払われる社会保険，社会福祉関係の給付総額を国際労働機関（ILO）の定める基準に従って計算したものを「社会保障給付費」という。地方

公共団体の社会福祉関係の費用を「民生費」と呼ぶ。

ILOの基準では，給付制度の目的が，高齢，遺族，障害，労働災害，保健医療，家族，失業，住宅，生活保護（公的扶助）の9つのリスクに該当するものであって，制度が法定されており，公的機関，準公的機関，独立性のある機関によって法定の給付権限を伴って支出されるものを「社会保障給付費」と呼ぶことになる。

「社会保障給付費」には「部門別分類」（ILO基準）が設けられており，次のようになっている。

・「医療」：医療保険，老人保健の医療給付，生活保護の医療扶助，労災保険の医療給付，結核，精神その他の公費負担医療，保健所等が行う公衆衛生サービスに係る費用
・「年金」：厚生年金，国民年金等の公的年金，恩給及び労災保険の年金給付
・「福祉その他」：社会福祉サービスや介護対策に係る費用，生活保護の医療扶助以外の各種扶助，児童手当等の各種手当，医療保険の傷病手当金，労災保険の休業補償給付，雇用保険の失業給付

（＊介護対策……介護保険給付と生活保護の介護扶助，原爆被爆者介護保険法一部負担金及び介護休業給付）

ILO基準と並んで，「社会支出」の構成に関する経済協力開発機構（OECD）の基準も用いられる。OECDは，次の9項目を「社会支出」と呼んでいる。

1．高齢（Old age）……老齢年金や高齢者向けデイケア，リハビリ，ホームヘルプなど，居宅サービスや施設サービスの現物給付
2．遺族（Survivors）……遺族年金等
3．障害（Incapacity-related benefits）……障害年金，労災，傷病手当等
4．保険・医療（Health）……医療保険給付，政府による医療サービス，医療費補助
5．家族（Family）……児童手当，出産手当，産休給付など
6．雇用促進（Active labor market programmes, ALMP）……積極的雇用政策対策費（失業給付ではなく職業訓練，再雇用補助金など）

7．失業（Unemployment）……雇用保険給付
 8．住宅（Housing）……住宅補助
 9．他の特別政策（Other social policy areas）……生活保護費などその他対策費

　ILO も OECD も社会保障の経済効果について楽観的な立場をとっているが，一般に，社会保障の充実が経済に対して与える影響に関し，悲観論と楽観論が対峙している。悲観論は，少子高齢化，財政赤字の累積，グローバルなコスト競争，企業収益逓減といった現代の市場経済の条件下では，非生産部門への資源の配分や生産部門への租税圧力などが経済の減速の要因となるというもので，端的には，企業に対する国際比較からみた租税圧力や非生産的コストの足かせの強さを理由に社会保障制度負担の軽減を求める主張である。社会保障制度が低所得層の有効需要喚起の機能を果たした時代は終焉したという主張である。これに対し楽観論は，社会保障制度は依然として経済市場の活性化に貢献しているとみなすもので，景気変動に左右されずに市場の基盤的消費を底支えする機能や，介護ビジネスなどを中心に産業連関の裾野が広く，雇用吸収力もある健康・福祉関連の産業分野を振興する機能などに着目する。理論的には，ニール・ギルバート（Neil Gilbert）のように，社会保障制度は，市場の外側に景気循環に左右されない「社会市場」を形成することで市場経済を底支えするとともに，委託や福祉ミックスなどの手法により政府が直接関与しない市場部門を拡大する機能を果たしているといった評価もある。

　社会福祉に視点を絞ると，社会福祉行財政は，社会福祉資源の効率的・効果的運用に関する公共マネジメントの機能であると同時に，社会福祉資源をニーズ充足のサービス行為に効率的かつ適正に割当てるラショニングといわれる社会マネジメントの機能も有している。社会福祉の規模が拡大し，質的な変化も著しい現代にあっては，福祉ニーズの経時的な動向の把握や政策の方向性，福祉サービス資源の中・長期的にわたる充実・調整を図る必要から，地域福祉計画をはじめとする計画的な行財政運営が行われるようになる。これに伴い，福祉計画には，行財政改革・効率化に関する目標や方法を示すことや，福祉推進における住民，福祉事業者，福祉的活動に参加する主体などの役割や行政との

協働についての考え方を定める機能が求められるようになる。また，福祉計画は3年，5年といった計画期間を伴うが，経時的な継続性が求められることから，期間ごとのニーズ調査と計画達成に関する評価を伴うことになる。

社会福祉行財政の機能を評価する場合，市場経済との関係に留まらず，こうした地域的資源の統合的運用の機能を重視する必要がある。というのは，福祉的資源は，他の経済市場と異なり，基盤となる人材資源や知的資源は地域レベルで発掘・開発が可能であり，社会福祉の制度設計や福祉計画が資源開発促進型に組み立てられていれば，福祉事業にとってはコスト低減の働きを有し，福祉サービス利用者の便益の観点からは効用増進の働きを内包する地域包括ケアシステムを市場の限界に関わりなく創造的に展開させることが可能になるのである。

3　新しい公共マネジメント

近代国家における政策執行の仕組みは，議会制民主主義，官僚制，機会と手続きの公平性から成り立っている。専門的官僚制度が政策執行の効率性・合理性を担保するとみなされていた。しかし，戦後の福祉国家では，社会保障関係費用の割合が，対国内総生産比でも，一般会計の予算構成比においても高まり，固定的支出が財政の自由度を制約する財政硬直化とよばれる現象をもたらしてきた。併せて，福祉行政は，生活保護法，老人福祉法など分野別法ごとに縦割りに機構化され，行政組織も分野別法の所管事業ごとに課・係が縦割りに構成されるなど，行財政の効率性・合理性を低下される原因となってきた。

他方で，高齢化や少子化の進展は，年金，医療，保育，介護を中心に福祉資源の必要量を統計的に将来予測する必要性を高めることになった。そこで，中長期的な資源量の確保や提供体制を計画的に整備し，社会福祉提供体制の将来的リスクを可能な限り解消することが避けて通れなくなる。

1970年代の2度にわたる石油危機を転機に産業構造の脱工業化が進み，急速な高齢化も加わって，年金制度などが予定する社会保障負担における世代間の

公平性の確保が難しくなった。また、雇用制度の流動化、経済の地域間格差の拡大、低所得層の拡大などを背景に、世代内での利害の複雑な拡散状況が進むことになった。これに対応して、法令や予算の機械的執行を行財政の効率性・合理性の基礎としてきた福祉国家型配分システムに代わる新しい公行財政運営の仕組みが求められることになった。1980年代にイギリスで登場し、世界的な拡大を見せることになる「新しい公共マネジメント（New Public Management, NPM）」は、そうした福祉国家型分配システムに企業経営手法に倣った効率性を導入するための仕組みとして展開することになる。NPMは、公共サービスに顧客の視点を導入し、行政執行現場における能力、創造、競争を重視した、公行政の新しい効率性・合理性管理のシステムとして登場した。このシステムは、資源管理の中長期的なリスクを低減させる手法として行財政計画を必要とした。計画は、行財政の中長期的な制度改善や制度経営のビジョンを示す政策マーケティングのツールと位置づけられるようになる（小笠原浩一「保健・医療・福祉・介護政策の『地域包括化』と社会イノベーション・パラドクス」『社会政策』3（1）、ミネルヴァ書房、2011年参照）。

　NPMは、公行政（ガバメント）の内部改革であったが、さらに進んで、公的な施設やサービスの運営に民間企業の資金力や経営力を積極的に活用しようとする公私パートナーシップ（Public Private Partnership）の実践が展開する。地域内の公私の多様なアクターのネットワークを通じて、公共サービスやコミュニティの向上を図り、社会的包摂を促進しようとする新たな協働型ガバナンスも登場する。その中で、市民社会や市場組織により大きな主導的役割を期待し、統制よりも社会の自律と責任を通じた生活の向上に期待するというガバナンスの構想が登場することになった。

　日本においても、1980年代に入り、高齢者福祉分野における質・量共に拡大する福祉サービスに対し、従来の救貧的で制限的援助の制約が顕著になり、地域福祉・在宅福祉サービスの供給の程度、種類、公私の役割の範囲、住民参加の促進など、選択制を盛り込んだ最適な施策を充実させるための計画の必要性が認識されるようになる。全国社会福祉協議会は、1984年に『地域福祉計画

――理論と方法』(全社協，1984年)を刊行し，その中で，非貨幣的ニードへの対応，普遍的なサービス，ノーマライゼーションとインテグレーション(社会的統合)，サービス利用と処遇の場の体系化といった社会福祉の構造変化の行方に適切に対応すべく，地域福祉を計画的に推進する必要性を主張している。これは前年の市町村社会福祉協議会の法制化を受けて，社会福祉協議会の地域における活動を計画的に促進するための計画論という色彩を有するものであったが，グローバルにみれば，NPMの登場によって促された公共サービスの計画的改革という流れに即した提言とみなすことができる。

4　福祉計画の法定化

　福祉計画が初めて法定化されたのは，1990年の老人福祉法等福祉八法改正の際に，老人福祉法に位置付けられた市町村老人福祉計画ならびに都道府県老人福祉計画と，老人保健法に位置付けられた市町村老人保健計画ならびに都道府県老人保健計画であった。それらは，「確保すべき事業の量」の目標値を計画で前置するためのもので，施設整備にあたり許可申請があっても計画達成に支障がある場合には許可を制限することを可能にするものであった。逆に計画の達成に資する事業に対しては事業の円滑な実施に必要な援助を与えるものでもあった。これは，福祉施設数量については計画で天井を設け，在宅福祉の供給量を増加させていくという機能を有しており，老人保健・福祉計画は，社会福祉改革の方向性であった施設サービスから在宅福祉サービスへの流れを加速させる内容を有していた。NPMの主要な柱である改革促進型計画の登場である。
　ステークホルダー協働型ガバナンスの計画として，市町村地域福祉計画がある。これは，社会福祉法第4条に地域福祉の推進を図ることが規定され，地域住民，社会福祉を目的とする事業を経営する者，社会福祉に関する活動を行う者は相互に協力してその推進に努めるものとされたことを受けて，第107条において，市町村は，あらかじめ，住民，事業を経営する者，活動を行う者の意見を反映する措置を講じた上で策定するものとされている。

地域福祉計画の策定は努力義務であるが，地方自治法の国の技術的助言の仕組みを通じて，法の精神は市町村に浸透する仕組みになっている。新規に地域福祉計画を策定する他に，既存の関連計画に整合性を持たせて一括で地域福祉計画と呼ぶことも認められている。

その内容は，
　①地域における福祉サービスの適切な利用の推進
　②地域における社会福祉を目的とする事業の健全な発達
　③地域福祉に関する活動への住民の参加の促進

に関する事項とされている。地方自治法第2条第4項の基本構想に即した計画であることから，策定の主体は市町村であるが，計画の趣旨は，地域福祉の推進に関わるステークホルダーの合意を形成し，地域の条件を反映した地域福祉の自主的な推進を図ることにある。

　策定について法律上は努力義務に留まっている理由は，地方分権一括法により，国には地方公共団体の自主性・自立性への配慮が特に求められた（地方自治法第245条の3第1項）ためである。しかし，これにより地域福祉計画が行政計画であるという位置づけが変わるものではない。社会福祉法は第6条において，国・地方公共団体に，福祉サービスの提供体制の確立，福祉サービスの適切な利用に関する施策の推進の義務を課していることから，地域福祉計画はその有力な手段となるものである。同法第108条の都道府県地域福祉支援計画が市町村の地域福祉計画の達成を広域的な見地から支援する仕組みになっている。

5　福祉計画の目的

　福祉計画には，市町村の自主性・自立性の原則に立ったステークホルダー参画型のものと，国の行動計画を都道府県，市町村に具体的施策として落とし込むものとがある。計画策定の手続きも，法的義務付けの有無，ステークホルダーの関与の有無や関与の形態，計画の推進方法など相違がある。にもかかわらず，福祉計画は，**図14-1**に示されるように，次の共通の目的を有している。

Theme 14 社会福祉行財政と福祉計画

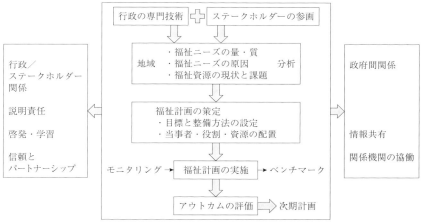

図14-1 福祉計画の目的

(出所) 小笠原浩一「福祉計画の意義と目的」磯部文雄・府川哲夫編著『概説 福祉行財政と福祉計画(改訂版)』ミネルヴァ書房，2017年，149頁。

 まず第1に，社会福祉，介護福祉分野の政策・施策や制度の運用には，少子・高齢化の進展や人口動態の変化，地域の特性や中長期的財政見通しなどを踏まえた中長期にわたる一貫性や継続性といった安定が求められる。福祉計画は，その安定化のための指針となるものである。指針の設定にあたっては，福祉ニーズの現状とその変化を定期的に計測・把握し，ニーズの実勢と施策との整合性の点検が必要になる。計画策定にあたりニーズ調査が重視されることになる。

 第2に，福祉計画の策定は，その過程に住民や事業者などステークホルダーの参加を求めることで，広く合意を形成し，施策の納得性を高めるとともに，行政と事業者と住民とのパートナーシップを進め，相互に牽制・協力し合うという目的を有する。協力関係を通じて，行政は，合意の内容を行政計画として公定することで住民に約束し，福祉サービスの顧客に対し，行政として，一定の計画期間において，そのような具体的施策をどこまで推進するのかという説明責任を果たすことにもなる。また，福祉の現状について，住民・事業者などステークホルダーに情報提供し，啓発を進め，施策の実施における関係者の協

働を促進するというアナウンス効果も福祉計画の目的に含まれる。

　第3に，国，都道府県，市町村の政府間関係においては，法定の権限関係や国庫補助率や財政負担率に見合った責任の分割という関係を超えて，当該計画分野における情報の共有と役割・施策の整合性を担保することや，国の出先機関を含めた関係行政各部門の一体となった取り組みを推進するという目的を持つ。

6　福祉計画の策定・実施・評価

　伝統的な公行政は，科学的計量に基づく効率的財政管理 PPBS（planning programming budgeting system）に基礎を置いていた。これに対し，NPM は，顧客満足（住民サービス）の考え方に沿って目標管理と費用効果分析を重視するようになった。市場で開発された競争主義的な経営手法が導入されることになる。そのため，数量目標が達成されたかどうかに留まらず，その有効性（アウトカム）を評価し，有効性をさらに向上させるための計画の再設計や施策の改善などが図られるようになる。これは，計画の策定，実施，評価，改善を連続して行う生産管理・品質管理手法であるデミング・サイクル（PDCA サイクル）に類似している。図14-2 は，このサイクル・モデルを福祉計画に適用したモデルである。

　NPM にあっても，最小の投入コストで最大の産出（アウトプット）を得るという行政サービスの効率性の基本原則は変わらないが，古典的行財政運営のように産出の結果の計測に留まることをせず，どのようなアウトカムが生み出されたかが評価に付されるようになった。そのため，顧客満足の視点に沿ったサービスの質のマネジメント（Total Quality Control, TQC）や好事例（best practice）を指標に用いた達成水準の評価（ベンチマーク）が実施されるようになる。TQC やベンチマークは，単に行政事務の進捗評価ではなく，サービス利用者という顧客にとっての質や水準の評価であることから，当事者参加による評価手続きが不可避になった。アウトカムの評価指標の決定にあたっても，サービ

Theme 14 社会福祉行財政と福祉計画

図14-2　福祉計画策定・実施・評価のPDCAサイクル

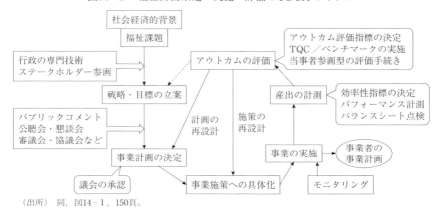

(出所)　同，図14-1，150頁。

ス実施事業者や地域において福祉的支援活動に携わる当事者の参画が不可欠になってくる。

　アウトカムは，計画事業の実施結果である産出（アウトプット）が，顧客にとってどれほど有効なものであったのかを示す指標であるが，産出自体が，事業実施に投入された費用や人員数に対しどれほど効果的なものであったについての評価（産出効果）の計測が，その前の段階で求められる。一定の効率性指標に基づき，バランスシートの作成も伴いながら，事業実施効率に関する評価が実施されることになる。この段階の評価は，個々のサービス事業者および行政各過程におけるモニタリングの機能にも組み込まれており，実施過程での実施方法や費用投入の改善に反映されることになる。

　福祉計画の策定は，地域の抱える福祉課題を反映して行われる。その際，課題を発見し，政策的に解決すべきニーズの分析が行われるが，これには，行政機構の保有する専門的な技術・ノーハウの果たす役割が大きい。ニーズ分析の妥当性の検証には，利用者の立場にある住民や事業実施主体となる事業者の参画が求められる。ニーズ・アセスメントは科学的・客観的なものであることが必要であると同時に，当事者の意向や納得も重要な要素となる。

167

ニーズに対しどのような戦略と目標で対応するかを決定し，戦略と目標を事業計画へと具体化する作業が，計画の立案である。行政計画は財源によって担保されるため，最終決定には議会の承認が求められるが，加えて，最終決定前の段階で，パブリックコメント，審議会，公聴会，懇談会といった方法を用いて，住民の意見を聴取するスクリーニングの手続きが採られることになる。

　福祉計画が妥当性を有するためには，計画の目標，事業の実施方法と資源の調達・配置，事業実施に係る関係当事者の役割，事業実施といった事業プロセスの一貫性を持った管理と，福祉計画の責任主体である行政と事業実施主体である事業者等と利用者である住民との間のパートナーシップの関係の構築が欠かせない。パートナーシップの関係は，計画策定・実施・評価の過程を通じて当事者間の信頼を醸成していく中で強化される。その意味で，福祉計画の策定・実施・評価は，地域に合意と信頼のコミュニティを創造していく過程であるということができる。

CHECK
1　社会福祉行財政が有する経済的機能について，説明してみましょう。
2　行財政改革の手法として登場した「新しい公共マネジメント」は社会福祉行財政にも大きな影響を及ぼしました。現代の福祉行財政において福祉計画が重要視されるようになったことの理由を，説明してみましょう。

Theme 15 介護の制度と地域包括ケア

Keywords ▶ 高齢者介護制度の歴史,日本の介護保険制度の特徴,包括ケアシステムの萌芽,介護保険から地域包括ケアシステムへ

1 高齢者介護制度の歴史的展開

　加齢や疾病に伴う介護ニーズに対応する社会福祉は,1963年の老人福祉法にはじまる。同法は,在宅で要介護状態にある高齢者に対する居宅介護支援事業と私的扶養による介護が不可能な高齢者に対する介護専門施設である特別養護老人ホームへの収容(現在は「入所」)の仕組みを創設した。これに伴い,看護行為の一部であった身体介護を生活援助と併せて社会福祉として実施する道が開かれた。老人福祉法第10条は,「身体上又は精神上の障害があるために日常生活を営むのに支障がある老人」を対象とする措置を「介護」と規定している。
　「介護」という用語は,もともと,疾病や障害が原因で日常生活に支援を必要とする人々に対し提供される身体的介助や生活支援の行為を意味するものであったが,介護保険法が制定されることには,欧米において「長期療養」を意味する long-term care が英語表現で用いられるようになる。介護保険法第1条は,介護保険制度について,「加齢に伴って生ずる心身の変化に起因する疾病等により要介護状態となり,入浴,排せつ,食事等の介護,機能訓練並びに看護及び療養上の管理その他の医療を要する者等について,これらの者が尊厳を保持し,その有する能力に応じ自立した日常生活を営むことができるよう,必要な保健医療サービス及び福祉サービスに係る給付を行う」ための制度と規定している。尊厳の保持,自律した日常生活という価値的規定が行われている

と同時に，サービスの内容として，保健，医療，福祉に渡り範囲が拡大している。今日では，心身の介助に加えて，予防，回復的リハビリテーション，口腔ケア，食栄養，配食，権利擁護など，尊厳の保持と自立した生活を支援するサービス内容が広義に解釈されるようになっている。わが国の「介護」の概念は，long-term care よりも広義である。

　老人福祉法の制定から介護保険法の運用開始までの間，介護は，医療的な長期療養の対象でもあり，福祉的な介護サービスの対象でもあった。実際には，医療への依存割合が高く，1973年の老人福祉法改正で老人医療費公費負担制度が導入されたことも促進要因となって，医療の必要性が低い高齢者が，長期入院することで入院患者の7割以上を高齢者が占める老人病院化が進むようになる。

　1982年の老人保健法は，一方で，老人医療費無料化を廃止し，老人病院を届出による特例許可の病院として制度化することで医師，看護師の配置基準を緩めるとともに，他方で，成人検診による疾病予防や疾患の早期発見の仕組みを導入し，長期入院に対しては医療報酬減額の措置を導入するなど，老人病院の増加を食い止める措置を採った。

　1990年の老人福祉法等八法改正において，高齢化への計画的対応を促進するために，老人福祉法上に地域老人福祉計画を，老人保健法上に地域老人保健計画を規定し，市町村に対し，介護サービス量の計画的整備，福祉と保健・医療との連携強化と総合的なサービス体系の確立を求めることとなった。そのために必要な措置権が市町村に移譲されることになった。両計画は一体的に策定されるものとされたため，一般に「老人保健福祉計画」とよばれるようになる。事実上，前年に消費税導入と一体で策定された「高齢者保健福祉推進10か年戦略（ゴールドプラン）」の計画の推進を担保するための計画の義務付けであった。

　また，老人福祉法の改正に伴い，在宅福祉サービスは社会福祉事業法における第2種社会福祉事業として位置付けられ，民間事業者の参入も可能になった。保健・医療・福祉サービスの市町村単位での計画的整備とゴールドプランならびにこれを継承した「高齢者保健福祉推進10か年戦略の見直しについて（新ゴ

ールドプラン）」（1994年）は，全国どの市町村に住んでも高齢者介護サービスを受けられるようにサービス供給数量を整備することとなり，市町村を保険者とする独立型の公的保険制度としての介護保険制度を導入可能にする普遍的なサービス資源の基盤が形成されたことになる。

　介護保険制度の導入には，資源量の確保だけでなく，従来の行政処分（措置制度）の手続きを用いた社会福祉としての介護の提供から，介護サービスを必要とする側の選択や決定に基づくサービス利用の方法への転換という理念の形成も必要であった。1990年代半ばの2つの政策議論の展開がそのきっかけとなった。

　1つは，厚生労働省高齢社会福祉ビジョン懇談会報告書『21世紀福祉ビジョン──少子・高齢社会に向けて』（1994年）である。ここでは，家族の多様化，核家族化に伴い家庭内扶養機能が低下し，社会保障需要が増大することを見据えて，社会保障制度の柱である年金：医療：福祉の給付構造をバランスのとれたものに改革する必要性が主張された。従来の5：4：1の構造を5：3：2に修正することを内容としていたが，医療から福祉に1の割合を移転する最も有効な方法は，医療費の中の大きな割合を占める高齢者の長期療養に係る費用を，独立の介護保険制度を構築して「福祉その他」に移すことであった。独立の保険制度を構築し，公的保険として費用の約50％を公費から支出し，残りの約50％を親世代の介護ニーズを抱え，介護サービスを実際に利用する世代である40歳以上の介護保険料負担とすることで，介護に係る費用規模そのものを拡大することも可能になる仕組みである。

　2つめは，社会保障制度審議会勧告「社会保障体制の再構築──安心して暮らせる21世紀の社会をめざして」（1995年）である。勧告は，社会保障制度を「自立を基本とした社会連帯の制度」と定義し直すことで，社会保障の領域を拡大しながらも生存権の範囲を限定的にし，公的責任を従来の社会保障実施責任から制度管理責任に転換し，民間サービスの積極的な導入や措置制度から契約利用制度へ福祉のあり方の見直しを促進する内容であった。この論理は，拡大する社会保障の領域の中でもとりわけ比重の高い高齢者介護について，社会

連帯の考え方に立ったみんなで支え合う仕組みを構築し，その仕組みの管理という新しい公的責任を創造することを容易にする論理を含んでいた。

2　介護保険制度の成立

　日本の介護保険制度は，独立型，地域型，公的保険という3つの特徴を有している。

　独立型とは，被保険者資格も，介護給付の対象年齢も，いずれも医療保険や年金保険とは別途に設定された保険であるという意味である。1994年に創設されたドイツの介護保険制度では，被保険者は公的医療保険加入者の全員であり，年齢の区別はない。オランダで1968年から施行されている「特別医療費保障制度」は，健康保険金庫が運営する医療保険の中の長期療養・介護費用保障の仕組みであり，被保険者は全国民で，年齢の区別は置かれていない。スウェーデンの1982年施行の社会サービス法も介護サービスは社会サービスの一部として実施されており，全国民を対象とし，年齢の区分はない。イギリスの1993年施行のコミュニティケア法も，全国民を対象に，年齢の区分は設けていない。また，スウェーデンもイギリスも保険ではなく，税財源による仕組みである。これに比べて，日本の介護保険制度は，被保険者を1号保険者（65歳以上）と2号保険者（40〜64歳）として年齢区分とともに，負担の区分を設けており，サービス給付の対象も，難病等による要介護を除けば「高齢者」に限定されている。

　地域型というのは，被保険者は市町村であり，サービス給付の原資となる財源も独立の特別会計として運用される仕組みになっていることを言う。スウェーデンやイギリスでは，サービス基準や計画の立案やサービスの実施が基礎自治体の役割とされている点は日本の介護保険制度と同じであるし，サービス利用にあたり利用者に一定の負担を求める点も同じであるが，税財源を主とするため，一般会計から切り離された特別会計としての独立の財源運用ではない。ドイツは全国に280余りの介護金庫が保険者であり，オランダは国が保険者で

あり，それぞれ，基礎自治体単位で財源が徴収・運用される日本の仕組みと異なる。

公的保険というのは，介護財源の約10％の利用者の自己負担部分を除いて，ほぼ半分が国と都道府県・市町村の公的財源から拠出されており，保険料収入が財源の約半分であるということから公的保障の性格を伴っていることを言う。スウェーデン，イギリスは被保険者負担の社会保険方式部分が存在しないし，オランダは，公費投入は行われているものの，その割合は，少なく，健康保険料を主な財源としている。ドイツは，全額，労使折半方式の保険料財源である。

ちなみに，2008年から長期療養保険制度を開始した韓国の場合，国民健康保険公団が保険者となり，国民健康保険料に上乗せされた長期療養保険料を徴収し，これを独立の財源として運用されている。被保険者は国民健康保険加入者であるが，給付対象者は原則として高齢者に限られる。韓国もドイツも，日本のようなケアマネジャーによる個別支援計画の仕組みを持っていない。

このようにみてみると，日本の介護保険制度は，医療費のうち高齢者の長期療養に係る費用を福祉費の高齢者介護費用と一括して独立型の公的保険制度を設け，併せて，高齢者介護を公的な報酬ルールで規律される専門サービス労働として公序化することを通じて，介護サービス需給に社会的市場の仕組みを創出しようとした世界的にも希な試みであるということになる。さらに，市町村を保険者とする地域型保険とすることで，全国一律の報酬基準をローカルなサービス実勢に基づく給付調整で運用させるという高度な社会システム制御技術の実験例でもある。日本の介護保険制度は，措置制度時代からの介護サービス技術の進化を前提に介護費用調整に関する新しいパラダイムを相乗させた斬新な社会装置であって，各保険者が戦略性を持ってそれを運用すれば，介護というパーソナルな支援サービスの提供に地域個性のある創造的なイノベーションを展開させることができる条件を整えている。

このシステムが安定的であるためには，このシステムを社会が受容し続けられるような制度の安定性や，その技術的基盤となるサービス臨床の納得性，報酬算定における体系的合理性および倫理的公平性が求められる。それに加えて，

地域型保険制度としたことから，ローカルなシステムとしてのフィージビリティ（feasibility：実現可能性）や継続性といったもう1つの要素が当初から組み込まれている。

　この地域システムとしての安定性という要素は2つのサブカテゴリーからなっている。1つは，政策資源の配分を規律する調整機構としての安定性である。これは，市町村というニーズ実勢に最も近接した単位を資源調整のフィールドに設定し，財源，サービス資源，サービス・プロセスの総体をニーズ実勢に対し最適に適応させるためのマネジメント機構としての安定性である。もう1つは，制度内・外の資源を統合的にガバナンスしていくための誘導装置としての安定性である。介護保険制度は制度サービスの仕組みであるが，地域における人の生活はそれだけで充足できるものではない。制度サービスが有効に運用されるためには，必然的に，セミフォーマルおよびインフォーマルな資源と統合的に運用される必要がある。介護システムは，それを生活の起点である地域の枠組みで最適化していくためのガバナンス装置と定義することができる。ローカルなシステムとしての安定性は，換言すれば，資源のマネジメント機構とそのガバナンスという要素から成り立っている。

　こうした介護システムは，したがって，介護費用調整の仕組みとしても，介護資源の開発・運営の仕組みとしても，サービス利用を媒介とする生活自立保障の仕組みとしても，サービスのリアルな現場から提起される新たな情報を，地域大で統合的に解釈し，意味付け，新たな価値創造を可能にする装置としての特徴を持っている。それは，介護サービスに関わる多くの異なる主体間におけるパートナーシップ関係やステークホルダー関係といった参画型のメカニズムを重視するものであり，協働型のイノベーションの仕組みであると言える。

　「地域包括ケア」は，まさにこの協働型イノベーションの仕掛けである。ニーズ実勢の把握，地域ケア会議，多職種ケアカンファランス，利用者とのサービスの協働創造，地域での自立生活を保障するための工夫されたチームケア，ステークホルダー参画によるシステム・ガバナンスといった分散統合型イノベーションの機構的特徴を備えている。

したがって，独立型で地域型の保険制度を基盤とする介護システムには，その初発から，地域包括ケアシステムとしての必然性が組み込まれていたのである。もちろん，イノベーションは技術進歩とパラダイム転換の相乗で生じるわけだから，介護保険法が成立する以前からの介護臨床の進歩がそのような介護制度への必然性を生んできたと言える。

3　地域包括ケアの構想

今日の「地域包括ケア」という構想の源流は，1990年代の初めから小山剛によって主張されてきた「包括ケア・システム」（小山の用法では，「The System of All-inclusive Care for the Elderly」）とよばれるようになるシステムづくりの実践にある（中村秀一「小山剛さんと高齢者介護政策」　小笠原浩一「社会福祉改革から観た小山剛」，ともに荻野浩基編・長岡福祉協会編集協力『小山剛の拓いた社会福祉』中央法規出版，2016年，所収参照）。それ以前には，御調郡御調町（現・尾道市御調町）や涌谷町において国保病院を中心に地域健康づくりや介護予防を重点に置いた保健・医療・福祉の包括的事業が展開してきていた。小山の「包括ケア・システム」は，アメリカの「高齢者包括ケア・プログラム（PACE, Program of All-inclusive Care for the Elderly）」の仕組みなどを参考にしたもので，文脈が異なっている。しかし，社会福祉が行政から社会福祉法人への事業委託と行政による監督により実施されていた時代には，広がりを見せることはなかった。

介護保険制度の導入，社会福祉基礎構造改革による措置制度の原則廃止と利用者の自己選択と契約に基づく福祉サービスの利用の仕組みへの移行は，地域包括ケアの動きを加速させることになる。「2015年の高齢者介護検討会報告書」（2003年）は，認知症介護モデルに基づき，住み慣れた自宅と日常生活圏の中で，尊厳ある自立した生活が営めるようにするための包括的ケアサービスを提言し，これが2005年の介護保険法改正で制度化されることになる。すでに社会福祉基礎構造改革の過程で障害福祉の側から，「年齢や障害の有無にかかわりなく家庭や地域の中でその人らしい自立した生活が営めるよう」支援する利用型福祉

サービスの構想が打ち出され，これが基礎構造改革やその成果としての社会福祉法の理念へと展開していたという背景があった。2005年の介護保険法改正は，そうした基礎構造改革の理念と，措置時代から福祉事業の現場で試みられてきた実践の融合として，地域包括ケアというシステムを制度上に登場させることになる。

　「地域包括ケアシステム」という制度上の名前は，高齢者介護研究会報告書「2015年の高齢者介護」(2003年）で初めて登場する。2015年には「団塊の世代」が65歳以上となり，介護保険第1号被保険者の数が飛躍的に増大した。あわせて，在宅で介護されている高齢者の約半数，介護施設に入所する高齢者の約8割に認知症の影響がみられるという現状に対応する必要があった。「地域包括ケアシステム」は，「高齢者の尊厳を支えるケアの確立」を目標に，介護保険法制定時の身体介護・家事援助という身体活動機能に関するケアモデルを認知症ケアモデルへと転換させ，それを実現するための新しいサービス体系の確立を表す概念として用いられている。

　地域包括ケアシステムは，生活の継続性を維持するためのサービス体系として構想されていた。介護予防・リハビリテーションの充実，365日・24時間の切れ目のない在宅サービスの提供，小規模・多機能サービス拠点の整備，自宅，施設以外の多様な「住まい方」の実現，高齢者の在宅生活を支える施設の新たな役割（施設機能の地域展開，ユニットケアの普及，施設機能の再整理），これらを支えるケアマネジメントの適切な実施と質の向上ならびにサービスの質の向上などがその中身であった。

　2005年の改正では，地域包括ケアシステムの中核施設として，地域包括支援センターが設置された。地域包括支援センターには，主任介護支援専門員（ケアマネジャー），保健師，社会福祉士の3職種が配置され，チームアプローチで，住民の健康の保持と生活の安定のために必要な援助を行うことで，保険医療の向上及び福祉の増進を包括的に支援することとされた。具体的には，総合相談支援業務，権利擁護業務，包括的・継続的ケアマネジメント支援業務，介護予防ケアマネジメント業務を主な業務とすることとなった。業務遂行に当たり，

その基盤として，地域ケア会議の開催や行政・関係機関との調整・連携など地域内の介護関連の専門的資源を包括的にネットワークにつなぐ役割が期待されることとなった。

4　地域包括ケアシステム構想の展開

　社会保障・税一体改革により，「地域包括ケアシステム」は，介護サービスのシステムを脱して地域における医療と介護の連携システムへと進化する。併せて，社会保障改革プログラム法に位置付けられることで，社会保障制度全体の改革枠組みに進化する。2017年には，2018年の医療報酬，介護報酬の同時改訂に併せて施行される「地域包括ケアシステム強化法」が成立し，地域包括ケアは地域医療・介護連携と日常生活総合支援の2つの柱に整理される。同時に，地域共生社会の枠組みが登場し，介護保険法，医療法，障害者総合支援法，児童福祉法，社会福祉法の関連事業を一体的に推進するための地域共生事業が登場する。従来の医療療養施設を転換して介護医療院という医療提供を行う介護保険施設も新たに創設された。

　医療については，救急，回復，維持，療養といった垂直型の機能分化・連携が強化された。医療側の病床回転率の効率化に対応して，入院日数の短縮が行われる結果，救急段階から医療機器を装着したまま地域に戻る要介護者やリハビリテーションの継続を必要な状態で在宅に戻る要介護者が増えることに対応して，定期巡回・随時対応型訪問看護介護や小規模多機能など地域密着型サービスの役割の重要性が増大する。病院や診療所で終末を迎えていた患者が介護施設の看取り介護で対応される割合も増加する。つまり，医療と介護は水平型の連携システムとなっていくことで，介護サービスの機能の拡大と高度化が，医療の機能分化と連携効率化を支えるという関係が出来上がったのである。

　もともと介護サービスの質の向上から始まった地域包括ケアのシステム化は，医療，介護資源の効率的統合と地域共生社会による地域のインフォーマル資源の活用の拡大へと，その性格を変えてきている。

CHECK
1 日本の介護保険制度の国際比較からみた特徴について，説明してみましょう。
2 地域包括ケアシステムというのはそれぞれの地域の必要性や特性を踏まえて，地域における住民や介護福祉関係者などの参画を得て創造的に作り出される社会イノベーションのシステムであると言われています。ご自分の地域について，どのような地域包括ケアシステムが望ましいか，構想してみてください。

Theme 16 認知症への新しいアプローチ

Keywords ▶ 社会福祉における認知症，認知症である人の増加，認知症へのアプローチ，認知症スティグマ

1 社会福祉における認知症

　認知症（dementia）とは，何らかの原因疾患を発症することで，記憶，知覚，判断，感情などを管理する大脳の知的機能に生じる障害のことである。原因疾患に起因する障害であるから，先天的な知的機能障害とは異なるし，加齢による物忘れとも異なる。記憶を管理し，意思決定や価値判断を行うという大脳の高次の機能そのものが衰える障害である。

　大脳は，前掲図10-3に示すように，表面の大脳皮質と内部の大脳辺縁系からなっており，大脳辺縁系には記憶を制御する海馬と喜怒哀楽や快不快を制御する偏桃体からなっている。認知症は，海馬の委縮から始まる。海馬はコンピューターの中央処理装置（CPU）のような働きを持っており，比較的短期の記憶を制御していることから，物忘れや置き忘れといった日常生活の障害が発生する。若いころから訓練や日常生活経験の中で修得してきた行為の方法に関する「手続き記憶」は小脳が管理しているため，認知症になっても自動車の運転や調理の仕方などの記憶は消えない。喜怒哀楽や快不快は偏桃体が制御することから，認知症になっても本能的活動や情動に関する喜怒哀楽は残る。

　認知症の原因疾患は脳血管疾患や神経変性性疾患，炎症性疾患，代謝性疾患，内分泌疾患，中毒性疾患，正常圧水頭症，脳挫傷など頭部外傷やウイルス感染など多様であるが，原因疾患の9割以上は，4大原因疾患と言われるアルツハ

イマー病，レビー小体病，前頭葉側頭葉変性症，脳血管疾患が占めている。アルツハイマー病は脳神経細胞が周囲にたんぱく質が沈殿することで徐々に死滅し，脳が縮むことで発症し，近時記憶障害，見当識障害，失認，ちぐはぐな服装，言葉が出ないなどの症状を伴う。レビー小体病は，脳神経細胞にレビー小体とよばれるたんぱく質が蓄積することで発症し，幻視，近時記憶や意識の急激な変動，パーキンソン症状（安静時のふるえ・姿勢保持障害・前傾姿勢など）がみられる。前頭葉側頭葉変性症は，理性的な判断や行動を司る前頭葉や事物の意味を理解する側頭葉が委縮することで発症し，感情や衝動を抑制できなくなる人格変化，同じ動作を繰り返す，言葉や事物の意味が理解できなくなるなどの症状を伴う。脳血管性疾患は，脳の血管が詰まったり，切れたりして，脳細胞に栄養や酸素が行き渡らない部分が壊れることで発症し，注意障害，運動・実行機能障害，自発性の低下，うつなどの症状がみられる。

　認知症は原因疾患の発症に伴って生じる日常生活運営機能における障害であることから，先天性の障害や加齢を原因とする障害とは異なる。アメリカ精神医学会の「精神疾患の診断と統計マニュアル」（DSM-5，2013年）は，精神疾患の世界的診断基準を19年ぶりに全面改訂し，「老人」や「痴ほう」と結びつきがちな「認知症」に代わって，脳の器質性疾患の総称である「神経認知障害」（NCDs）という年齢に関わりのない障害を示す概念を用いるようになった。NCDsの診断基準も簡素化し，複雑性注意，実行機能，学習と記憶，言語，知覚・運動，社会的認知の6つの認知ドメインのうちいずれか1つにでも本人や家族，知人などがみてそれまでになかった状態の低下が生じていることを基準としている。早期発見を容易にする基準となっている。

　認知症の症状には，必ず発症する「中核症状」と人により現れ方に差がある「行動・心理症状」（BPSD）とがある。「行動・心理症状」には「行動症状」と「心理症状」がある。「中核症状」は，記憶，判断力，見当識の障害，性格の変化，問題解決能力や実行力の障害，失行・失認・失語などが代表的である。「行動・心理症状」の「行動症状」は，失禁や不潔な行動，介護への抵抗，暴言や暴力，睡眠障害，過食や異食，徘徊，多動多弁，思い込み，過度の心配，

無為・無反応などであり,「心理症状」は,幻覚,妄想,不安,焦燥,うつなどである。

　早期発見によって,早い段階で受診し,適切な薬の管理を施すことで,中核症状は治すことはできないが,症状の緩和・改善や進行の予防の効果を得ることができる。行動・心理症状は,中核症状の状態や本人の身体的状況に左右されがちで,とくに生活環境や取り巻く人間関係のあり方に症状の現れ方が大きく左右される。家族や介護職が,認知症状を正しく理解し,本人を前向きに支えて行く姿勢であることが大切で,とくに家族の理解と支えが重要である。

　認知症である本人は自分が自分で無くなっていくことに気付いていて,一番つらい思いをしている。だから周囲の環境や自分の変化に必死で適応しようとしたり,失敗を見せないようにしたりする。それが,思考や行動のもたつきや不自然な言動につながってしまう。本人には,親として,職業人として,夫や妻として,懸命に生きてきたプライドがある。動作や判断が鈍く,見当違いに見えても,考える時間をとってゆっくり対応することが求められる。急がせたり,命令したり,叱ったり,禁止・抑制したりすることは,本人の症状を悪化させるばかりか,周囲との信頼を失わせ,不安や焦燥に駆り立ててしまう。

　社会福祉における認知症の理解で基本となるのは,医学的疾患としての認知症への理解ではなく,認知症である人が,日常の生活を継続していく上で不利になる症状を理解し,適切な受容と支援によって,快適に過ごせる生活リズムを確保することである。「認知症の人」を支援するのではなく,「認知症を発症しながらも懸命に生きようとする人の生活」を支援することが社会福祉の役割である。

　また,認知症である人への生活支援には,福祉・介護サービスのすべての要素知識・要素技能が集約されていると言われる。バイタルやメンタルの支援,人生を凝縮したその人らしい尊厳やプライドへの配慮,家族関係の調整,居住環境の安全確保,地域社会の理解,権利擁護,消費者保護,虐待防止,本人の喜怒哀楽や快不快の判断に配慮した身体的介護,突発的事態への対応,服薬管理など,社会福祉の支援に求められるあらゆる知識・技能の要素が関わってい

る。加えて，状態評価やケアの方法論も急速に進歩しており，知識・技能の更新ペースが早い。社会福祉士，精神保健福祉士，介護福祉士の養成教育において認知症が独立の項目として重点化されている所以である。

2 認知症である人の増加

　国際アルツハイマー病協会（Alzheimer's Disease International）の「世界アルツハイマー報告書2015――認知症のグローバルなインパクト（The global impact of dementia‐World Alzheimer Report 2015）」は，今後2050年にかけての認知症に関する予測を発表した。それによれば，世界中で3.2秒に1人の早いペースで認知症である人が出現しており，2015年で4680万人の認知症人口は，2030年には7470万人に，2050年には1億3150万人に達する。その増加の49％はアジア地域においてである。認知症に要する医療コストは2015年現在で98兆円であるが，2018年には120兆円，2030年には240兆円に達するとされている。

　厚生労働省が2015年の「認知症施策推進総合戦略――認知症高齢者等にやさしい地域づくりに向けて（新オレンジプラン）」策定時に実施した調査推計によれば，2012年時点で認知症である人は約462万人，65歳以上人口の7人に1人であり，軽度認知障害（MCI）である人の推計数400万人を加えると，4人に1人の割合に上る。各年齢における認知症有病率を一定とした場合，2025年には約675万人で高齢者人口の19.0％であるが，2030年には744万人で20.8％となり，2050年には797万人で21.8％に達する。各年齢における認知症有病率が今後上昇する場合，2050年には1016万人で27.8％に達すると推計されている（https://www.mhlw.go.jp/file/04-Houdouhappyou-12304500-Roukenkyoku-Ninchishougyakutaiboushitaisakusuishinshitsu/01_1.pdf）。日本の認知症発症率が他の先進国に比べて非常に高い原因の解明が進められており，たとえば，アルツハイマー症の原因とされるβアミロイドタンパク質の働きを決定している APOE ε4遺伝子が日本人に多いことなどが主張されたりしている。

　認知症大国と言われる日本においてばかりではなく，世界的にも社会的格差

や排除が深刻化する中で，認知症である人への福祉・介護支援サービスの研究開発，とくに認知症の兆候の早期発見と初期段階における集中支援の仕組みの開発が，急務となっている。

　日本政府は，「新オレンジプラン」において，認知症への理解を深めるための普及・啓発の推進，認知症の容態に応じた適時・適切な医療・介護等の提供，若年性認知症施策の強化，認知症の人の介護者への支援，認知症の人を含む高齢者にやさしい地域づくりの推進，認知症の予防法・診断法・治療法・リハビリテーションモデル・介護モデル等の研究開発及びその成果の普及の推進，認知症の人やその家族の視点の重視の7つの柱を掲げている。認知症の社会政策としては，まずは，イギリスの「意思決定能力法（MCA）」にみられる本人の尊厳と意思の尊重を基本原則にした認知症医療や認知症福祉・介護サービスが推進されるよう，「認知症の人基本法」の制定が急がれる。とくに，認知症を予防や治療という医療モデルからではなく，「認知症である人」の生活支援に関する法制度として構成することに要点がある。

　社会福祉においては，主体像としては「認知症の人（dementia people）」ではなく，「認知症である人（person with dementia）」として，状態像としては，「認知症対策（action against dementia）」ではなく，イギリスの2009年の認知症国家戦略のタイトルにある「認知症と共に良く生きる（living well with dementia）」といった人間福祉モデルのアプローチが重要であろう。

3　アプローチ

　認知症の経済や社会的コストへ影響の深刻化に伴い，効果的な認知症施策の開発推進がOECD，WHO，EUなどのグローバルな協調で進められてきている。とくに，2013年12月のG8ロンドン認知症サミットは，そうした協調の到達点をベンチマークし，それを踏まえて，グローバルに取り組まれるべき認知症施策と研究開発の基本的な方向性に関するコンセンサスを形成するものであって，その後のWHOや関係国による一連のフォローアップの進展につなが

っている。

　G8サミットを受けて，日本は，「新しいケアならびに予防のモデル（New care and prevention models）」の構築に主導的役割を引き受けることとなった。日本は認知症に関する国家戦略を有する主要国の1つであり，積極的な研究開発投資が行われてきている。そのテーマ領域は広範囲にわたっており，認知症のケア技術，認知症の地域包括ケア体制，認知症の経済的影響，医療・介護機関における認知症患者の医療・ケア等の実態，認知症の発症に対する危険因子や保護的因子などに関する研究開発に及んでいる。臨床モデル構築に近接した研究開発としては，早期発見，日常の生活過程での気付きから始まり，終末期から看取りに至るまで，認知症の進行段階に沿って，支援サービスに関わる主体がどのような役割を担い，どのように連携しているか，多角的な開発が進んでいる。地域包括ケアのシステム化に関わらせながら，認知症の病理的進行段階に沿った流れとして医療・介護のダイアグラムを構築しようとする調査研究が盛んである。

　これに対し，国際アルツハイマー協会は，『世界アルツハイマー報告書2012』において，「認知症スティグマの克服（Overcoming the stigma of dementia）」の提言を行っている。認知症に対する心理社会的な障壁の克服に向けて，公共（the public）向けの啓発，認知症の人の社会的孤立の緩和，認知症の人々の当事者メディアの確保，認知症の人とその介護者の権利の承認，地域社会への認知症の人の参加促進，インフォーマルで有償のサポーターの養成と活動支援，在宅・ケアハウスにおけるケアの質の向上，プライマリヘルスケア専門家の認知症対応能力の改善，各国政府によるアルツハイマー国家プランの策定，スティグマに関する研究の強化，といった10項目の勧告を国際社会や各国政府向けに行っている。

　また，英国アルツハイマー協会は，これに先立つ2008年の活動宣言文書「認知症を表舞台に（Dementia: Out of Shadows）」において，認知症に関する公共的理解の促進，地域の指定かかりつけ医（GP）の認知症への理解と認知症発見能力の向上，認知症専門家の鑑別的アセスメント・サービスの向上，適時適切

な情報提供，認知症の人の社会的統合に向けたピアサポート・ネットワークの強化といった5項目を提言している。英国アルツハイマー協会は，2013年のG8ロンドン認知症サミットの宣言文書の草案策定に貢献したが，その中で，認知症に対する否定的なスティグマを1つの重要な課題とするよう訴え，サミット最終宣言「Global action against dementia」の第11項として組み込まれることになった（https://www.mhlw.go.jp/std/houdcu/0000033640.html「G8認知症サミット宣言（G8 DEMENTIA SUMMIT DECLARATION）」〔2013年12月11日〕の第11項は，市民社会に対し，認知症への「スティグマ，排除ならびに恐怖を低減するためのグローバルな努力を引き続き行い，強めていくこと」を宣言している）。

この2つのアルツハイマー協会のアプローチは，極めて焦点化されている。焦点は，「認知症スティグマの低減」にある。認知症に対する無理解や先入観，偏見や恐れ，回避や排除などを「スティグマ」と捉え，それが認知症の人々に対する社会的態度の劣化や妥当性を欠く医療・ケアの原因になっているという問題の把握の仕方である。認知症ケアや予防的取り組みのモデル開発は，医療・介護の新しい知識や技術のイノベーションを伴いながら進められるが，新しいモデルの構築が理論的に進んでも，認知症に対する心理社会的状態の水準が底上げされなければ，サービス臨床における実効性や効果にはつながらない。とくに，認知症への予防が必要となるリスク段階や初期の微弱な兆候の段階で，早期に適切なアセスメントにつなげられ，集中的な支援体制が構築されなければ，その後のケア・プロセス全体の編成が一貫性・継続性を欠くことになる。

早期発見を促進するには，本人の発意と並んで，家族・近隣住民等の身近に生活する人々の意識・行動や専門職の認識・支援といった動機付けの要因が不可欠になる。また，初期集中対応においても医療的側面での対応だけでなく，生活環境の整備や支援のネットワークづくりといった認知症の人が普段の生活を継続していくための条件の組織化が重要で，それは，日常生活に関与する周囲の人々の認知症に対する前向きな意識・行動によって支えられるものである。

ところが，早期発見という初動の段階で，その妨げとなるような意識状況が社会的にみられる。ちょっとした物忘れ程度と軽視したり，認知症の診断が下

されるのを恐れたり，同情はするが関わりたくないと敬遠したり，認知症だと疑っても歳を取れば自然な成り行きだと放置するといった，一般的に観察される意識とそれに基づく消極的な判断・行動である。早期発見を妨げる意識・行動の背景には，「認知症」について社会に拡がる消極的ないし否定的な意識構造がある。福祉・介護専門職の中にも，受診が望ましいことは理解しているが，認知症であることが判ったとして，それを，どのように支援につなげるのか方向性が見えないまま対応を躊躇するとか，認知症であってもその人を介護するという点では変わりはないからと認識し，介護の一般論から個別ケースを演繹するような行動が観察される。認知症介護の経験から得られた知識が，結果として，待ちの判断を生んでしまうことがある。

　ガンであれば早期発見，早期治療で治そうとする。本人や家族が心を一つにして治療をすすめるために，同意に基づく告知や治療計画が重要である。認知症についても同様で，早期発見，初期集中対応についての社会的なコンセンサスを促進する必要がある。そのためには，認知症であること，認知症になることについて，どのような心理社会的状態（psycho-social state）がみられ，認知症に対する心理社会的状態が，認知症という状態にある人に対するどのような行動病理を発生させるのか解明し，認知症にとってネガティブな心理社会的状態の緩和・改善の方略を検討することが重要になっている。

4　認知症スティグマ研究

　認知症スティグマに関する主要な研究として，次のようなものがある。
　①認知症ケアマッピング（Dementia Care Mapping, DCM）
　認知症ケアマッピングは，ブラッドフォード大学の応用認知症研究センター（Centre for Applied Dementia Studies, University Bradford）が開発したもので，認知症を不可逆的な兆候と捉え，本人の個人的な生活の質を優先する認知症ケアの方法を構想したものである。いわゆる「人間中心のケア（person centered care）」の考え方を基盤にしている。

その際，方法的キーワードとなるのが，認知症への恐れ（fear）と差別的取扱い（discrimination）である。DCM は，認知症の本人の日常生活行為を専門家（マッパー）が観察し，24の異なるドメインから成る「行為カテゴリー・コード（the Behavioral Category Code, BCC）」に即してインディケーター解釈を加え，心地の悪い状態と心地の良い状態に得点化して仕分けし（well/ill being (WIB) value），生活の質を可視化して，ケアの方法の改善に結びつける方法体系である。この方法は，認知症を特別な疾患とラベリングする医療的アプローチが生み出してきた認知症への恐れや，医療中心の対応プロセスに組み込まれた認知症への差別的取扱いから醸成される社会心理的な偏見的先入観に対し，「個人にとっての妥当性の確認（individual validation）」を優先させるという目標から開発されたもので，社会的な認知症スティグマから個人を防衛するケアの方法体系として構想されている（Brooker, Dawn, "Dementia Care Mapping: A Review of the Research Literature", The Gerontologist, 45-1, 2005, pp. 11-18; Brooker, Dawn J. and Claire Surr, "Dementia Care Mapping (DCM): initial validation of DCM 8 in UK field trials", International Journal of Geriatric Psychiatry 21, 2006, pp. 1018-1025などを参照願いたい）。

②スティグマの6次元説（Six Dimension of Stigma）

ダブリン・トリニティカレッジの助産師・看護師学部（The School of Nursing and Midwifery Trinity College Dublin）がアイルランド・アルツハイマー協会と共同で取り組んだもので，エドワード・ジョーンズ（Edward E. Jones）らの社会的スティグマ研究の方法にみられたスティグマを力関係の状態，契機の重層性，主体の複層性のプロセスの中から発生するものと捉える方法を「認知症スティグマ」の構造分析に応用したものである。スティグマを，隠秘性（concealability，状態の可視性），経路（course，経時変化），断絶性（disruptiveness，関係の阻害性），審美的特徴（aesthetic quality，烙印の度合いと狼狽効果），起源（origin，発生環境と責任主体），危難（peril，危険性の性質と切迫性）の6つの次元から構成される行動病理体系としてみなし，状態をコントロールできる変数を発見しようとする試みである（Jones, E. E., Farina, A., Hastorf, A. H., Markus, H.,

Miller, D. T. and Scott, R. A., Social Stigma: the Psychology of Marked Relationships. New York: W. H. Freeman and Company, 1984; The School of Nursing and Midwifery Trinity College Dublin, Perceptions of Stigma in Dementia: An Exploratory Study, The Alzheimer Society of Ireland, August 2006)。

③ウォロンゴン大学スケール１，２ (University of Wollongong Scale 1 & 2)

オーストラリア・ウォロンゴン大学健康イニシアチブ研究センター（当時）が認知症スティグマを意識・認識の次元で類型化した，スティグマ評価スケールである。「肯定的スティグマ（positive stigma）」の概念を投入したこと，ならびに，「もしあなたが認知症ならば」という仮想認識を組み込んだ点が新しい。

認知症に対する意識・認識を，認知症への排除・回避意識の構造分析，認知症に対する肯定的イメージや行動心理，それに，「もしあなたが認知症になったら」「もしあなたの親しい人が認知症になったら」といった仮想認識，からなる評価指標となっている。「もしあなたが」設問では，「あなたは，もし，物事を忘れっぽくなり，それが認知症の始まりの兆候ではないかと気になり始めたら，次のリストの中の誰に，助けを求めることになると思いますか」という問いと，「あなたは，もし，あなたの最愛の人や近しい家族に認知症の初期症状が見られるようになったら，当人に代わって，次のリストの中の誰に，助けを求めることになると思いますか」という問いからなり，それぞれ，想定される家族や親族，医療・相談援助の専門家がリスト化され，「有り得る」「有り得ない」方式で回答を求めている。「当てはまらない」（つまり，そのような人がいない場合と，いても助けを求めるつもりはない場合の回答肢）および「誰にも助けは求めない」「最終段階まで助けは求めない」という回答肢を入れて，主体的スティグマ（self-stigmatization）の存在と人間関係の阻害要因を検出できるよう工夫されている（Phillipson, Lyn, Christopher Magee, Sandra Jones, and Ellen Skladzien, Exploring Dementia and Stigma Beliefs: A Pilot Study of Australian Adults Aged 40 To 65 Yrs., University of Wollongone Centre for Health Initiative, Alzheimer's Australia, 2012)。

ところで，心理的スティグマの発生原因は，認知症という疾病やそれに伴う

障害の症状が正しく理解されていないことにある。人は，学び，教えられないものは理解できない。そこで，スティグマの低減・解消を目的に工夫されたラーニングの機会が，人々がそれを利用しやすい多様な方法で，学校教育，職場の研修，地域の社会教育や生涯学習などの場に埋め込まれていることが重要になる。

　スティグマ心理が行動に表出するのを左右する因子は，①審美的な心象（きれい，汚いといった審美感に基づく心象形成）に起因する「回避」，②認知機能や保有能力が低いという心象に起因する「回避」，③コミュニケーションなど関係性を維持する能力が低いという心象に起因する「排除」，④当惑，不安，忌避，嫌悪などの心理に起因する「回避」，⑤認知症であることへの共感や肯定に起因する能動的な認知症観の現れとしての「受容」である。これらは，審美心象，能力観，社会関係スキル，心理的当惑，共感・受容といった認知症以外の福祉問題にも一般的にみられるスティグマの表出因子である。

　スティグマは，人というものに関する正常観を下敷きにしていて，正常観を倒置した見方で福祉的問題状況や問題を抱える人々を認識する倒置的な認識として表出するか，正常観を問題を抱える人々についてもそのまま当てはめる受容的な認識として表出するかによって，「排除」「回避」の行動心理となるか，「受容」の行動心理となるかが分かれる。「受容」は，健常者像や標準的生活者モデルを前提として，健常・標準からの逸脱について，「認知症であっても人間として尊重されるべき」「認知症であっても自分でできることは残っている」といった肯定的心理状態の現れであるから，先入観を基盤にした心象形成である点では，消極的「回避」や意図的「排除」といった否定的心象と同じである。

　また，スティグマ心理には，他者に対するスティグマ（客体的スティグマ）と自分が福祉的問題状況を抱え込むことへのスティグマ（主体的スティグマ）がある。主体的スティグマと客体的スティグマを同時に低減するような影響因子はみつかっていない。つまり，認知症である他者を受容できる人は自分が認知症になることを恐れる傾向にあるし，認知症である他者を受容できない人は自分が認知症になることに実感を持ち難い。あくまでも他人事なのである。認知症

の利用者を受容し，介護できる専門職員は，自分や自分の大切な家族が認知症になることを忌避する傾向にある。

　共生社会の推進を図るためのスティグマ低減の取り組みとしては，他者に対するスティグマである客体的スティグマを低減させるラーニングプログラムが重要である。たとえば生活困窮であれば，生活運営のための貨幣資源が不足している外見上の問題に目を奪われることなく，貧困という状態に至る生活過程，貧困な生活に陥ってしまったことへの当事者の失望や苦悩，社会関係への遠慮や人との関わりからの逃避など，生活困窮状態にある人々の抱える生活状態に関する理解の促進が重要である。障害や疾病に関する正確な知識の獲得やステレオタイプ的な従来の認識の矯正が重要である。

　同時に，そもそもスティグマは，その対象となっている事柄に関する無知や不正確な理解が引き起こす偏見，先入観である。心理学上の概念ではあるが，心の問題ではなく，知的な認識と理性的な行動形成に関わる問題であるというアプローチが重要であろう。

5　共活動体験の重要性

　認知症である人々との寄り添いの共活動体験を効果的なものに導いている諸要因は，「信頼」研究の成果を踏まえて解釈することができる（山岸俊男『信頼の構造——こころと社会の進化ゲーム』東京大学出版会，1998年；水野将樹「心理学研究における「信頼」概念についての展望」『東京大学大学院教育学研究科紀要』第43巻，2003年，185-195頁；石川博康『「信頼」に関する学際的研究の一動向』COEソフトロー・ディスカッション・ペーパー・シリーズ〔COESOFTLAW—2004. 8，東京大学法学部〕，2004年を参照）。

　認知症に対するスティグマは，先入観，偏見，審美的嫌悪，排除，回避，同情など，認知症という事象の不可解さや複雑さという知的リスクに根差している。共活動は，認知症の他者との協働的関わりのなかで，相手の辿ってきた人生に接触し，人格やプライドを感受することで，知的リスクの低減・解消を導

く機会となっている。個別的・対面的なコミットメントが自己にもたらす知的成長の学習効果についてポジティブな確信を形成させる機会にもなっている。地域の中では、挨拶程度に留まっていた相手に、カフェでは個別的コミュニケーションが取れるとか、回想法でお互いに共感・共鳴するといったことを頻繁に目にするが、これはこの共活動の対面性の効果を物語っている。

また、認知症が社会問題化する背景には、人への愛情や自身の人間的誠実さといった抽象的原理の揺らぎ問題が潜んでいるが、共活動は、個別的・対面的コミットメントを通じて形成される人格的信頼に基づき、こうした抽象的原理の規範的な正しさを実体験する機会にもなっている。この段階での信頼は、個別的関係性に基づく主観的レベルであるが、カフェに時間経過とともに集積する数多の個別的関係の総体がシステム化することで、カフェというシステムそのものへの客観的・一般的な信頼やカフェでの認知症の方々との出会いというシステム化された関係性への信頼が醸成されることになる。この客観的なシステムへの信頼により、共活動から学習した人々は、自らもカフェ運営に参加したいという主体的な役割感や自己学習的な充足感という自身への信頼を形成していくことになる。

共活動体験者は、個別的・対面的なコミットメントを通じて醸成される人格的信頼とその先のシステムへの信頼を学習することで、認知症の人へのサポートという、かつてはリスクが高いと認識していた行為を、人間的な互酬行為と認識するようになる。それは、継続する時間枠の中で信頼性を維持しようとする欲求へと展開していく。

したがって、共活動をスティグマ低減の学習機会として効果的なものにするための条件は、①個別的・対面的な相互行為において活動体験者に信頼形成の学習利益が生み出されるような環境を準備すること、および、②相互行為が継続性を持って展開していくこと、の2点であるということができよう（共活動体験の有効性も含めて、以上述べてきた認知症スティグマ低減の学習効果については、小笠原浩一・宮島俊彦監修／日本介護経営学会編集協力『認知症の早期発見・初期集中支援に向けたラーニングプログラム』中央法規出版、2017年に詳しい）。

CHECK
1 認知症の原因疾患と症状との関係について，社会福祉の支援という視点から説明してみましょう。
2 認知症は早期発見が何よりも重要だと言われます。早期発見を社会的に促進するためのポイントについて，まとめてみましょう。

Theme 17 健康と予防

Keywords ▶ 健康の定義, 健康の社会的決定要因, ヘルスプロモーションと予防, リハビリテーションの福祉サービス化

1 WHOの健康の定義

　世界保健機構（WHO）憲章は,「健康とは, 身体的, 精神的, 社会的に完全に良好な状態のことであり, 単に疾病や虚弱ではないことを意味するのではない」として, 健康についての最も包括的な定義を行っている。憲章の「達成可能な最上級の健康水準を享受することは, 人種, 信条, 政治理念, 経済的社会的状況に関わらず, 全人類の基本的権利の1つである」という規定を受けて, WHOは, 疾病や障害に関する国際的な標準を策定してきた。

　疾病に関する国際標準の策定の動きは古く, すでにナイチンゲールの時代から始まっているが, WHO成立以前の1900年に最初の国際疾病分類（International Classification of Diseases, ICD）が策定された。その後, 新たな疾病の発見や疾病に関する医療技術的進歩や社会的認識の更新を反映して10年ごとの見直しが行われてきている。現在は1990年に改訂されたICD-10が最新版であり, その後は部分改定が繰り返されている。国際標準分類を国内においてレセプト請求や統計法上の疾病統計に適用するためには, 社会保障審議会の審議を経て, 厚生労働大臣の告示の手続きが必要となる。現在の大臣告示は, 2013年改定版に準拠した内容となっている。

　障害については, 1980年に「国際障害分類（IC-IDH）」が採択されている。これは, 障害を, 身心機能・身体構造における障害（impairment）, 日常生活を

営む活動能力における障害（disability），社会関係に参加することにおける障害（handicap）に分類している。障害を有するために生じる社会的に不利な状態を評価分類するためのものである。IC-IDHは，社会的不利の状態を測定する分類としては今日でもその有効性を失ってはいない。たとえば，身心機能の障害状態が日常生活を営む上での障害に結びつかないようにケアワークで支援すること，身心機能における障害があっても，それゆえに社会関係への参加が妨げられないようソーシャルワークの支援を行うことが，福祉的支援の専門性を評価する上で重要な基準となる。

IC-IDHの内容に，障害が社会的不利につながる環境因子の評価を加えて策定されたのがWHO国際生活機能分類（International Classification of Functioning, Diseases and Health，2001年5月採択）である。厚生労働省は翌2002年に日本語版を公表している。保健，医療，福祉関係者の疾病や障害に関する環境因子にも配慮した共通認識の形成，環境因子の観点を組み込んだ専門職養成教育や専門職の能力形成，サービス臨床計画やサービス実施記録の標準化や支援効果の評価基準，調査・統計の標準的枠組みなどに活用されてきている。

IC-IDHは結果として発生している状態を評価し，その改善を促す基準であるのに対し，ICFはそうした状態の発生する環境因子の分析・解明とその社会システム・社会行動面からの解決を促す基準である。社会福祉の政策や実践においては，2つの方法論の統合されたアプローチが重要になる。

2　健康の社会的決定要因

健康に関する政策形成は科学的に把握された根拠に基づき行われなければならないが，その場合の科学的根拠には，診断や治療に関する病理学的根拠や疫学臨床から得られた知見だけでなく，人々の生活環境や働く環境，安全や不安に関係する社会情勢，教育や経済的水準など，非医学的な社会要因も含まれる。

疾病には遺伝子や生活習慣など個人的因子が影響を有するが，他方で，健康の社会的決定要因も重視されている。健康に関する政策への公的な投資が効果

を上げるためには，健康を左右する社会的な決定要因をどのようにコントロールし改善向上させるのか，という考慮が不可欠である。WHO は，1998年に「健康の社会的決定要因：確かな事実の探求」(Social determinants of health: The solid facts) を公表したのに続き，2003年には，その第 2 版を公表している。健康政策を社会経済政策・公共政策と包括的に推進するための根拠となるものである。これは，WHO 総会で採択された国際標準ではないものの，WHO の都市保健センターとユニバーシティ・カレッジ・ロンドンの研究者たちの調査結果を基に健康の社会的決定要因を特定し，その改善に向けた行動を促す目的で刊行されたものである。世界的に社会的排除の健康に及ぼす影響や健康格差が人の生き方や人生の成功に与えるインパクトに高い関心が払われているタイミングでの問題提起であった。それだけに，健康と人生の可能性との関係，生活能力と健康との深い関係性を理解し，生活の社会的・心理的環境が人の健康に深刻な影響を及ぼすことで人の境遇を支配するということについて，社会的な認識を促すことになった。

第 2 版は，健康に影響を及ぼす10の社会的要因を取り上げている。以下，WHO 健康都市研究協力センター・日本健康都市学会翻訳，特定非営利活動法人健康都市推進会議発行『健康の社会的決定要因　確かな事実の探求　第 2 版』(2004年) からその内容を要約引用しておきたい。

①社会的格差

　　社会・経済的に不利な状況を過ごす人々は，上層に生きる人々に比較して，重い病気に罹ったり，早死にしたりする割合が 2 倍も高い。恵まれない境遇は，十分な教育が受けられなかったり，不安定な仕事にしか就くことができなかったり，苦しい収入で家族を養わなければならないなど多様であるが，こうした状況は同じ人々に集中する傾向にあり，生涯を通じて健康に及ぼす影響がある。過去に不遇であった人々は，人生に何度もある転換期に際して幸福になっていくことに高いリスクを負わざるを得ないから，社会政策は，セーフティネットを準備するだけでなく，不遇やリスクを乗

り越え健康状態を保つための「飛び板」を用意しなければならない。

②ストレス

心理社会的環境や長期にわたるストレスの要因となり，健康に具体的な影響を及ぼす。長期にまたは頻繁にストレスにさらされると人は，感染症，糖尿病，高血圧，心臓発作，脳卒中，うつ病といった病気に罹りやすい。慢性的ストレスの根本原因に対処するには，政策的には，社会的場面から疎外されることのないようにすること，心理的な心配や物質的生活を不安定にしている心理社会的ニーズと物質的ニーズの両方を充足することが必要である。

③幼少期

妊娠中の母親のストレス，発育不良，愛情不足，生活困窮など幼児期の体験はその後の健康に重要な因子となる。子どもの発達を妨げるリスクは，社会経済環境が不利な人々には大きく作用する。政策的対応として，教育を受ける機会の均等，充分な栄養，子どもの感情的・認知的欲求への親の理解の促進，虐待の防止などが必要である。

④社会的排除

絶対的貧困，相対的貧困，人種差別・蔑視・敵意などを原因とする社会的排除は，当事者に心理的苦痛や物質的犠牲を強い，恵まれない環境に長くいればいるほど健康問題を抱えやすい。貧困や物質的な不平等をなくす政策，最低所得の保障，社会的階層化対策，個人と地域の両方に対する政策的介入などが求められる。

⑤労　働

仕事上でのストレス，自分の技能を発揮することのできない環境，仕事の裁量や意思決定場面での低い権限，仕事満足度の低さなどは，健康状態を左右する。良好な職場環境，意思決定への参加，仕事の裁量，職場衛生環境など労務管理，労働政策の改善が必要である。

⑥失　業

失業の不安や恐怖は健康に影響する。失業者とその家族には，早死にの危

Theme 17　健康と予防

険性が高い。背景に，マクロ労働市場における高失業率がある。失業や仕事への不安感を防ぐ，失業による苦痛を軽減する，人々を安定した仕事へと復帰させる，といった政策目標が必要である。

⑦社会的支援

社会的つながりは信頼関係や相互の尊重で成り立つ。互助的な人間関係は健康行動を促す。社会的・経済的な格差，社会的分断を是正し，精神面での健全化を促す取り組みが必要である。

⑧薬物依存

アルコール依存症，不法薬物の使用，喫煙など依存症は社会的・経済的に不利な状況と密接に関わっている。社会的喪失や社会への挫折と依存症と健康状態には相関性がある。社会的喪失の仕組みへの対策，広範な社会的・経済的施策に裏打ちされた健康教育などが求められる。

⑨食　品

食事の質は社会的・経済的条件に左右され，健康の不平等につながる。社会階層間に食事内容の格差が存在し，貧困層であれば，良質な食事の摂取や栄養バランスの保持を難しくする。安価で栄養価の高い新鮮な食糧をすべての人々に供給するシステム，事前環境を保全する持続的な農業生産への支援，食文化の強化などの取り組みが必要である。

⑩交　通

自家用自動車中心の社会は，事故や汚染や運動不足などを助長し，自動車を持たない人の孤立や社会的分断を助長する。身体を使うことが少ない生活様式を改め，自転車や徒歩，公共交通機関の利用の推奨など健康を重視した交通システムを促進する。

以上のように，「健康の社会的決定要因」は，生活環境・生活条件の劣化や不利が，寿命の短縮や疾患の発生率，罹患率などを高めるという，社会的生活条件と疾病との相関性に根拠を置いて構成されている。心身に発生する診断可能な病理現象が社会的生活条件と相関性を有すると捉えることで，社会的生活

条件の改善を進めることで病気ではないという意味での健康を増進することができる。従来の公衆衛生でも，疫学的根拠や統計的根拠を用いて，生活環境や生活構造と疾病との因果関係は捉えてきたが，「健康の社会的決定要因」では，そこに，社会的不利や格差，不遇や排除といった社会的階層性や分断性の観点を読み込んでいる点が新しい。つまり，WHO憲章の「健康」定義の通り，健康とは単に疾病や虚弱の状態にないことを言うのではなく，良い社会的環境条件の中で，精神的にも安心して生活できる環境が保持されることで，達成されると言うことを，因果関係の検証が可能な10の指標に基づいて具体的に表現していると言える。

　他方において，健康が社会的決定要因に左右される根拠は，疫学知見や病理統計など数量的把握が可能な範囲である。生活の失望，喪失，苦悩といった主観的で，その表出に個人的な慣用性を伴う心理状態は，推定はできても，数量的な検証は難しい。また，同じ境遇にある人々が必ず同じ病理状態に陥るとは限らない。健康の社会的決定要因はその意味でリスクの傾向性や蓋然性を検証することはできるし，社会的環境改善に向けた政策や社会的取り組みの方向性を示すことはできる。上述のICFの考え方と同様に，健康の社会的決定要因は政策や臨床実践の規範性が強い。特定の個人について，その置かれた状況に即したリスク回避のための支援や不遇な状態から脱出するための援助をどのように組み立てるかは，生活当事者である本人の自律性や資源活用機会や活用能力のあり方，対人支援環境，対人支援が実践される場やタイミングの決定など，支援専門家の臨床判断の能力に左右されるものと思われる。

　WHOの「健康の社会的決定要因」と同様に，公衆衛生学の分野でも，公衆衛生に影響を与える，健康維持や健康の脅威に対する自己防衛に不可欠な基本材に対する分配的機会の不公正や侵害という観点から整理した有力な分類がある。それは，人間の日常的生活行為や社会における基本的な行動にとって一定の財（goods）の不可欠度を示す「埋め込み（embeddedness）」概念を用いたボイラン（Michael Boylan）による図17-1のような分類である。

　この定義は，公衆衛生（public health）を，ある社会において，人間が，正

図17‐1 「埋め込み」度の一覧

基底的財

レベル1　最深の埋め込み（人間的活動に絶対不可欠な財）
食料品，衣類，住まい，身体的危険からの保護（ヘルスケアを含む）

レベル2　深部の埋め込み（社会における基本的活動を効果的に遂行するために不可欠な財）
居住国の言語リテラシー，基本的な数学的スキル，居住国において有用なエージェントとなるに必要な数学以外の基本的スキル（たとえば一定程度のコンピューター・リテラシー），居住国の文化と歴史に関する一定の知識があること，交流相手が自身の利益を図るために自分に偽りを行っていないことを証明できること，交流相手が自分の人間としての尊厳を認めていて，自分を単なる手段として搾取していないことを証明できること，権利章典や国連世界人権宣言に掲げられるような基本的人権

二次的財

レベル1　中程度に深い埋め込み（あれば生活の促進につながる財）
社会的に尊重されること，社会の保険的財への平等な機会，自分の世界観に従って人生を運営する能力，共有された価値世界に一人の社会構成員として他と平等に参加する能力

レベル2　あまり深くない埋め込み（あれば生活の便益を増す財）
自分の選ぶ方法において自己の財産を運用する能力，仕事の経験の長さに関わりなく自分の仕事の成果を適正に獲得することができる能力，多くの市民が普通に所有している財を保有する能力（電話，テレビ，自家用車など）

レベル3　深くない埋め込み（贅沢な財）
居住国の多くの市民が行っていることや期待することを上回っているが，あれば有難い財への能力（たとえば，保養地での長期のバケーション），社会資源のうち誰にでも手に入れることができるわけではないものを，自分の意思で活用できる能力

（出所）　Michael Boylan, *A Just Society*, Rowman and Littlefield ch. 3, 2004.

義が守られ公正な状態で生きていくことができるようにするための「財」の体系を保障する仕組みとして捉えたものである。伝染病の予防や健康の前提となる社会環境の健全性の確保という機能的な健康論ではなく，政治倫理的な要請の体系として捉えている。

「財」を，人の生活行動を支える不可欠性の程度において，どの程度深く生活に埋め込まれるべき財であるかによって，基本的財（basic goods）と二次的財（secondary goods）に区分している。基本的財は，状態を示している。二次的財はすべて能力を示している。

基本的財のレベル1は，生命身体の維持という生存の基本条件が充足されるための財という意味で最低限の必要財として絶対不可欠である。レベル2は，

社会関係に参加し，社会の一員として承認され，役割を得ていくための基本条件となる状態である．とくに，「証明できること（assurance）」と表現されている，承認・尊重と偽計利用や被搾取は，単なる道徳的要請ではなく，意思表示や契約の法的保護，情報公開やコンプライアンス，公正取引，多様性の社会的承認や社会的ガバナンスの健全性など，公正な社会制度上のルールのあり方に関わっている．

　生物学的生存と社会的存在性にとって不可欠な基本的財が充足された上で，二次の財は生活行動にとっての便宜性の視点から「～できる」能力を示している．二次的財のレベル1は，社会関係に参入し，社会的活動を遂行することに関する能力を表し，レベル2は，自分の経済的便益を増進させることに関わる能力を表している．レベル3は，平均的な他者との比較において，能力の余剰の有無を表している．

　WHOの「健康の社会的決定要因」は，社会環境のうち健康との因果関係が疫学的，統計的な堅い事実に裏付けられる要因10項目について取りまとめられたものであるが，このボイランのモデルは，市民社会における構成員の標準的な生活行為を構成するのに不可欠な基本的財と生活促進的な機能を有する能力の公正な保障という観点から，生活そのものの健全性についての政治倫理的要請をまとめたものであるという相違がある．しかし，健康の定義が単に病気や虚弱ではないということに限られることなく，いわば，人としての存在と社会的現れの健全性を示す概念であるという共通の前提がみられる．また，環境要因の改善は，当事者の自律的な生活構成を可能にするように，その意思選択や保有する能力を促進するようなものでなければならないという政策行動論においても共通している．

　「健康」の決定要因に関するこれらの標準は，健康へのリスクの低減を内包しているものの，単なる疾病や障害の予防ではなく，健康や生活の健全性を促進するという目標性を組み込んでいる．また，公衆衛生や予防医学によくみられるような健康教育や啓発といった啓蒙的な内容ではなく，積極的な政策や社会行動の指針となるべき基準性を伴っている．社会環境や人間関係とクライア

ントとの関係性に働きかける対人福祉サービスの方法論の中に，環境・関係から受ける心理的ストレスやその身心病理面へのインパクトの評価にあたり指針となるべきものである。また，対人福祉サービスがその基盤に置くべきクライアントの尊厳や人権への配慮，市民権の尊重と市民であることに伴う社会的諸機会の増進といった規範的側面においても指針とすべき内容になっている。

3 ヘルスプロモーション

　対人福祉サービスにおいて積極的な基準性を発揮する健康の決定要因の特定と生活の健全性に向けた政策・社会行動の指針を，総じて，医学・保健学分野で一般的に使われる概念を借用して，健康増進（ヘルス・プロモーション）と理解することができる。高齢社会においては，（特に慢性の）疾病の予防や介護の予防は，生活の質を保つためにも，社会保障制度の効率性の上からも，優先度の高い取り組みとなる。生活環境の劣悪な低開発地域や紛争地域などにあっては，疾病の予防はそれ自体が社会的安全や人権の保護の意味を有する。

　WHO は，1986年の先進国におけるヘルスプロモーションに関するオタワ会議を開催し，採択された「オタワ憲章」の中で，「ヘルスプロモーション」を，「人々をして，健康の決定要因へのコントロールを拡大し，それにより健康を改善することを促進するプロセス」であると定義している。公衆衛生を通じた集団的予防や健康啓発といった他律的な仕組みから，自ら健康に影響ある因子をコントロールし，自律的に健康を増進するという当事者主義の考え方が登場している。WHO が1978年に採択した「健康をすべての人々に（Health for all）」では，2000年までに，世界のすべての人々の健康を，社会的にも経済的にも生産的な生活へ導くことを可能にするような水準まで引き上げることが目指されていた。1978年の「アルマ・アタ宣言」では，健康問題を理解し，その防止と制圧に関する教育の必要性や，コミュニティぐるみ，全員参加型のプライマリヘルスケアが謳われていた。1986年の「健康をすべての人々に　2000」では，生活習慣，健康リスクファクター，ヘルスケアシステムの再構築，その

ための基盤支援といったことがターゲットとされていた。こうした流れを受けて，オタワ宣言では，主体的な健康増進のためのイネイブリング，支援環境の構築，コミュニティアクションの強化，自分でできるスキルの開発，健康サービスの再構築といったことが強調された。

　1997年のジャカルタ宣言では，健康への社会的責任と健康への投資の増進，健康のためのパートナーシップの拡大，コミュニティの力の強化や個人のエンパワーメントなどが強調された。2005年のバンコク憲章では，オタワ宣言の時代には予知できなかった健康格差の世界的な拡大や都市化の進展，消費生活の変化などに即して戦略の見直しが行われた。その結果，今日では，個人の自律的な健康コントロールをエンパワーメントするばかりではなく，健康への社会的責任や健康開発への投資の拡大，健康増進のためのパートナーシップや社会的統合の促進，コミュニティの力の強化，健康増進のためのインフラの整備など，健康の社会的側面と社会的責務が強調されることになっている。

4　予　防

　日本の健康政策は，「健康づくり対策」という枠組みで行われてきた。1978年に「第1次国民健康づくり対策」が開始され，健康診断の充実，市町村保健センターの整備，保健師・栄養士などの人材確保といった健康のインフラストラクチャーの整備が課題とされた。1988年には「第2次国民健康づくり対策（アクティブ80ヘルスプラン）」が始まり，運動習慣の普及が重点課題とされた。2000年には「第3次国民健康づくり対策（21世紀における国民健康づくり運動〔健康日本21〕）」（以下，第1次）が始まり，2003年には健康増進法が施行された。ここでは，1次予防と健康づくりへの支援が重視された。目標設定と達成度評価といった政策効果の管理手法も導入された。2013年からは「第4次国民健康づくり対策（健康日本21〔第2次〕）」（以下，第2次）が始まった。以下の事実の部分の記述は，労働省告示第四百三十号（平成24年7月1日）および厚生労働省「健康日本21（第2次）」の情報に基づいている。

図17‐2　健康日本21（第2次）の概念図

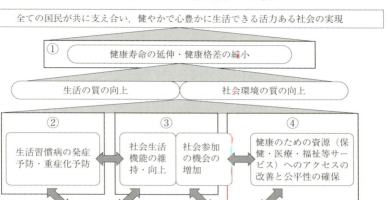

（出所）厚生労働省「健康日本21（第2次）」参考資料スライド集（https://www.mhlw.go.jp/stf/seisakunitsuite/bunya/kenkou_iryou/kenkou/kenkounippon21.html）。

　第1次では，9分野80項目の目標が設定された。そのうち59項目の達成度評価では，目標が達成された項目の割合は僅か16.9%であり，改善傾向が42.4%，変わらない・悪化したが39.0%となっている。変わらない項目は，自殺者数，多量に飲酒する人の数，メタボリックシンドロームの該当者・予備群，高脂血症の人の数などであり，悪化したのは，日常生活における歩数，糖尿病合併症などであった。また，健康増進計画の策定状況は，都道府県では100%であったものの，市町村は76%に留まった。政府が主導して取り組まれた国民運動であったが，重要な指標において改善はみられず，市町村においても健康づくり推進の効果的取り組みへの行政ノーハウの限界があった。WHOの取り組みが示すように，健康増進には，人々の主体的な取り組みや健康維持や疾病予防が自身の今後の自律的生活構成にとって意義あることであるという認識の形成が必要であるが，経済・所得格差や社会的支援ネットワークの希薄化に伴うスト

レスや孤立など健康の社会的決定要因における状態悪化が進む社会にあって，人々の健康増進を実現する力が社会的に組織できていないということであろう。

　そこで，第2次では，「全ての国民が共に支え合いながら希望や生きがいを持ち，ライフステージ（乳幼児期，青壮年期，高齢期等の人の生涯における各段階）に応じて，健やかで心豊かに生活できる活力ある社会を実現」するとして，図17－2に掲げるような，健康格差の縮小，発症・重度化の防止および社会生活を営むために必要な機能の維持，社会環境の整備・改善といった社会的決定要因対策と社会環境改善に重点を置いた健康増進に関する基本的な方向性に転換している。

5　リハビリテーションの福祉サービス化

　WHOの「アルマ・アタ宣言」で登場した「地域を基盤とするリハビリテーション（Community Based Rehabilitation）」の構想は，障害と貧困のサイクルに苦しむ人々に対し，その基本的ニーズを充足し，社会的機会における平等と社会的包摂を促すことで，社会への統合と社会参加を保障することを目的としている。リハビリテーションには，運動生理学的・医学的な心身機能の維持・回復だけでなく，社会における生活の質の向上を促進する支援サービスとしての役割がある。しかし，理学療法のみならず，作業療法や言語聴覚療法も医療施設や社会福祉施設といった施設内サービスとして，保険報酬請求の対象となる行為として提供されることが多く，地域の日常生活に近接して地域や在宅で提供されるリハビリテーション・サービスは，2012年の医療保険報酬・介護保険報酬の同時改定以前には普及は鈍かった。

　主な理由の1つに，施設内で専用設備を用いて実施するリハビリテーションのメニューを，地域巡回型にモバイル・プログラム化することへの医療制度上の制約が存在した。リハビリテーションは医療行為であって，その実施には医師の指示を要する。療法士が，生活の実際の場面を判断しながらサービスを組み立てるには，医師の指示を包括的な性格のものにし，1つのリハビリテーシ

ョン計画のサイクルの始期と終期に医師が関わり，プログラムの実施過程は療法士が利用者の状態変化を評価しながら柔軟に組み立て，運営できるようにする必要がある。

　すでに，2006年ごろから，そうした巡回型リハビリテーションの実験事業が作業療法の領域で行われていたが，2011年の東日本大震災をきっかけに，避難所や仮設住宅の生活で深刻化する心身機能低下や生活意欲の低減などに対応する日常生活の回復や継続を支援するためのモバイル・デイケアが組織的に取り組まれた（詳しくは，小笠原浩一・栃本一三郎編著，日本介護経営学会編集協力『災害復興からの介護システム・イノベーション』ミネルヴァ書房，2016年，第7章〔斉藤正身・工藤健一論文〕および第8章〔土井勝幸・加藤誠論文〕を参照）。

　震災被災者の避難所や仮設住宅にリハビリテーション専門職員が数か月の単位で定期的に，あるいは必要に応じて，地元の地域包括支援センター，行政などと協力しながら環境を整え，巡回型のリハビリテーションを実施した。特徴は，被災者の主体的な活動と参加を支援することにあり，日常生活活動，仕事・生産的活動，遊び・余暇活動の生活場面にわたって，医学モデルの狭義の機能訓練の枠にとらわれない福祉的支援サービスとしてのリハビリテーションを実施することにあった。とくに作業療法には，もともと，医学の知識や技術を基盤にしながら，暮らしを構成する作業を通じて人の生き方やその生活機能を観察し，障害があってもその人が生活に必要とする作業ができるよう支援するという役割がある。生活機能の状態に応じて，人的・物的な環境や社会環境を整え，自律的な生活構成を支援することである。そのため，モバイル・デイケアでは，意欲の指標（vitality index）や運動機能・動作能力指標・心理社会的評価（E-SAS）が重視される。また有効性（アウトカム）評価のためのアンケート方式による納得度，達成感の測定も行われる。

　リハビリテーションの動向も含めて，健康について，生物医学モデルから社会モデルないし心理社会モデルへの転換が顕著である。とくに1990年代以降の貧困の拡大，社会的格差や排除の深刻化といった社会構造の変容の中で，そうした人の生活構造が健康のリスクを高め，人生の経路を左右するといった健康

に関する問題認識の転換がある。社会福祉における認識の転換と軌を一にする歴史的な変化といってよい。

CHECK
1　健康の社会的決定要因を参考に，健康の社会福祉にとっての重要性について，説明してみましょう。
2　健康促進のためのリハビリテーションが社会福祉サービス化していると言われる理由を説明してみてください。

Theme 18　幸 福

Keywords ▶ 社会福祉における幸福，厚生主義的な幸福，新しい幸福指標，幸福の問い直し

1　社会福祉における幸福

　社会福祉と訳される social welfare のウェルフェアー（welfare）は幸福な状態を意味するし，社会福祉で多用されるウェルビーイング（well-being）も幸福な状態という意味である。これに対し，著名なバートランド・ラッセル（Bertrand A. W. Russell）の『幸福論』の原題は *The Conquest of Happiness*（1930）で，主観的な評価を込めた happiness を用いている。

　幸福は，人類史に一貫するテーマである。古くはアリストテレスの『ニコマコス倫理学』に幸福主義が登場し，汎神論の決定論者であるスピノザ（Baruch De Spinoza）の『エチカ』は神への知的愛を説き，ショーペンハウエル（Arthur Schopenhauer）は『幸福について』において達観主義を唱え，ラッセルは『幸福論』の中で幸福の外的・社会構想的要因と内的・心理的要因の統合性を説いている。道元の身心脱落の悟りも，人が現生において到達可能な幸福状態を語っているとも解釈できる。幸福は，日本国憲法の第13条で「幸福追求権」が規定されるように，人の究極の到達目標であるとともに，普遍的な自然的権利である。

　他方，社会福祉学で貧困の対語として用いられてきた「豊かさ」は，貧困の判定基準が貨幣的資源の不足状態として量的に表現され，生活保護水準の計算がマーケット・バスケット方式や格差縮小方式，そして水準均衡方式で量的に

決定されるように，所得の量的豊かさとして語られてきた。このことは，国民全体の豊かさを国内総生産（GDP）で表し，個人の豊かさを1人当たりGDPや平均所得の概念で表示してきたことに典型的にみられる。経済学の効用や功利の概念は社会福祉の貧困の理論に影響を与えてきたし，福祉を資源分配の効率性の測定から説明しようとする経済的厚生の考え方も社会福祉における豊かさの捉え方に影響を与えてきた。「豊かさ」は国民の幸福度の指標とみなされ，社会福祉学においても，経済的な豊かさは人の幸福に相関性を有することを承認してきた。

ところが，とくに1990年代以降，急速なグローバル化や経済のICT化の進展の中で，雇用機会や雇用形態に伴う賃金や経済的処遇における格差に留まらず，家庭や成育の環境や教育など社会的機会における生涯格差がそのまま生活の質における格差につながる新たな問題状況が深刻化してきた。子どもの貧困や貧困の世代間継承の問題，低資産に伴う生活の質の劣化の問題，賃金処遇やキャリア形成におけるジェンダー格差の問題，高齢者の孤立と生活困窮の問題など，マクロな物財の豊かさが個人の人間としての幸福を表現する指標として不完全であること，貨幣的保障が幸福度の決定要因とはならないことが明らかになってくる。幼いころの困窮した生活ぶりや生育における社会関係の狭さが，人生における主要な方向選択にリスクとなり，成人になってからの健康状態に影響を及ぼすことも明らかになってきた。そうした世界史的な背景の中で，幸福を個人や世帯の所得という業績から評価するのではなく，社会の価値的なあり方や人の生活を支える社会的関係性から評価する新たなインデックスの開発も進むことになる。

21世紀に入り，20世紀を特徴付けてきた「成長物語（the growth narrative）」に「幸福」の非経済的決定要因の視点が欠落していたこと，「GDPの独裁（tyranny of GDP）」が「成長の質」に注意を欠いてきたことに，経済協力開発機構（OECD）や国連開発計画（UNDP）といった国際的組織が着目し始めた。

その代表的なものが，OECDが2011年から公表している「より良い暮らし指標（Better Life Index, BLI）」であり，UNICEFイノチェント研究所のレポー

トとして公表された「先進国における子どもの幸福度——日本との比較　特別編集版」であり，国際連合の2011年の総会決議に基づき実施された調査データを基に「持続可能な発展ソリューション・ネットワーク（Sustainable Development Solutions Network, SDSN）」が2012年から年次で公表する「世界幸福報告書（World Happiness Report, WHR）」である。

　ただし，WHR は，国連とコロンビア大学が協働運営するネットワーク組織の専門家が独立の立場で執筆しているもので，国連の公式な評価・見解を公表するものではないが，「幸福と福祉に関する国際連合上級会議（UN High Level Meeting on happiness and well-being）」の支援のもと，総会決議にしたがって各国の公共政策のガイドラインとして活用可能なデータ収集と分析が行われている（経済指標とは異なる幸福度指標が重要視されるようになった経緯については，松島みどり他『現在の幸福度と将来への希望——幸福度指標の政策的活用』〔内閣府経済社会総合研究所，New ESRI Working Paper No. 27, 2013〕が参考になる。以下の記述の典拠は，Helliwell, John, Richard Layard and Jeffrey Sachs, World Happiness Report 2017, The Sustainable Development Solution Network, 2017; OECD, Better Life Index: Japan〔latest data〕，および OECD Multiple Summaries, How's Life 2017 Measuring Well-Being ならびに Measuring Well-being and Process: Well-being Research, UNICEF Innocenti Report Card 11: Comparing Japan「先進国における子どもの幸福度：日本との比較　特別編集版」国立社会保障・人口問題研究所，2013年である。World Happiness Index 2018年版が公表されているが，移住民〔migration〕の幸福度に特別のフォーカスがあたったレポートであるため，2017年版を用いている）。

2　SDSN「世界幸福報告書」

　報告書は，各国の平均的幸福度を説明するのに共通して用いることのできる回帰分析の変数として，1人当たり GDP（Log GDP per capita），社会的支援（social support），誕生時からの健康寿命（Healthy life expectancy at birth），人生の選択の自由（Freedom to make life choices），社会的寛容度（Generosity），

汚職・収賄の蔓延度（Perception of corruption）を用いて，幸福への肯定的影響と否定的影響を検定している。所得経済指標として1人当たりGDPが用いられている。これを除けば，非数量的な生活の質の評価に関わる変数が選ばれていることと，ギャラップ社が世界世論調査として実施する意識調査の方法が用いられている点に特徴がある。

国ごとに集計された平均幸福度は数値表示され，順位付けされ公表される。WHR2017に公表された2014～2016年におけるランキングでは，日本の幸福度は世界51位となっており，ASEAN・東アジア地域では，32位のタイ，33位の台湾，42位のマレーシアに次いでいる。

2005～2007年と比べた変化率では，幸福度は低下しており，変化率の集計対象となった126か国中106位で，最も低下したベネズエラから数えて20位の低下率となっている。

3　OECD「より良い暮らし指標」

OECDは2016年6月にパリで開催した閣僚レベル会合において，「人々の幸福（well-being）が政府の政策的努力の中心に位置づけられるよう成長路線を再定義する」ことを合意している。「生活の現状は（How's Life？）」とタイトリングされている年次の幸福度評価レポートの2017年版は，一定の評価項目で改善はみられるものの，幸福度の低下を示す指標も確認されること，多くの人々が不平等に直面していること，移民は総じて幸福への複合的な困難に直面していること，汚職の広がりなど公的機関に対する市民意識が劣化していること，などを指摘している。

幸福度の評価指標は，次の図18-1の通り，「生活の質」に関するものとして，健康状態，仕事と私生活とのバランス，教育とスキル，社会的つながり，市民参加とガバナンス，環境の質，身体的安全，主観的幸福度の8項目であり，「物質的条件」に関するものとして，収入と資産，仕事と報酬，住まいの3項目である。これらの項目から構成される「自然環境資本」「人的資本」「経済的

図18-1　OECD の幸福度とその改善度の測定枠組み

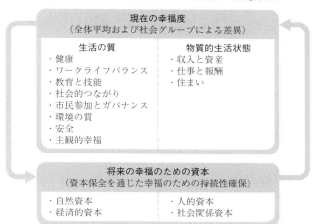

（出所）　Measuring Well-being and Progress: Well-being Research (http://www.oecd.org/statistics/measuring-well-being-and-progress.htm) より。

資本」「社会関係資本」の4つの資源を今後の持続可能な幸福に寄与する資源として評価している。

　日本については，調査対象となった38か国のうちで，「物質的条件」に関するものでは，世帯収入では4位，全体では16位であるが，収入の男女平等では25位，賃金の男女平等では36位，長期失業者における男女格差では38位，住まいでは，1人当たり部屋数が16位などとなっている。

　「生活の質」に関わる指標では，教育の修学率で2位，とくに女性では1位と高い一方で，仕事と私生活のバランス（ワークライフバランス）では36位，社会的つながりの中の社会的支援ネットワークの質では25位，市民参加では選挙の投票率で35位，身体的安全の夜間の外出の安全が19位となっている。とくに顕著なのは，健康状態について，平均寿命では1位であるが，自分が健康であると考えている人の割合では37位，主観的幸福度で29位，女性に限ると36位となっている。

　教育の達成率を除けば，ジェンダーによる格差が著しく女性に不利な状況に

図18-2 UNICEF 子どもの幸福度調査

分野	構成要素	指標
物質的豊かさ	金銭的剝奪	子どもの相対的貧困率 子どもの貧困ギャップ
	物質的剝奪	子どもの剝奪率
健康と安全	出生時の健康	乳児死亡率 低出生体重児出生率
	予防医療	予防接種率
	子どもの健康	子どもと若者の死亡率
教育	就学	就学前教育就学率 高等教育就学率 ニート率
	学習到達度	PISAテストの平均点
日常生活上のリスク	健康行動	肥満児の割合 毎日朝食をとる割合
	リスク行動	10代の出生率 飲酒する割合
	暴力	いじめを受けたことのある子どもの割合
住居と環境	住居	1人あたりの部屋数 住居に関する問題
	環境面の安全	殺人発生率 大気汚染

(出所) 筆者作成。

あり，社会的なつながりや支援の力が脆弱である。加えて，主観的な健康や幸福に関する評価が著しく低く，将来への不安や生活の孤立がもたらす心理的閉塞がうかがえる。

4 UNICEF「先進国における子どもの幸福度 ：日本との比較 特別編集版」

UNICEFの子どもの幸福度調査は，**図18-2**に示される5分野20指標の平均スコアで，31か国について評価されている。

日本は，平均順位では，オランダ，フィンランド，アイスランド，ノルウェ

一，スウェーデンに次いで6位であり，とくに，教育と日常生活上のリスクでは最も良い評価となっている。

他方で，住居と環境では10位，健康と安全では16位，物質的な豊かさでは21位である。物質的のうち相対的貧困率は22位であり，貧困ギャップ（貧困ラインと貧困ライン未満の世帯の世帯所得中央値との隔たり）では26位となっている。つまり，子どもの相対的貧困率が高いことと，相対的貧困状態にある子どもは，貧困ラインよりも30％以上も少ない所得で暮らしているという貧困の程度の深刻化がみられる。健康について，とくに出生時に2500ｇ未満の低体重児の出生率が，31か国中最も高い。

5 「幸福」の問い直し

社会福祉を成り立たせている原理的な基礎は，個人の尊厳にある。日本国憲法第13条は，「すべて国民は，個人として尊重される。生命，自由及び幸福追求に対する国民の権利については，公共の福祉に反しない限り，立法その他の国政の上で，最大の尊重を必要とする」と規定する。「個人として尊重される」という要請は，戦前の家父長主義的な家制度を基盤とする日本社会が，個人を，全体や集団に対し，意思の自由という意味でも，行動の自由という意味でも，従属的に取り扱ってきたことへの規範的反省の意味を有している。とくに1930年代から1945年の敗戦に至る戦時体制が，個人は生命身体の自由という生存のための最も基底的な権利すら侵害される政治・社会体制であったことへの強い反省との関連で，「個人として尊重される」ことの規範的重要性が理解されなければならない。

市民的及び政治的権利に関する国際規約（B規約）人権委員会が1998年に，また，国連の自由権規約委員会が2008年，2014年の2度にわたり，締約国に対し，「公共の福祉」の曖昧さや制約のなさに関する意見を採択し，その中で，「公共の福祉」が自由権規約の制約を超えて人権を抑制するようなことがないよう，具体的な国内法の立法措置を求める勧告を行っているのも，「個人とし

て尊重される」ことの人権原理としての普遍性を承認してのことである。

　第13条では，「生命，自由及び幸福追求に対する国民の権利」として，幸福追求の権利の主体を国民としているが，これは，「立法その他国政」に対する要請の規定であるからであって，およそ，日本の国民であるかどうかに関わらず，人類普遍の自由権的基本権として，生命，自由および幸福追求の権利が尊重されなければならないことは言うまでもない。つまり，生命の権利，自由の権利という人間生存の前提が確保されてその先に，どのような「幸福」を追求するかは，個人の不可侵な自由なのである。経済的幸福であれ，人間関係・社会関係の豊かさという幸福であれ，心理社会的な充足感という幸福であれ，まさに国際的な人権規約の制約の範囲を逸脱しない限り，およそ，誰が，どこにおいて，幸福になろうと努力する自由は保全されなければならない。その意味では，幸福は主観的評価の世界のもので，各国の幸福度を数値評価して順位付けすることは，各国政府や企業など社会当事者に対する政策インプリケーションとしての機能は大きいとしても，個々人の生き方において参照されるべき準拠指標としての意味は薄いかもしれない。

　社会福祉は，個人の自由としての幸福の追求に何らかの障害を抱える人への支援を目的にしている。何らかの障害とは，まずは幸福追求の前提となる生存の自由や意思・行動の自由への外在的な制約を取り除くことである。外在的な制約とは，他者の意図によるもの，生活環境に起因するもの，経済的処遇の劣悪さや資産・所得の貧弱さによるもの，家族や周囲の人間関係に起因する心理的ストレスによるものなどである。貨幣的資源の給付で解消可能な障害もあれば，心身機能へのサポートや日常生活の円滑化支援，環境調整や人間関係調整，心理社会的支援などによる対応が必要な障害もある。

　次に，幸福そのものは外から与えることはできないが，本人が，自らが幸福を実感できるような内発的成長を支援することが社会福祉に期待される役割である。その際に，これまで各テーマにおいて述べてきた，自律・自立の考え方，「その人らしさ」への支援，自己決定と行動変容，認知症へのアプローチなどが基本的な考慮要素となる。

上記の「幸福」に関する新しい指標は，どのような要素が人間の主観的幸福に障害となるのかを分析するツールとして，あるいは，主観的幸福を増進するための指標として普遍性を持ち得るものを考慮する際に，有効なインデックスとなり得よう。

CHECK
1　経済的豊かさに代わる新しい幸福指標が登場した理由を説明してみましょう。
2　幸福というのは個人の自由な世界の問題ですが，人の幸福に社会福祉が関わる必要性について説明してみましょう。

Theme 19 福祉サービス提供の組織とプロセス

Keywords ▶ サービスとは,実践の理論化,サービスプロセスとリスク,サービスの包括性・継続性と資源

1 サービスとは

　サービスとは,対人のインターフェースで展開される言葉や所作を媒介とする情報と感情の相互影響の行為のことである。顧客との情報交流や交感の中で,顧客の嗜好・ニーズを的確に理解し,充足すべきニーズに最も相応しい物財を提供する一連の過程としてサービスは成り立っている。的確なサービスは顧客の納得と満足（効用）を最大化するだけでなく　顧客満足度の高さは1人の顧客が支払う貨幣量である顧客単価を増大させ,リピート利用を促すとともに,顧客の満足から従業員自身も達成感や有能感といった自己成長の内発的動機付けを得ることになる。サービスは,サービス自体が財として売り物になるし,物の売り買いについても良質なサービス行為が介在することで収益の向上を導くことになる。サービスとは,貨幣と並ぶ市場交換の手段である。しかも,貨幣は等価交換しかできないが,質の高いサービスは商品の付加価値を高めることができる。

　ところで,顧客は,ある物財に一定の機能を期待している。たとえば,自動車という媒体を購入する場合でも,毎日の通勤に使用するのか,商用車として使いたいのか,休日のレジャー用としての使い勝手を期待するのかでは,求める機能が異なるから,数ある商品ラインナップの中から,自分が求める機能に対し最適な車種を購入したいと思っている。それを叶える車を絞り込んで提供

するのが販売店のサービスの質ということになる。福祉サービスも契約利用型が原則となり，利用者は顧客として，充足したいニーズを抱いてケアマネジャーや事業者を訪れる。同じデイサービスを利用したい人でも，一人ひとりが期待する機能は必ずしも同じではない。施設入所を希望する人の期待する機能も同様に異なっている。福祉サービスも健康サービスも，そうした機能欲求の多様性に的確に応えるためのアセスメント力，ケアマネジメント力，サービス提供力を持たなければ，単に自分たちに出来るサービスを，できる範囲で，利用者にお仕着せしているにすぎない。

　福祉や介護のサービスには，大きく４つの特徴がある。第１は，前もってサービスをつくり，在庫にためておくことができない。サービスの標準化が難しいし，電子データ化も難しい。一人ひとりに相対での状況・状態判断でサービスをつくらなければならない。つまり，ケースマネジメント型サービスである。第２に，そのため，前もってサンプルを示したり，試してもらうことができ難い。介護サービスでは，利用契約締結前に「お試し」利用をすることはあるが，他の利用者に提供するサービスを，参考に試しているに過ぎない。相対のエンカウンターでサービスを構築しなければならないことから，安心・安全という心理的要素が重要になる。第３に，ひとたびサービス提供がなされると，やり直しが効かない。利用者が期待する機能が提供できる品質が求められる。品質の不足は，勢い利用者からの信頼の低下につながる。第４に，利用者が変わればサービス内容も変わる。サービスの質を確保する手段として標準化手法を使うことに限界がある。ケースマネジメントによるサービス構築が不可欠である。

　総じて，福祉サービス，介護サービスが，利用者の求める機能を最適に発揮する上質な商品になるためには，ケア・プロセスに関わる専門職の職務遂行能力の高さと，各専門職の役割を最適に統合するケア・チームの編成が決め手になる。福祉サービス，介護サービスは，能力資源とその組織化のプロセスである。

2　実践の理論化

　哲学者中村雄二郎は「科学的の知」に対して「臨床の知」という考えを示している。場所と時間の限定された臨床経験に基づき直感と類推の累積で形成される知で，社会の構成員に共通の感覚で受容されている知のことである。福祉・介護のサービスは，一人ひとりが固有の存在性を持ち，出会いの状況も偶然的であり，その人の充足すべき機能を尊厳の保持と自立の支援行為として提供するという特徴を有している。そこには，その人を理解する，その人らしい象徴性を解読する，その人の人生への姿勢を推論する，といった直感と類推の世界が流れている。普遍性や客観性から読み解く科学的解釈ではなく，一刻の偶然性から本質を読み解いていく経験から生み出される福祉や介護の現場の知は，この「臨床の知」と言ってよい。

　現場で経験的に形成される知は，個々の専門職の暗黙知であるが，これが，野中郁次郎のSECIモデルのような職場での共有化，全員が共通の感覚で受容する形式知への転換，そしてまた新たな暗黙知の形成へと展開していく。人材が定着し，ベテランとよばれる知的リーダーシップが豊富に存在する職場では，こうした結晶性の知能が豊富に蓄積，更新されていく。

　福祉・介護のサービスは，理論を現場に当てはめる理論の実践化ではなく，現場から理論を構築する実践の理論化の上に成り立っている。目の前で生じている現象を引き起こしている根本の原因，そこから派生する生活上の課題，その解決のために必要で適切な対処，その上に立って一人ひとりに異なる個別的な支援サービスが提供される。基本となる心や身体に関する基礎知識や社会環境・人間関係の個人の自律的生活構成へのインパクトに関する一般的理解は必要であるが，それは，個別アプローチの確かさを確認するための評価軸となる知識である。専門職の職務遂行能力の中核領域は，この，根本原因の探査，生活上の課題の析出，対処法の選択と最適な対処に向けた資源の構造化の領域，すなわち，解析力のことを指す。

3　サービスプロセス

　福祉サービス，介護サービスは，**図19‐1**のような連続したプロセス（過程）として成り立っている。サービスプロセスは，***Theme 3***でも簡単に述べたように，ケース発見からケース終結までの流れのことである（図3‐1）。大きく，情報収集・アセスメント段階，プランニング段階，サービス実施・モニタリング段階，評価・展開段階から成る。

　サービスプロセスは，各段階でサービスの質に関わるリスクを発生させる。情報収集・アセスメントにおいて，ケースの早期発見が遅れたり，ケースそのものを見逃したり，他機関に移管させるべきケースを無理に扱ってしまったりすることになる。アセスメントに欠陥や不適切な評価が入ったり，あるいは無理な目標設定が行われたりする。情報収集・アセスメントの内容は，その後の段階で必要になるサービスに要する時間やコストの調整に影響を与える。ケースは早期に発見し，早期に初動対応を進めることで，アセスメントが容易になり，予防・改善効果も高まり，連動して，人員，時間，コストの最小化が可能になる。

　プランニング段階は，ケアプランの原案作成からサービス提供の開始までにあたる。この段階では，ケアマネジャーが作成するケアプランの原案を基に関係する多職種のケースカンファランス（ケース検討）が実施され，ケア目標の妥当性，役割の配置，ケアプラン期間内のサービスの実施手順などが確定され，個別ケア計画あるいは支援計画ができ上がる。ケースカンファランスとケアプランの原案作成の順序が逆に組まれることもあるし，今日では，地域包括支援センターが関わって地域ケア会議でケース検討が行われるケースや障害者支援の場合にはハローワークも加わった自立支援計画の検討が行われるケースが増えていることから，多職種でのケース検討の結果を受けて個別ケア計画の原案が作られることも多い。この段階の要点は，利用者本人・家族への説明と合意の形成である。支援員や事業者の生活相談員によるサービス内容に関する説明

Theme 19　福祉サービス提供の組織とプロセス

図19-1　サービスプロセスとリスク

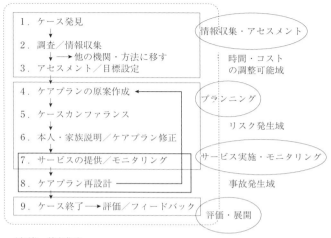

（出所）　筆者作成。

は，サービスの提供側と利用側との間にある情報の壁や非対称を解消し，利用者の希望を取り込み，納得を形成する機会である。同時に，事業者にとっては，サービスの責任範囲を明確にすることで苦情を防止し，事故など不慮の出来事への責任の範囲を事前に明らかにしておく機会でもある。ケース検討，ケアプラン，合意形成は，サービス提供過程でのクレームや事故のリスクを最小化するための手続きでもある。

　支援サービスは利用者本人の望む生活の継続や状態の改善を目的とするものであるから，そこで護られるものは，利用者「本人の自由」である。家族の事情は考慮しなければならないが，家族の主張が利用者「本人の自由」を侵襲するような場合には，「利用者本位」のプランニングの原則を尊重しなければならない。

　サービス実施・モニタリング段階は，担当職員と利用者との間の対人サービス空間の運営と運営経過の観察である。サービス実施は，基本的には2人ないし少数の当事者の閉鎖空間における働きかけと反応のプロセスである。サービス・スキルも重要であるが，その根底にある職員の対人共感力やストレス耐性

といった人間受容力が，利用者のサービス受容の促進やスムーズな空間運営，さらには事故発生のリスク回避において大切になる。モニタリングは，計画通りにサービスが実施されているか，不具合が生じているとすればその原因は何か，利用者の変化への柔軟な対応ができているかなどがチェックされる。不具合の原因がケアプランそのものにある場合には，その修正を急ぐことになる。モニタリングのもう1つのポイントは，サービス過程を通じて，職員自身の自己管理や学習といった資質向上の兆候がみられるかどうかの確認である。サービス提供は，利用者の状態改善や心理的満足を促す過程であるとともに，職員に納得や成長，達成感を獲得させる過程でもある。

　評価・展開段階は，サービス提供がプランニングされた計画通りに進められたかどうかの産出（アウトプット）の評価と，その結果，利用者の状態に改善がみられたか，納得が得られたかの効果（アウトカム）の評価からなる。評価結果に基づき，ケース終結の判断を下したり，あるいは，再アセスメントや再プランニングへと進む判断を行ったりする。ケース終結の判断を下す場合でも，再発や関連する課題の発生が予測される場合には，利用者へのモニタリングを継続する。また，効果の評価においては，利用者への効果の評価（顧客満足〔CS〕評価）とともに，サービス提供に関わった職員の達成感や仕事への内発的動機付けの促進効果（職員満足〔ES〕評価）も重要である。

4　リスク

　福祉・介護のサービスには，リスクはつきものである。一般に，リスクには，発生を予防することが可能なリスクと発生を前提にした対応が重要なリスクがある。発生を予防できるリスクには，サービス提供中の事故，感染，利用者への心理的侵襲，アセスメントやケアプランのミス，利用者・家族と職員との間のトラブル，職員間の意思疎通・連携の不足や欠如，未収金の発生などがある。

　こうしたリスクに対しては，事業所内の事故防止委員会によるヒヤリ・ハットの分析や予防指針の策定と徹底，職場での日常的な意思疎通と意識共有化の

取り組み，現場管理者による風通しの良い職場づくりの推進，事業所・担当職員から家族への頻回の連絡を通じた信頼形成の努力，利用者の行動特性や心理変化に関する職員間での情報共有などによって，回避が可能になる。また，国や専門職団体の策定する，福祉サービスの質や虐待防止などに関する指針・ガイドラインや事業者自身が策定する業務マニュアルを周知徹底し，仕事の遂行が自己流に陥らないよう繰り返し研修を積むことが有効である。

　避けられないリスクは，緊急の事態，自然災害，利用者の急変など突発的なものである。施設・設備のシステム・エラーなどは，突然の停電等以外は，普段からのメンテナンスの徹底で回避可能であるので，避けられないリスクとは言えない。避けられないリスクへの対応で重要なのは，過去の災害時などにおける好対応事例の分析・検討，対応計画の策定とそれに基づくシミュレーションや訓練の実施である。突発的な事態への対応では，現場で職員自身が判断し，最適な行動を見出していかなければならないことが通常である。迅速で責任ある行動を可能にする要点は，普段のサービス提供において自己規律や自己管理の姿勢を自覚して形成していることにある。仕事志向の強い職場づくりがその基盤になる。

　自然災害などの大規模な被災から事業の継続性を維持するための事業継続計画（Busslness Continulty Planning, BCP）は，中核的事業を平常の運営へ回復させることを中心に，発災急性期の対応，回復期間，中核的事業の回復と連動する関連事業の平常化の道筋など，被災の想定規模，被災パターンごとに組み立てておくことが必要である。BCPに基づくシミュレーション訓練の実施にあたっては，すべての職員が参加し，災害発生の時間的タイミングのパターンに即して，行動の徹底を図ることが重要である。緊急事態への対応もサービス提供プロセスの一環であるという意識付けが重要である。

5　サービスの包括性・継続性

　介護保険制度が福祉サービス提供組織とプロセスに及ぼしたインパクトの1

つに，サービスの包括化・継続化がある。24時間365日予防からターミナルまで継続的に支える仕組み，関連サービスをパッケージで包括的に提供する仕組みが開発されてきた。政策上は「地域包括ケアシステム」とよばれているが，福祉サービス事業者にとっては，継続化・包括化は，顧客層の拡大，規模の利益，競争力の強化にとって戦略的に必然の課題である。つまり，事業者が提供できるサービスを包括化していくことが事業者にとっての地域包括ケアシステムづくりであり，規模が拡大していくことが事業者にとっての地域が拡大していくことになるという戦略である。

　福祉サービスは，介護であれ，障害者支援であれ，子ども子育て支援であれ，法制度によって範囲が定められている。とくに，介護や保育や障害者サービスのように，制度上の報酬基準がある分野では，制度に規定されたサービス・メニューを効果的に運営することが中心になる。

　そこで，サービスの包括化・継続化には２つのイノベーションがある。１つは，制度上のサービス・メニューの効果的な運用の工夫である。利用者の状態や利用の場所やタイミングに合わせて適切なサービスの組み合わせを構築したり，利用者の状態の変化に沿って，サービスを乗り換えたり，その組み合わせを調整していく，いわば制度内サービスの効率的な運用が進められてきた。もう１つは，制度サービスは，制度の外側には届かない。利用者のニーズは，制度の射程に入って初めて捉えられるようなものではなく，ニーズ発生の初期の段階や制度上の相談援助で対応できない生活領域に発生するニーズに対して，制度内サービスは無力である。制度の対象に入った時には，制度サービスの給付要件を満たす段階までニーズが深刻化しているということである。そこで，制度内サービスと制度では対応できない領域へのサービス提供との複合的なサービスの方法が開発されてきた。

　図19‐2は，介護保険制度サービスの事例を描いたものである。利用者や家族が介護保険制度を利用する必要性を感じて地域包括支援センターなどに相談する前の段階で，すでに，それまでの生活の継続を難しくするような生活リスクが発生していたり，認知症の初期の兆候がみられるようになったりする。利

Theme 19　福祉サービス提供の組織とプロセス

図19-2　初期からターミナルまで包括的・連続的サービス

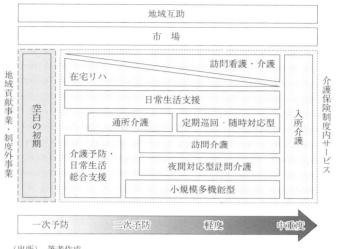

(出所)　筆者作成。

用者は加齢に伴って誰にでも生じる生活動作の衰えであったり，病識が持てなかったり，変化に不安になっていても心理的な現状維持バイアスが働くことで変化を受け入れることを先延ばしにしていたりする。

　家族も，歳をとれば誰でもつまづきやすくなり，物忘れするようになるといった程度の受け止め方で，変化や兆候をも逃すことが多い。あるいは，変化は理解できているけれども，自分の家族に要介護の認定が下りたり，認知症の診断が下されるのを受け入れられない保護的なスティグマ（courtesy stigma）の心理が働いたりする。こうした段階には，制度上のサービスは配置されていないし，地域の力も働きにくい。「空白の初期」とよばれる段階である。ところが，この段階こそ，早期発見，初期対応によって，状態の進行を予防したり，状態を改善したりすることが可能である。虐待ケースのように，家族関係が背景にある福祉問題では，とくに，問題が顕在する前の段階における専門家による家族支援，生活環境の改善や周囲の人間関係の円滑化支援が重要になる。

　「空白の初期」段階に向けた支援サービスの開発とともに，市場や地域の互助といった制度外の社会資源を制度内サービスと組み合わせて，制度内サービ

スでは創り出せない支援機能を，利用者の生活の質の向上に向け統合的に動員する手法の開発も進んできている。介護保険制度の中で要支援認定を受けた人々に対して市町村が展開する介護予防・日常生活支援総合事業は，「空白の初期」対応との連続性，制度外資源との統合を進めることで，その内容を豊富に拡大することが可能になる。「複合介護」「選択的介護」などの呼称で制度内サービスと制度外サービスの統合的運用を「特区」制度なども活用しながら政策的に推進する試みも行われているが，政策によって誘導する領域として考えるよりも，サービス提供事業者が，事業経営戦略や地域公益貢献として創造的，弾力的に，サービス・イノベーションを推進すべき領域として，政策的には放任することの方が，地域社会の自発性や活力を活かすことに通じる。

　制度内サービスについては，医療の機能分化と連携の推進，早期退院の促進との関連で，医療ニーズを伴って地域に戻ってくる要介護者を介護保険サービスで回復に向け支えることがますます重要になる。高齢者の自然増も加わり，多様な状態ニーズを抱えた要介護者を在宅，地域，施設を通して往復して，あるいは連続的に支え続けるためのパッケージサービスがますます重要になる。そのため，1つには，個々のサービス類型における機能の多機能化・高度化が進んでいる。たとえば，機能特化型や短時間型の通所介護や通所リハビリテーション，要介護度の高い利用者も支えられる定期巡回・随時対応型訪問介護看護，介護老人福祉施設における看取り強化などが，報酬加算の誘導も伴って進むことにある。もう1つは，複数のサービス類型を組み合わせたり，選択自由度の高い包括型のパッケージサービスが開発されることになる。わが国では，病院や診療所で終末を迎える高齢者の割合が80％を超えていることから，2040年にかけて病床数の不足で医療機関による看取りが限界を迎える。そのため，介護施設の看取り対応力の強化や在宅での看取りを支える介護サービスの充実が課題になっている。総じて，段階的・継続的に支えるための多機能サービスが今後の流れになっていく。

6　サービスと資源

　福祉サービスの組織とプロセスの効率性は，限られた資源をニーズの充足に対しいかに効果的に割り当てるかによっても左右される。行財政は予算主義のもとで運営されるから，予算の計画的編成（budget）を必要とする。その前提として，どのような福祉ニーズに対し予算を編成するか，予算の費目や施策の項目が設定されていなければならない。「保育」「生活困窮者自立支援」「障害者就労支援」「高齢者介護」など政策上の必要性のカテゴリーを表す費目・項目を政策ニードという。予算の計画的編成は政策ニードへの貨幣資源の配分（allocation）として実施される。政策ニードの各カテゴリーは大括りであるので，そこには，現実に生起する「保育問題」や「生活困窮問題」の多様な様相が包含されている。

　現実に生起する福祉ニーズは多様であるが，予算の計画的編成の対象となる費目や事業に表される政策ニーズは，法令によって行財政の対象事項として制度化されているものである。多様なニーズの中には，前掲図1-1で描かれたように，制度の隙間に落ちてしまったり，制度上の資源割当を行うことのできないグレーゾーンが発生したりする。往々にして，政策的資源の配分は，ニーズが社会問題として深刻化し，新たな法令が策定され，政策カテゴリー化されるに至るまで待たねばならない。必要性があるにもかかわらず資源が配分されないという資源割当（rationing）の制約が発生する。いわゆる「見逃された市場（missing market）」の問題である。この関係を表したのが図19-3である。

　法制度上は，社会福祉法人については，社会福祉法第24条第2項は，同第26条に規定する公益事業を行うにあたって，「日常生活又は社会生活上の支援を必要とする者に対して，無料又は低額な料金で，福祉サービスを積極的に提供するよう努めなければならない」として，「見逃された市場」の領域にも対応可能な公益事業の実施の対象と方法を規定する。

　福祉サービス事業者にとっては，この「見逃された市場」は，制度サービス

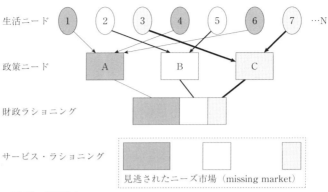

図19-3 資源の割当（ラショニング）と見逃された市場

（出所）筆者作成。

の提供に先立つ「空白の初期」とよばれる福祉ニード発生の重要な初期段階である。また，制度化されたサービスを超える創造性の高いサービス構築やサービス提供プロセスのイノベーションへとつながる領域である。また，事業者の地域公益貢献事業がその役割を発揮する領域でもあり，人材育成の狙いからもサービス提供組織を戦略的に編成していくことのできる領域でもある。地域カフェや子ども食堂，居場所づくりなどすでに多様な「空白の初期」対応の事業が展開している。さらに「福祉の再構築」の創造的な試みとして，世代間交流による地域活性化を目指す地域看護実践や街の人が年齢や立場を超えて教え合う街の「家庭科室」の実践，多世代共生型住まいの試みなど，福祉・介護サービス事業と「見逃された市場」対応事業の包括サービス化の試みなどが進んでいる。

CHECK
1 対人援助である社会福祉において，サービスがなぜ重要になるのでしょう。説明してみましょう。
2 「空白の初期」や「見逃された市場」に対応する福祉的支援サービスの重要性について，説明してみましょう。

Theme 20 生産性と福祉事業経営

Keywords ▶ 生産性の考え方,絞り出す生産性,膨らます生産性,働き方改革

1　生産性の考え方

　生産性とは,投入した生産要素に対してどれだけ多くの物財やサービスを産出できたか,つまり生産要素がどれだけ効率的に成果としての商品に転換されたかを示す概念である。福祉や介護のサービスも,人,モノ,カネ,情報といった生産要素を用いて,対人支援サービスを作り出し,利用者の抱えるニーズを充足する生産プロセスであるから,生産要素を商品の産出につなげる転換効率が重要であることは,他の経済活動と全く同じである。

　転換効率の高さは従業員の職務能力と働き方にかかっている。ICT は所用時間量の削減や反復的プロセスの迅速化に不可欠で,AI は,個別的なモニタリングや異常の検出,複合的作業プロセスの同時処理などデータ上で数値解の得られる判定・管理業務には効果が高い。いずれも,システム・オペレーションに関わる人的な要因で産出の効率性が大きく異なってくる。生産性向上の効果は,最終的には,技術とそれを運用する労働力の質と組織的で能率的な働き方の総合力にかかっていると言ってよい。

　仕事組織は,達成すべき目標に対して最適な人材で構成される。目標は,日々の作業の流れへと展開され,流れは1つの作業ブロックから次の作業ブロックへと間隔をとりながら進む。組織の構成員には,職務能力の高さと役割の難易度に応じて,最も能率的に遂行可能な仕事量と時間量が割り振られる。福

祉・介護の仕事の特徴は，この作業の流れの間隔と個々人の役割を標準化できる範囲が狭く，日々の作業内容とその流れを定量的に計画化できる範囲も狭い点にある。そのため，人と役割がダイアグラムに連続的に編成されにくかったり，役割が個別化したり，アイドリングや段取り調整といったインターバルが多量に発生する。時間のムダ，仕事のムラ，役割のムリという「ダ・ラ・リの非効率」が恒常的に発生するのである。

　ワークサンプリングを実施すると，同じ職場の同じ職種でも，あるいは同じ従業員でも日により，作業のインターバルや業務負荷にかなりのダ・ラ・リがみられる。ダ・ラ・リの非効率は，職員間の良好なコミュニケーションやチームワークなど仕事組織の運営にも影響を与えることになる。手待ち時間の活用に個々人の裁量の余地が広いため仕事が分断されやすく，役割や負荷量が分散することで組織全体としての労働効率の低下につながりやすい。

　トヨタ生産方式の柱の1つである「カイゼン」は，このダ・ラ・リを排除する生産性向上の取り組みである。これは，経営資源の投入と成果の産出の効率をプロダクション・プロセスにおいて最大化させる生産性の向上策といえる。

　ただし，介護保険サービスのように，そもそも制度報酬の水準が事業者の生産性向上努力の働く余地を相当に狭くするほどに厳格に圧縮されている事業分野にあっては，プロダクション・プロセスにおける生産性向上は，1つひとつの単位作業や従業員個々の作業能率といったミクロな要素を中心にするのではなく，ケース発見からケース終結・アウトカム評価までのサービスの全体の流れについて，時間コストや投入労働量の最小化，作業連携の円滑化，全体時間の短縮といったプロセスの生産性が重要である。

　プロダクション・プロセスから生み出される生産性と並んで，顧客との関係における労働効率からも生産性が向上する。1人の職員が，1単位の時間内に，客単価に換算してできるだけ多くの仕事を遂行すること，1単位の時間内にできるだけ多くの利用料の支払いを受けること，つまり労働能力の回転率の高さから生み出される生産性である。包括支払い報酬の場合や複合介護に取り組む場合には，とくに，従業員の1労働時間単位当たりの売り上げ量という視点が

重要になる。これを可能にするためには，利用率の向上や顧客数の拡大，すなわち仕事量の増大が必要になる。

プロダクション・プロセスにおける生産性を「絞り出す生産性」とよぶと，この労働単位時間当たりの効率性は「膨らます生産性」とよぶことができる。「絞り出す」だけだと作業の能率は上がるが，単位作業あたりの時間が短縮するだけでかえって手待ち時間の増加を生む。絞って出た余裕を役割の拡大や遂行業務量の増大につなげたり，ワークライフバランス等の従業員満足促進策につなげるのが「膨らます」である。

2　「絞り出す生産性」の戦略

「絞り出す生産性」に関して一般に用いられる管理指標は，課題識別の指標としては，生産プロセスに，人員配置や役割分担や仕事手順などにムリやムラがないか，資源や時間の投入にムダがないかといった3M（ムリ・ムラ・ムダ）であり，ソリューション指標としては，5S（整理・清掃・整頓・清潔・躾）である。5Sには，仕事上の行動の規律とともに，心構えや価値観といった仕事に向かう姿勢が表現されている。

3M，5Sを用いた「絞り出す生産性」では，個人の仕事については，個々の課業（1つの目的を有する一連の作業の塊）の遂行レベルにおける生産性の向上が課題になる。組織の生産性の向上については，サービス現場における課題の見える化，時間管理（タイムマネジメント）を含む業務全体の再構築，組織理念・価値（観）の職員への浸透・定着，職員一人ひとりの基礎的スキルの向上，役割分担と連携を基にしたチーム・ビルディング，年齢や資格にとらわれない多様な人材の活用という6つのアプローチが軸になる（NTTデータ経営研究所『介護サービス事業における生産性の向上に向けた調査事業報告書』http://www.keieiken.co.jp/kaigoseisansei/pdf/care_report.pdf）。

「絞り出す生産性」の戦略は，それ単体では，単位時間当たりの労働生産性は改善するが，1単位の仕事を進める時間を短縮できても，仕事の量が無けれ

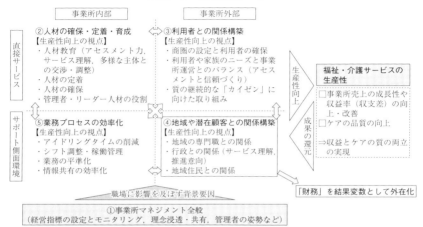

図20-1 修正 BSC モデル

(出所) 全国介護事業者協議会『地域密着型サービスの生産性をいかに高めるか』2018年，18頁。字句を一部変更して引用。

ば，労働時間を短縮しない限り，アイドリングの時間や手待ち時間といった時間と人手のムダを増やすだけである。単位時間内で実行する仕事の量を増やす「膨らます生産性」が同時に必要になる。福祉・介護事業は，事業の採算性が低く，仕事の組織性や個々の業務の可視性という点で「絞り出す生産性」への対応において難易度が高い。事業人材のマネジメントや業務プロセスの効率化という事業所内の管理要素と利用者の開拓やその前提となる地域との関係づくりといった事業所外の環境条件への適応が一体的に進められなければ，全体の生産性の向上にはつながらない。

　方法としては，経営管理で一般的に用いられるバランスド・スコア・カード（BSC）を修正して活用することになる。BSC では，通常は，4つの要因の1つとして「財務」を用いる。しかし，「財務」は過去の実績の達成度を示す管理要因であり，とくに人件費で収益をコントロールできる余地の狭い福祉・介護サービス事業では収益は基本的に総売り上げに連動することから，図20-1の修正 BSC モデルでは，総売り上げの拡大を左右する「地域と潜在顧客」に置き換えて，「財務」を生産性の結果変数に位置付けている。

つまり，「人材」「利用者」「地域と潜在顧客」「業務プロセス」の4要因を内在的変数とし，それぞれの「生産性の視点」を指標化している。これに，経営管理・マネジメントのあり方と事業所の経営資源配置上の事業属性が及ぼす影響を考慮するために交絡変数として組み込んでいる。

「絞り出す生産性」の向上については，次のような要点がある。第1に，福祉・介護サービスの場合，対人サービス提供の現場に業務遂行上の広い裁量が与えられており，仕事の効率化を阻害する要因に関しても現場がいち早く察知する。現場管理者の課題察知力，解析力，改善提案力が決定的に重要である。現場管理者の日々の業務に向き合う姿勢，従業員や利用者への目線の持ち方が，ソリューションの質と実効性を左右することになる。第2に，課題は，立地条件，外部労働市場，法人組織など個々の事業者の置かれた環境・関係に連動している。生産性の向上に有効な働き方の改革は，そうした外部環境の改善ならびに事業条件の転換と一体に推進することで高い効果を生む。第3に，人材の量と質，採用・訓練・配置の適切さ，仕事の衛生要因と動機付け要因の作り方，労務管理の手法や管理者の姿勢，利用者の声への応答や利用者参加のあり方など諸要因が絡み合って，生産性を左右する。つまり課題には，事業者毎に異なる発生力学が働いている。組織管理全体の見直しと適切な行動選択を戦略的に行うという基本姿勢で解決の道筋を発見することが重要である。

福祉・介護サービス事業においては，現場の従業員の課題意識や発想力，利用者の声や反応への真摯な応答といった，現場が発する情報に学ぶ生産性戦略が，改善の方法論としても，経営姿勢としても重要である。

3 「膨らます生産性」の戦略

「膨らます」ためには，業務量を増やすことである。業務量の増大は，利用率・利用頻度の向上や新規顧客の拡大といった延べ顧客数の増加によってもたらされる。顧客数の増加は，商品ラインナップの豊かさ，サービスの質の高さ，商品の購入に当たってのエンカウンターの良し悪しで決まる。エンカウンター

は，顧客が期待通りの商品を手に入れられる可能性を実感できるようにすることであるから，事業者に対する信頼や安心といった顧客の心理的ロイヤルティの要素と結びついている。事業者に対しロイヤルティを抱く顧客が多いほど，エンカウンターに係る人員と時間のコストや新規顧客への導入サービスに係るコストも縮減できるし，従業員が単位時間あたりに担当するサービス提供量を増やすことにつながる。

　一般に，大規模化が顧客数を拡大する決め手だと言われる。たしかに，規模のメリットは，売り上げの増大，コスト削減，仕事の標準化などをもたらす。しかし，単品メニューで規模を拡大してみても，ターゲット顧客数の制約を抱える市場では必ず収益性の限界に直面する。大規模化で成功している事例には，ターゲット顧客層の異なる商品ラインナップを多品種化・複合化する方法論が共通している。

　報酬区分で縦割りに市場が細分化されている制度サービスでは，報酬算定の対象となるサービス事業の規模の拡大には限界があることから，それを突破する事業戦略として，生涯を通じて継続的に伴走するための多品種複合サービスの構築と，制度の空白域（とくに「空白の初期」）や「見逃された市場（ミッシング・マーケット）」に対応する早期発見・ニッチ補完型サービスの強化がある。地域包括ケアの時代には，24時間365日，予防からターミナルまで，子育て世代や子どもから高齢者まで，生活の継続を支援する多種多様なサービスが求められる。サービスの包括化のために医療，交通，配食など他の事業者と連携する領域も出てくるが，基本には，事業者自らが提供する多様なサービス事業がすなわち地域包括ケアであり，その範囲や種類が拡がっていくことが利用者を拡大し，「地域」を拡げていくことになるという発想が重要である。顧客の視点からは，「選ぶサービス」ではなく「臨機融通に応えてくれるサービス」であることが肝心である。まずは事業者に対する利用者の信頼を厚くし，安心して多様なサービスを継続，乗り換えで利用していくことができる，継続的取引への環境づくりが重要となる。

　そのような顧客ロイヤルティを高める事業モデルの典型が協同組合であろう。

組合員は，個々の販売商品をつど選択して購入しているのではない。協同組合というシステムに包括的な信頼を持っていて，組合員証という選択縁の証明がもたらす継続的取引への安心感で結ばれている。組合員になれば，日常生活用品の購入の他に，子育てから冠婚葬祭まで，様々なジャンルの企画やイベントの機会を手にすることができる。これは「膨らます生産性」の方法論であるから，協同組合以外の組織形態の事業者でも，同じ戦略が採用可能なはずである。

4 「絞り出す生産性」のメカニズム

　「絞り出す生産性」は，資源の投入（input）と成果の産出（output）との間の効率性で表される。図20 - 2 に示されるように　投入は，工程（process）の制約と関係している。

　福祉・介護サービスの工程には，時間・空間やチームワークを組むメンバー間の役割の連携や意志疎通の円滑さなど，様々な条件が働いている。工程の制約というのは，そうした条件が生み出すマイナスの効果を解消することを意味する。たとえば，勤務時間のシフトが違えば引き継ぎが上手くいかないとか，異なる空間で連携した仕事を進めているために，いちいち仕事を中断して場所を移動して連絡や調整を行わなければならないとか，報告や連絡の意思伝達の方式が上手く様式化されていないために，内容確認や再説明に要する時間がかかってしまうなどである。こうした場合には，ICT 機器を活用することで情報を同時化したり，連携のシステム化や意志疎通の様式化などにより情報の非対称を解消するなど制約条件を低めることで，工程の円滑な流れを確保できる。工程がそのように優れていれば，投入する資源の種類や量（担当職員数の削減やペーパーレス化の推進，それに伴う経費の削減など）を最小限に抑えることができる。つまり投入の経済性を最大化できる。少ない投入量で同じ成果の産出が得られれば，それだけ効率性は高まる。さらに，産出量を多くすることができれば，効率性は一層高まる。

　効果（outcome）とは，産出が，支援サービスを受けた利用者の状態の改善

図20-2　生産プロセスにおける「絞り出す生産性」

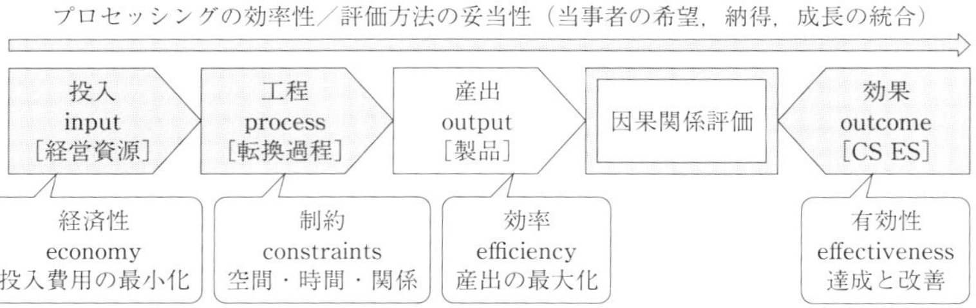

プロセッシングの効率性／評価方法の妥当性（当事者の希望，納得，成長の統合）

| 投入 input [経営資源] | → | 工程 process [転換過程] | → | 産出 output [製品] | 因果関係評価 | 効果 outcome [CS ES] |

| 経済性 economy 投入費用の最小化 | 制約 constraints 空間・時間・関係 | 効率 efficiency 産出の最大化 | | 有効性 effectiveness 達成と改善 |

（出所）　筆者作成．

につながったか，利用者はサービスに満足・納得しているかという効果のことである．利用者の満足とともに，サービス工程に関わった職員も学習し，成果に満足したかどうかも大事である．つまり，効果には，顧客としての利用者の満足（CS）とサービス実施者である従業員の満足（ES）の双方が入る．

　従業員の満足は，専門職としての成長やサービス提供方法の工夫につながり，仕事へのモティベーションを高め，バーンアウトを予防することでサービス品質を高め，事業所の評判の向上や顧客の拡大へとつながる．利用者の満足は，現在の利用者の客離れを防止するとともに，利用者を通じて地域の潜在的な顧客への経験情報の提供を促し，評判をよび，顧客の拡大につながる．

　工程の制約の低減については，図20-3 に示されている．

　この図は，工程におけるインターバルの魔術の削減を表している．インターバルとは，仕事のブロックとブロックの間に発生する，付加価値を生まないムダ時間のことで，次の仕事の段取りに必要以上の時間をかけるとか，連携して仕事を行う他のチームメンバーの仕事の進捗や仕事に使う道具や機器類が手元に届くのを待って待機している手待ち時間のことである．準備時間でもあるのでアイドリング時間とよぶこともある．

　インターバルは，経営資源のサービスへの転換プロセスの各段階の間に発生する．たとえば，ケースが発見されてからケアプランに着手するまでに要する待ち時間や，ケアプランが確定し，利用者が同意しているにもかかわらず，契約書面の交付に手間取り，担当となった職員が実際のサービス行為に入れない

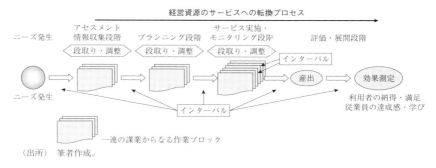

図20-3　インターバルの魔術の削減

（出所）筆者作成。

待ち時間，モニタリング情報の集約が遅れたために産出の評価に入れない待ち時間などである。また，プロセスの各段階は，いくつもの課業の連続で構成されている。課業と課業の間にも，インターバルが発生する。インターバルの発生頻度を下げ，発生する場合でも，その期間量を削減することが，「絞り出す生産性」向上の要点になる。仕事の割当に凸凹がないか，チームで連携して働く職員間の力のバランスはとれているか，現場で適宜適切な助言を繰り出すことのできるベテラン職員が入っているか，仕事の遂行手順が現場で良く話し合われていて，全員の意識の一致や手順の流れに対する理解が徹底できているか，利用者を待たせない・利用者に負担をかけないという意識が共有されているか，ICT 機器への習熟度が高いか，といった，仕事や役割のスムーズな連携のための点検・改善を日常的に実行していくことが重要である。サービスの品質は現場でつくりこむ，という原則である。

5　「膨らます生産性」のメカニズム

「膨らます生産性」は，顧客ロイヤリティを高め，継続的で乗り継ぎで利用する顧客や複合的なサービスを組み合わせて利用する顧客を開拓しながら，全体として，顧客量を増やすことである。なぜ，それを生産性の向上とよぶのかというと，1つは，インターバル時間といった非生産的待ち時間を生産的な仕

事に充てることができるようになることと，仕事組織全体として，従業員数を変更せずに，単位時間当たりの顧客対応量を増加させることができるからである。この手法には，ムダ時間を仕事に充てるという合理的な作用と並んで，仕事量の判断を間違えると労働密度が高まり，かえって仕事へのモティベーションの減退や事故リスクの蓋然性を高める非合理性の両面がある。そこで，非合理性を防止するには，仕事量の適正な増やし方の客観的判断の仕組みの導入や従業員のスキルや知識の向上，職場内での相互補助的な役割の調整や柔軟なリリーフ方法の工夫などが必要になる。その上で，利用者のバイタルチェックや食事摂取量の把握，記録の自動化など，ICTとAIシステムの積極的な導入を進める必要がある。AIの利点は，一人ひとり異なる利用者のバイタルデータパターンを個別的な正常・異常判断で分析することができること，分析結果を通知し，記録として自己保存できることである。これを通信機能と結びつけることで，時間，空間の距離を超えて個別的情報が共有可能になるし，従業員の手作業での記録入力は，利用者個人の突出情報や要注意情報に限ることができるといった労働節約型の働き方改革を可能にする。

　すでに世界的に実績のあるスコアリング方式に独自開発のバイタル異常値検知システムを装塡したり，バイタル診断と介護記録の連動型システムの導入などすでに実用化されている技術の活用によって，人手を最も要していた仕事領域を合理化することができる。

　「膨らます生産性」向上には，年齢や立場で分断されない共生型の事業構築が決め手となる。「空白の初期」に対応する事業や市場・地域互助と福祉制度事業を連接させた事業など，従来の制度サービス事業の枠組みから飛び出した福祉サービスの再構築が重要である。同時にそれは，地域の人々の生活に継続的に伴走しながら，人生の転換点や偶然の出来事に寄り添い支援し続ける福祉サービスの構築でもある。本来の民間社会事業や救済事業のあり方の現代的な，しかも事業戦略からの再評価と言ってもよい。

　図20‐4は，妊娠・出産・子育て期の母親や家庭の孤立の防止，子育て支援と家庭支援の一体的推進，青少年の健全育成やいじめ防止，シニア世代の地域

図20 - 4 継続的に伴走する共生型「膨らます生産性」

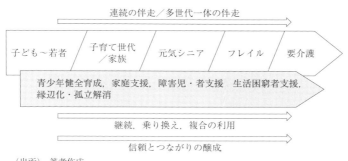

（出所）筆者作成。

　交流や健康増進の支援，フレイルや認知症の早期発見や初期集中対応，高齢期の生活支援や介護予防支援，要介護高齢者の生活継続支援など，人の人生を一気通貫で支える福祉・介護サービスのあり方をモデル的に示したものである。事業者がこうした取り組みを進めるにあたって，本体事業の収益性を最大化させ，法人事業の財務基盤を安定させることがまず重要である。

　その上で，個々の事業分野ごとに収益性管理を厳格に行うのではなく，前掲図20 - 1の修正BSCモデルにあるような事業資源の総合的な強化を図りつつ，担い手人材の育成を含め，法人事業の総体がそのまま地域包括ケアシステムとなっていくことを目指すべきである。

6　働き方の改革とチェックポイント

　人時生産性の向上も顧客ロイヤルティの獲得も，従業員の仕事への満足が源泉となる。働き方の改革は，自ら動機付けながら自発的に，挑戦的に仕事に取り組む環境づくりから始まる。

　正規社員，非正規社員といった身分や処遇にこだわった雇用ポートフォリオは，労働市場が人手不足で逼迫している時代には対応しきれない。また，「非正規」社員といっても雇用形態や身分の呼称は多様で，法制上の定義があるわけではない。同じく，正規社員とよばれる定年制の社員についても，働き方や

図20-5 生産性向上と仕事満足の一体的推進

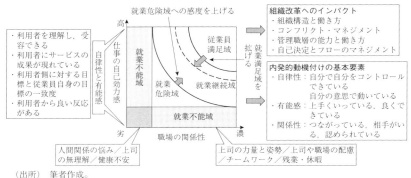

(出所) 筆者作成。

役割や処遇は多様である。とくに，福祉・介護事業においては，保有資格と連動した責任と役割が意味を持つ。正規社員，非正規社員といった雇用契約上の身分差，生活条件や年齢など個別事情に合わせた雇用管理ではなく，従業員の成長や仕事における工夫への意識付けを促す雇用管理が望ましいし，本人の希望や選択を重視した生活調和型の癒しのある職場管理が重要である。福祉・介護は感情や意欲に左右される業務であることから，職場の全員が，それぞれの役割においてリーダーシップを発揮できる組織空間づくりが重要である。

働き方改革の主眼は，従業員が福祉・介護の仕事を一生の仕事として継続していくことができ，心身の健康を維持しながらやり甲斐を持って対人サービスに打ち込むことのできる職場環境を整備することにある。併せて，残業を減らし，仕事と私生活とのバランスを保ちながら，仕事へのモチベーションを保ち続けることができるよう，従業員の仕事への自己決定権を強めていくことにある。福祉・介護の仕事は，人の生き様や不遇を目の当たりにする。生の終わりも目の当たりにする。職場の中に癒しや気付きや支えが組み込まれていなければ，仕事そのものが自己流や孤立に陥りやすい。したがって，働き方改革は，単に事業生産性を高めるだけのものではないのである。

図20-5は，生産性の向上と仕事満足の向上を一体的に推進するための概念図である。縦軸は従業員の主体的要因，横軸は職場の関係的要因を示している。

主体的要因は仕事から得られる自己効力感のことで、仕事に取り組む自律性と仕事から得られる達成感や能力感をその内容とする。上記の従業員満足（ES）に通ずる内容である。横軸は職場の人間関係、上司の管理スタイル、衛生要因である安全衛生や残業や休暇をその内容とする。働き方改革の要点は、従業員満足域を拡大すること、就業不能域を取り除くこと、就業危険域への事業所全体の感度を上げ、就業継続域を拡げていくことである。

　就業継続域、従業員満足域を拡大することがすなわち組織改革であり、従業員の仕事への内発的動機付けを強めることになる。

(CHECK)
1　モノづくりにおける生産性と異なり、社会福祉においては、「絞り出す生産性」と「膨らます生産性」の一体的推進が大切になる理由を、説明してみましょう。
2　社会福祉サービスの提供において生産性を重要視することは、サービス利用者にとってどのような利益をもたらすのでしょう、推理してみてください。

基本図書一覧
————20のテーマを深めるために————

本書の理解を深めるとともに，これらのテーマについてさらに発展的に
学んでいただける基本図書を挙げています。

Theme 1. 福祉問題の解決アプローチ
　右田紀久恵・高澤武司・古川孝順編『社会福祉の歴史　政策と運動の展開（新版）』
　　有斐閣選書，2001年
　小笠原浩一・武川正吾編『福祉国家の変貌——グローバル化と分権化のなかで』東信
　　堂，2002年
Theme 2. 社会と人間
　生活経済学会編『地域社会の創生と生活経済——これからのひと・まち・しごと』ミ
　　ネルヴァ書房，2017年
　宮川公男・大守隆編『ソーシャル・キャピタル』東洋経済新報社，2004年
Theme 3. 人間生活と社会環境との調整
　岡本民夫監修，平塚良子・小山隆・加藤博史編『ソーシャルワークの理論と実践——
　　その循環的発展を目指して』中央法規出版，2016年
　古川孝順・松原一郎・社本修編『社会福祉概論』有斐閣，1995年
Theme 4. 「福祉」と「社会福祉」
　坂田周一『社会福祉政策　現代社会と福祉（第3版）』有斐閣，2014年
　武川正吾『福祉社会〔新版〕——包摂の社会政策』有斐閣，2011年
Theme 5. 福祉がなぜ「問題」となるのか
　橘木俊詔編『リスク社会を生きる』岩波書店，2004年
　萱野稔人・雨宮処凛『「生きづらさ」について——貧困，アイデンティティ，ナショ
　　ナリズム』光文社，2008年
Theme 6. 共生社会とは何か：社会システムと社会的スティグマ
　日本社会福祉士会編『地域共生社会に向けたソーシャルワーク——社会福祉士による
　　実践事例から』中央法規出版，2018年
　橘木俊詔編『共生社会を生きる』晃洋書房，2015年
Theme 7. 人間の自律と自立と自由
　小笠原浩一・平野方紹『社会福祉政策研究の課題——三浦理論の検証』中央法規出版，
　　2004年
　アマルティア・セン（翻訳：池本幸生・野上裕生・佐藤仁）『不平等の再検討——潜

在能力と自由』岩波書店，2018年

Theme 8. 「その人らしさ」への支援
　三浦文夫『社会福祉政策研究——福祉政策と福祉改革（増補改訂版）』全国社会福祉協議会，1997年
　A. H. マズロー（翻訳：小口忠彦）『人間性の心理学——モチベーションとパーソナリティ』産能大出版部，1987年

Theme 9. 社会福祉における人間の理解
　鑪幹八郎『アイデンティティとライフサイクル論』ナカニシヤ出版，2002年
　小熊祐子・富田眞紀子・今村晴彦『サクセスフル・エイジング——防医学・健康科学・コミュニティから考える QOL の向上』慶應義塾大学出版会，2014年

Theme 10. 自己決定と行動変容
　エドワード・L. デシ／リチャード・フラスト（翻訳：桜井茂男）『人を伸ばす力——内発と自律のすすめ』新曜社，1999年
　アルバート・バンデューラ（翻訳：本明寛・春木豊・野口京子・山本多喜司）『激動社会の中の自己効力』金子書房，1997年

Theme 11. 生活困窮を捉える方法
　橘木俊詔・宮本太郎監修，駒村康平編集『貧困』ミネルヴァ書房，2018年
　岩田正美『社会的排除　参加の欠如・不確かな帰属』有斐閣，2008年

Theme 12. 「人間に値する生活」と幸福追求
　岩永理恵『生活保護は最低賃金をどう構想したか——保護基準と実施要項の歴史的分析』ミネルヴァ書房，2011年
　百瀬孝『「社会福祉」の成立——解釈の変遷と定着過程』ミネルヴァ書房，2002年

Theme 13. 社会福祉の制度と社会福祉改革
　古川孝順『社会福祉のパラダイム転換』有斐閣，1997年
　堀勝洋『現代社会保障・社会福祉の基本問題——21世紀へのパラダイム転換』ミネルヴァ書房，1997年

Theme 14. 社会福祉行財政と福祉計画
　磯部文雄・府川哲夫編著『概説　福祉行財政と福祉計画（改訂版）』ミネルヴァ書房，2017年
　柗永佳甫『公共経営学入門』大阪大学出版会，2015年

Theme 15. 介護の制度と地域包括ケア
　萩野浩基編集・社会福祉法人長岡福祉協会編集協力『小山剛の拓いた社会福祉』中央法規出版，2016年
　小笠原浩一・栃本一三郎編著，日本介護経営学会編集協力『災害復興からの介護システム・イノベーション——地域包括ケアの新しい展開』ミネルヴァ書房，2016年

Theme 16. 認知症への新しいアプローチ

山岸俊男『信頼の構造——こころと社会の進化ゲーム』東京大学出版会，1998年
小笠原浩一・宮島俊彦監修『認知症の早期発見・初期集中支援に向けたラーニング・プログラム』（共監修）中央法規出版，2017年

Theme 17. 健康と予防

川上憲人・橋本英樹・近藤尚己編『社会と健康——健康格差解消に向けた統合科学的アプローチ』東京大学出版会，2015年
和田雅史・齊藤理砂子『ヘルスプロモーション』聖学院大学出版会，2016年

Theme 18. 幸　福

ブルーノ・S.フライ（翻訳：白石小百合）『幸福度をはかる経済学』エヌティティ出版，2012年
バートランド・ラッセル（翻訳：安藤貞雄）『ラッセル幸福論』岩波書店，1991年

Theme 19. 福祉サービス提供の組織とプロセス

田中滋・栃本一三郎編著・日本介護経営学会編集協力『介護イノベーション——介護ビジネスをつくる，つなげる，創造する』第一法規，2011年
野中郁次郎『知識創造企業』東洋経済新報社，1996年

Theme 20. 生産性と福祉事業経営

小笠原浩一編『介護経営——介護事業成功への道しるべ』日本医療企画，2010年
全国介護事業者協議会『地域密着型サービスの生産性をいかに高めるか』2018年

索　引
（＊は人名）

あ行

アウトカム　167, 222
アセスメント　30, 220
アドボカシー機能　9
新たな公共　51
新たな貧困　122
アルツハイマー　179
アルマ・アタ宣言　201, 204
生きづらさ　45
インターバル　236
インテーク　30
埋め込み　198
英国アルツハイマー協会　184, 185
NCDs　180
NPM　162, 166
NPO法人　13
エンパワメント　29
応益負担　148
オタワ憲章　201

か行

介護　169, 170
介護の社会化　77, 95, 96
介護保険制度　172, 173
介護保険法　16, 94, 146
開放型支援空間　22
貨幣的資源　45, 157
機会　23, 37, 62
救護法　7, 8, 40
旧生活保護法　141
救貧法　5, 6, 112
共活動体験　190
共助　20
共生　62
共生社会　59, 61, 64
協働型のイノベーション　174
共同体　38

空白の初期　225, 228, 238
クリティカル・パス　78
ケアマネジメント　54
ケアワーク　76, 77
ケースマネジメント　29, 31
ケースワーク　28
結晶性知能　26, 98
健康　193, 200
健康格差　195
健康増進　201, 203
健康づくり対策　202
健康で文化的な最低限度の生活　132, 133, 138
健康の社会的決定要因　197, 198
公共マネジメント　13, 160
公私パートナーシップ　162
公助　21
公的扶助　18, 111
幸福　207, 208, 215
幸福追求の権利　214
幸福度　210
五蘊　106
国際アルツハイマー協会　184
国際疾病分類　193
国際障害分類（IC-IDH）　75, 193
国際生活機能分類　194
国民皆年金・皆保険　142
国連・障害者の十年　144
50年勧告　129, 134, 136
互助　43
個人の自由　75
個人の尊厳　213
個人の不自由　75
コミュニケーション・メディア（情報媒体）　63
孤立　25, 48

さ 行

サービス 217
サービス行為 45
財政 158
サクセスフルエイジング 98
シームレス・ケア 78
ジェネラリスト・ケアマネジメント 54
資源 37, 45
資源・機会の保障 139
資源配分 38
自己決定 103
自己効力感 108
自己実現 82
自己実現の欲求 79
仕事満足 240
自助 19
市場 38, 47, 62
自助的自立 94
自助的人間像 92, 95, 96
慈善活動 2
慈善救貧院協会 7
私的扶養 95
ジニ係数 55, 116
絞り出す生産性 231, 233, 235
＊ジャーメイン，C. B. 23
社会環境 23, 24, 27
社会関係依存的人間像 93, 96
社会関係資本 18, 21, 61
社会事業 39
社会システム論 60
社会的公正 140
社会的スティグマ 48, 68
社会的紐帯 53
社会的統合 60
社会的認知 85
社会的排除 11, 33, 46, 48, 93, 122-126
社会的剥奪 93, 122, 125
社会的包摂 122, 123
社会の福祉 17, 40, 42, 131
社会福祉 18, 19, 39-42, 44, 89, 111, 134, 207
社会福祉改革 145

社会福祉基礎構造改革 147, 148
社会福祉行財政 160, 161
社会福祉事業 151
社会福祉事業法 8, 41
社会福祉制度 49
社会福祉法 43, 94, 164
社会福祉法人 9, 10, 15, 154
社会福祉を目的とする事業 150
社会保険 18
社会保障 134
社会保障給付費 158, 159
社会保障制度 18, 46, 171
社会保障制度審議会 41, 129, 136
社会保障制度審議会勧告 171
自由と自律と自立 71
終末期介護 99
主体的スティグマ 66, 188
恤救規則 6, 40
障害者差別解消法 49
自立 73, 74, 80, 102
自律 73, 74, 102
自律と自立 72
新オレンジプラン 182, 183
新救貧法 112
新ゴールドプラン 170
新自由主義 90-92
スティグマ 64-67, 69, 187, 189
ステークホルダー 163
生活環境 51
生活者 33
生活の質 210
生活分析 33, 34
生活保護法 8, 40
生活を営む権利 132
政策ニード 227
生産性 229, 240
生存権 130, 134, 135
制度スティグマ 66
制度（内）サービス 224, 226
接合的アプローチ 107
絶対的貧困 113, 118
セツルメント運動 28
＊セン，A. 23, 74

索　引

1951年体制　141
専門人材　47
相互扶助　1, 44
相対的剥奪　121
相対的貧困　118, 121
相対的貧困率　55, 117, 120, 127
ソーシャルワーク　76
措置制度　150
その人らしさ　88

た　行

多職種協働　108
ダ・ラ・リの非効率　230
地域福祉計画　164
地域包括ケア　11, 153, 154, 174, 175
地域包括ケアシステム　15, 16, 21, 61, 96, 153, 176, 177, 224
地域包括ケアシステム強化法　177
地域包括支援センター　176
チームアプローチ　108
チームケア　78
DCM　186, 187
デミング・サイクル（PDCA サイクル）　166
統合的ケア　144
当事者メディア　63, 64

な　行

内発的動機付け　103, 104, 241
ナショナル・ミニマム　4, 6, 114, 135, 138
ニーズ　80–85
ニーズ論　86
日常生活圏　21
日本的公私関係　9, 10
人間の尊厳　50
認識─知覚の適応制御理論（ACT-R）　105
認知症　179, 180, 186
認知症スティグマ　186
認知症である人　181, 183
能力資源　218
ノーマライゼーション　59, 60, 144

は　行

排除　25, 27
働き方改革　240
＊パットナム，R. D.　61
バランスド・スコア・カード（BSC）　232
パルマ比率　117
非貨幣的資源　157
貧困　111, 118, 123, 125, 126
貧困観　5, 6
貧困線　4, 113
貧困問題　2
＊ブース，C.　3, 6
福祉　37, 39, 42
福祉計画　157, 163, 164, 168
福祉国家　90, 91, 161
福祉サービス　9, 218
福祉実践　62
福祉的支援　69
福祉ニーズ　227
福祉の問題　13, 45, 55, 68, 87, 101
膨らます生産性　235, 237, 238
物質的条件　210
＊ブラッドショウ，J.　85
プランニング　30, 220
ベンチマーク　166
法定社会福祉　19

ま　行

マーケット・バスケット　113, 135, 207
＊マズロー，A. H.　79, 82
＊三浦文夫　86
見逃された市場　227
民間慈善事業　8
6つのドメイン　52, 77
6つのP　28
メンタルヘルス　52
モニタリング　222
モバイル・デイケア　205

や・ら・わ行

豊かさ　208
要援護者　89, 95, 96

249

＊横山源之助　3, 114
欲求階層モデル　81
4つのP　28
ライフサイクル　97
リスク　50, 56, 68, 222, 223
リハビリテーション　204
流動性知能　97
利用者本位　221

臨床の知　219
老人福祉法　169
老人福祉法等八法改正　170
労働組合　2
＊ロウントリー，B. S.　121
ローレンツ曲線　115
62年勧告　142
我が事・丸ごと　155

〈著者紹介〉

小笠原浩一（おがさわら・こういち）

　1952年　長野県伊那市生まれ
　早稲田大学社会科学部卒業。東京大学大学院経済学研究科第2種博士課程修了（経済学博士 東京大学）。山形大学人文学部助教授，埼玉大学経済学部教授を経て，
　2005年より東北福祉大学総合福祉学部社会福祉学科教授
　2018年4月より埼玉大学名誉教授
　2018年12月　逝去
　（主　著）
　『地域の福祉経済学──手づくりの地域福祉をめざして』（共編）中央法規出版，1993年
　『「新自由主義」労使関係の原像──イギリス労使関係政策史』木鐸社，1995年
　『地域空洞化時代における行政とボランティア』（編）中央法規出版，1996年
　『社会福祉の新次元──基礎構造改革の理念と針路』（共編）中央法規出版，1999年
　『労働外交──戦後冷戦期における国際労働連携』ミネルヴァ書房，2002年
　『福祉国家の変貌──グローバル化と分権化のなかで』（共編）東信堂，2002年
　『社会福祉政策研究の課題──三浦理論の検証』（共著）中央法規出版，2004年
　『地域医療・介護のネットワーク構想』（共著）千倉書房，2007年
　『介護経営──介護事業成功への道しるべ』（編著）日本医療企画，2010年
　『災害復興からの介護システム・イノベーション──地域包括ケアの新しい展開』（共編著）ミネルヴァ書房，2016年
　『認知症の早期発見・初期集中支援に向けたラーニング・プログラム』（共監修）中央法規出版，2017年

〈校正・基本図書一覧作成〉

小笠原浩太（おがさわら・こうた）東京工業大学工学院経営工学系准教授

工藤健一（くどう・けんいち）東北福祉大学総合マネジメント学部准教授

新・MINERVA 福祉ライブラリー㉜
20のテーマでわかる これからの福祉と介護
―― 自立した生活を支えるための知のレシピ ――

2019年4月30日　初版第1刷発行	〈検印省略〉
	定価はカバーに表示しています

著　者　小笠原　浩　一
発行者　杉　田　啓　三
印刷者　江　戸　孝　典

発行所　株式会社　ミネルヴァ書房
607-8494　京都市山科区日ノ岡堤谷町1
電話代表　（075）581-5191
振替口座　01020-0-8076

© 小笠原浩一, 2019　　　　共同印刷工業・清水製本
ISBN978-4-623-08564-4
Printed in Japan

磯部文雄・府川哲夫 編著
概説 福祉行財政と福祉計画〔改訂版〕
A 5 判・256頁・本体2,500円

小笠原浩一・栃本一三郎 編著／日本介護経営学会 編集協力
災害復興からの介護システム・イノベーション
—— 地域包括ケアの新しい展開
A 5 判・296頁・本体3,000円

福山和女・渡部律子・小原眞知子・浅野正嗣・佐原まち子 編著
保健・医療・福祉専門職のためのスーパービジョン
—— 支援の質を高める手法の理論と実際
A 5 判・392頁・本体4,000円

G・エスピン-アンデルセン 著／岡沢憲芙・宮本太郎 監訳
福祉資本主義の三つの世界
—— 比較福祉国家の理論と動態
A 5 判・304頁・本体3,400円

生活経済学会 編
地域社会の創生と生活経済
—— これからのひと・まち・しごと
A 5 判・220頁・本体2,600円

橘木俊詔・宮本太郎 監修／駒村康平 編著
貧　困
B 5 判・210頁・本体2,800円

——————— ミネルヴァ書房 ———————

http://www.minervashobo.co.jp/